팀 켈러,

# 당신을 위한
## 사사기

팀 켈러,
당신을 위한 사사기

지은이 | 팀 켈러
옮긴이 | 김주성
초판 발행 | 2015. 12. 21
16쇄 발행 | 2024. 10. 17
등록번호 | 제1988-000080호
등록된 곳 | 서울특별시 용산구 서빙고로65길 38
발행처 | 사단법인 두란노서원
영업부 | 02)2078-3333 FAX | 080-749-3705
출판부 | 02)2078-3330

책값은 뒤표지에 있습니다.
ISBN 978-89-531-2432-5 04230
        978-89-531-2122-5 (세트)

독자의 의견을 기다립니다.
tpress@duranno.com   http://www.duranno.com

두란노서원은 바울 사도가 3차 전도 여행 때 에베소에서 성령 받은 제자들을 따로 세워 하나님의 말씀으로 양육
하던 장소입니다. 사도행전 19장 8-20절의 정신에 따라 첫째 목회자를 돕는 사역과 평신도를 훈련시키는 사역,
둘째 세계선교™와 문서선교 단행본·잡지 사역, 셋째 예수문화 및 경배와 찬양 사역, 그리고 가정·상담 사역 등을
감당하고 있습니다. 1980년 12월 22일에 창립된 두란노서원은 주님 오실 때까지 이 사역들을 계속할 것입니다.

팀 켈러,

# 당신을 위한
# 사사기

팀 켈러 지음 | 김주성 옮김

두란노

# Contents

⁝ Part 3

내 마음대로의
신앙에서 벗어나라

●

# 사사기의 영웅은
# 단 한 분,
# 하나님이시다

무엇이든 우리를 정말로 지배하는 것이 우리의 신이다.
… 권력을 추구하는 사람은 권력에 지배된다. 용납되기
를 추구하는 사람은 만족시키고 싶어 하는 사람들에 의
해 지배된다. 우리는 자신을 지배하지 않는다. 우리는 우
리 삶의 주인에 의해 지배된다.

– 레베카 피펫, 《빛으로 소금으로》

우리는 매우 다양한 신들에 둘러싸여 살고 있다. 이는 어
느 공식적 종교가 내세운 신들만이 아니라 부나 유명인사, 쾌

락, 이데올로기, 성취 등의 신들을 말한다. "사람이 각기 자기의 소견에 옳은 대로 행하였더라"(삿 21:25)라는 구절은 사사기를 요약하는 구절이자 바로 우리 시대의 특징과 같다.

그래서 3천 년이 넘는 시간 간격이 있지만, 우리 시대와 사사 시대는 많은 유사성을 지니고 있다. 모세 · 여호수아 시대와 초기 왕들의 시대 사이인 BC1200년경에 사사기가 있어서 그 시대 하나님의 백성 이스라엘의 역사를 회상하고 있다. 가나안 사회(하나님이 하나님의 백성에게 주겠다고 약속하신 땅이며, 이제 하나님의 백성이 다른 나라들과 뒤섞여 살고 있는 곳)는 믿는 사람들과 이교도들의 혼합체였다. 그 시대는 하나님의 백성이 하나님을 주로 바라볼지, 아니면 그 시대의 영과 경향을 따를지 매일 선택해야 하는 시대였다. 사사기는 주로 그들이 어떻게 그 임무에 실패했는가의 이야기이며, 어떻게 그들이 "각기 자기의 소견에 옳은 대로" 행하면서, 하나님을 알고 사랑하고 순종하는 데서 항상 돌아섰는지의 이야기이다.

그러므로 사사기는 "악한 사람들이 통탄할 일을 하는" "역기능적 인물들의 허접한 이야기들"로 묘사될 수 있다. 역사가 전개될수록 '영웅'인 사사들조차 더 흠이 많아지고 더 크게 실패한다. 그들은 경악할 만한 일들을 점점 더 많이 하고, 그들이 애써 하는 구속 사역의 효과는 점점 더 줄어든다. 암울한 이야기지만 모두 역사적 사실이다. 그래서 독자는 거듭거듭 질문하게 된다. "왜 이런 게 성경에 있을까?"

그 대답이 중요하다. 이것이야말로 복음이다! 사사기는 성경이 '미담집'이 아니라는 것을 보여 준다. 성경은 감동적인 이야기들로 가득하지 않다. 왜 그런가? 성경은 다른 종교의 기반이 되는 책들과 달리 도덕적 모범을 따르자는 것이 아니기 때문이다. 성경은 자비로우시고 오래 참으시는 하나님이 우리가 하나님의 목적에 항상 저항함에도 불구하고 우리 안에서, 우리를 통해서 항상 끊임없이 일하시는 이야기이다. 궁극적으로 이 책의 영웅은 단 한 분, 하나님이시다. 우리는 성경에서 사사기 부분을 읽을 때 이렇게 읽어야 한다. 사람들이 스스로 죄를 지어 난국을 자초했을 때, 하나님은 구원받을 자격조차 없는 사람들을 구원하셨다. 사사기는 그 역사의 회상이다. 그러면 그 이야기가 우리 머리와 마음속에 생생히 살아날 것이며, 오늘날 우리의 삶과 상황 속에 시사하는 바를 깨달을 것이다. 사사기는 읽기 쉬운 책은 아니다. 그러나 지금 이 시대에 살고 있는 우리에게는 필독서이다.

그렇다면 사사기 저자는 우리가 어떤 주제, 혹은 하나님에 대한 어떤 진리를 배우고 따르며 살기를 바랄까? 우리가 살펴보아야 할 여섯 가지를 여기서 소개한다.

첫째, 하나님은 은혜를 받을 자격이 없고, 은혜를 구하지도 않고, 은혜로 구원받은 후에 감사할 줄도 모르는 사람들에게 끊임없이 은혜를 베푸신다. 사사기는 역할 모델들을 소개하는 시리즈가 아니다. 옷니엘이나 드보라처럼 소수의 훌륭한 모범들이 있긴 하지만, 사사기 초기에만 등장하며 이야기 전체에서 큰 비중을 차지하지 않는다. 중요한 요점은 진정한 참 구원자는 주님뿐이라는 것이다. 사사기는 궁극적으로 어리석은 죄인들에게 넘치는 하나님의 은혜를 말한다.

둘째, 하나님은 우리 삶의 일부만이 아니라, 모든 영역에서 주가 되려 하신다. 하나님은 이스라엘이 가나안 땅 전체를 차지하기 바라셨지만, 이스라엘은 일부 지역에 머물며 그 땅 거민들과 동거하는 법을 배웠다. 다시 말해서, 그들은 하나님을 온전히 거절하지도, 온전히 받아들이지도 않았다. 이 절반의 제자도와 타협은 지속 불가능한 불안정한 혼합물이라고 사사기에서 묘사한다. 하나님은 우리 삶의 일부가 아닌 전부를 원하신다.

셋째, 은혜와 율법, 조건과 무조건 사이에 긴장이 있다. 사사기에는 모순처럼 보이는 것이 있다. 한편으로 하나님은 순종을 요구하신다. 하나님은 거룩하시기 때문이다. 다른 한편으로 하나님은 하나님의 백성에게 헌신하고 충실하겠다고 약속하신다. 하나님의 거룩하심과 조건적 명령(네가 이것을 하라. 그러면 내가 이것을 하리라)이 하나님의 약속(네가 어떻게 하든 나는 항상 너와 함께하리라)을 압도할 것인가, 아니면 하나님의 약속이 하나님의 명령을 압도할 것인가? 이렇게 말해 보자. 하나님의 약속은 조건적인가 무조건적인가? 그 어느 쪽도 아니라는 것을 보여 준다는 면에서 사사기는 중요하다. 구약을 읽는 거의 모든 사람은 '자유주의적' 관점이나 '보수적' 관점 중 하나를 갖는다. 자유주의적 관점이란 "물론이다. 우리가 뉘우치는 한 하나님은 항상 우리를 축복하실 것이다"라는 입장이고, 보수적 관점이란 "아니다. 하나님은 우리가 순종할 때만 축복하실 것이다"라는 입장이다. 그런데 사사기는 우리를 긴장 상태에 남겨 두며, 긴장 상태를 해소해 주지 않는다. 오히려 그 긴장이 이야기를 진행시킨다. 오직 신약의 복음만이 어떻게 그 두 측면이 모두 진리일 수 있고 또한 진리인지 보여 줄 것이다.

넷째, 이 땅에서 살아가는 우리에게는 지속적인 영적 갱신이 필요하다. 사사기는 영적 쇠퇴가 불가피하며, 따라서 영적 갱신이 지속적으로 필요하다는 것을 보여 준다. 우리는 정기적으로 반복되는 쇠퇴와 부흥의 사이클을 볼 것이다. 갱신을 일으키는 요소에는 회개, 기도, 우상 파괴, 기름 부음을 받은 인간 리더가 있다. 올바른 통치자 아래에 있을 때 갱신이 일어난다. 반면, 잘못된 통치자 아래에 있을 때 노예생활이 시작된다. 사사기는 구약에서 갱신과 부흥을 이해하는 데 최고의 책이다. 신약에서는 사도행전이 그 역할을 한다. 그러나 사사기의 부흥 사이클은 시간이 지나면 점점 더 약해지는 반면에, 사도행전의 부흥 사이클은 점점 더 확장되고 강해진다.

다섯째, 우리는 참 구원자가 필요하다. 모든 인간 구원자들은 결점과 장점을 지녔다. 그래서 더욱이 우리에게는 참 구원자가 필요하다. 사사기의 이야기들을 보면 악과 부덕이 갈수록 증가한다. 이는 우리에게 필요한 것이 역할 모델이 아니라 구원자임을 일깨운다. 시간이 갈수록 부흥 사이클은 더뎌

지고 사사들의 질은 떨어짐으로써 인간 구원자는 실패할 수밖에 없다. 사사들은 자신들을 능가하는 누군가를 바라보라고 우리를 일깨운다. 옷니엘을 통해 하나님이 모든 사람들을 통해 구원하실 수 있음을 배우고, 드보라를 통해 하나님이 많은 사람들을 통해 구원하실 수 있음을 배우고, 기드온을 통해 하나님이 소수를 통해 구원하실 수 있음을 배우고, 삼손을 통해 하나님이 한 사람을 통해 구원하실 수 있음을 배운다. 결국 하나님이 한 분을 보내 우리를 구원하실 것이다.

여섯째, 우리 눈앞에 어떤 일이 벌어지고 있든, 하나님이 주관하시고 다스리신다. 사사기에서 가장 중요한 이 주제를 우리는 쉽게 놓친다! 종종 사사기의 장면들 속에 하나님이 안 계신 것 같지만 절대로 그렇지 않다. 하나님은 연약한 사람들을 통해, 그들의 연약함에도 불구하고 하나님의 뜻을 수행하신다. 겉으로 어떻게 보이든 상관없이, 하나님의 목적은 절대로 저해되지 않는다. 하나님의 물레방아는 천천히 돌지만 확실하게 제 할 일을 하고 있다.

물론 이 책에서 사사기의 모든 구절을 다룰 수는 없다. 나는 특히 이상하거나 까다롭거나 논란이 있는 구절들에 대한

다양한 해석들을 살펴보았다. 오늘날 독자가 구약 전반, 특히 사사기와 여호수아서에 대해 가장 이해하기 어려운 문제는 가나안 주민을 그들의 본고장에서 '몰아내라'는 하나님의 명령이다. 사사기의 기반이 되는 매우 어려운 쟁점으로, 부록에 몇 가지 해석을 담았으니 참고하기 바란다.

사사기 전체 구조와 사건들의 구조를 가끔 살필 것이다. 부록에는 사사들이 누구였고 서로 비슷한 점과 다른 점이 무엇인지 한눈에 볼 수 있도록 사사기의 구조에 대한 자료가 있다. 주요 활동이 일어난 모든 장소들을 보여 주는 지도도 실었다.

사사기의 이야기들은 이따금 우울하고 속상하지만 항상 흥미진진하고 예측불가능하다. 나는 그 이야기를 들으며 사사기가 어떻게 예수님을 가리키는지 살펴보고자 한다. 그리고 오늘날 다원주의 사회에서 예수님을 영화롭게 하고 기쁘시게 하는 삶을 살려면 어떻게 해야 하는지 사사기에서 제시하는 방법을 살펴보겠다.

**Part 1**

절반의
순종이
빚은 결과

JUDGES
FOR YOU
TIMOTHY KELLER

**01**

●

# 절반의 제자도로는 안 된다

삿 1:1-2:5

골짜기의 주민들은
철 병거가 있으므로
그들을 쫓아내지 못하였으며

사사기는 과거를 돌아보며 시작해서 미래를 내다보며 끝난다. 이스라엘 역사에서 이 시기는 이렇게 시작한다. "여호수아가 죽은 후에"(삿 1:1). 마지막 구절은 사울, 다윗, 솔로몬과 후계자들의 왕정을 예고한다. "그때에 이스라엘에 왕이 없으므로 사람이 각기 자기의 소견에 옳은 대로 행하였더라"(삿 21:25). 사사 시대의 위대한 산봉우리들과 어두운 골짜기, 승리와 비극을 이해하고 음미하려면, 1장 1절에서 권하듯이 고개를 들어 하나님을 바라보아야 한다.

:: 약속을 지키시는 하나님
여호수아는 이스라엘 백성을 이끌도록 하나님이 선택하

신 모세의 계승자였다(민 27:12-23). 하나님이 백성을 약속의 땅 가나안으로 이끄신다는 약속(민 14:30)을 충성스럽게 신뢰한 사람은 한 세대 가운데 겨우 두 명에 불과했고, 여호수아는 그중 한 명이었다.

그래서 그와 갈렙은 가나안 1세대 가운데 유일하게 광야에서 하나님의 심판으로 인한 죽음을 피하고 약속의 땅에 들어갈 수 있었다.

여호수아서는 하나님이 하나님의 백성 안에서 그리고 백성을 통해 역사하셔서 그들에게 하신 약속을 지키시고, 그들을 약속의 땅으로 데려가시고, 그들의 적을 무찌르시고, 그들에게 축복과 안식을 주기 시작하시는 것을 그리고 있다. 여호수아서는 하나님이 항상 약속을 지키시므로 하나님의 백성은 용감하게 순종하고 예배할 수 있다고 가르쳐 주는 책이다. 또한 여호수아서는 사사들이 등장할 배경을 마련해 준다.

여호수아서의 시작과 끝에서 하나님은 여호수아와 백성에게 구체적인 지시 사항을 주셨다. 이는 사사기 1장에서 그들의 진척 상황을 측정할 기준이 된다. 첫째, 하나님께서 "내가 너희에게 줄"(수 1:3-4) 땅의 규모를 그들에게 말씀하셨다. 둘째, 여호와 주 하나님을 의지하는 그들의 군사 작전은 친밀하고 겸손한 영적 삶, 즉 하나님과의 동행과 병행되어야 함을 상기시키셨다. 그들은 "그 율법을 다 지켜 행하고 … 그것을 묵상"(수 1:7-8)해야 했다.

그들이 하나님을 의지하고 순종할 때 승리와 안식이 임하는 것이지, 그들 스스로 승리와 안식을 쟁취하여 하나님의 백성이 되는 것이 아니다. 모든 일에 있어서 하나님께 순종하며 하나님 말씀을 묵상하고 하나님의 약속을 신뢰하지 않는다면, 그들은 성공을 기대할 수 없었다.

여호수아서는 그 땅에 들어가서 그 땅을 취하는 과정의 시작을 기록한다. 대부분의 백성은 순종하며 하나님을 신뢰했고, 하나님은 그들에게 승리를 주셨다. 그러나 여호수아의 일생이 끝나 가도 아직 해야 할 일이 많았다. 그 땅이 이스라엘에게 열려 있었지만, 하나님이 현재의 주민을 몰아내실 것을 신뢰하며 거기에 정착해야만 했다.

그들은 하나님이 여전히 약속을 지키실 것을 신뢰하며 용감하게 순종해야 했다. "너희의 하나님 여호와께서 너희에게 말씀하신 대로 너희가 그 땅을 차지할 것이라. 그러므로 너희는 크게 힘써 모세의 율법 책에 기록된 것을 다 지켜 행하라"(수 23:5-6).

약속을 의지하며 순종하기 위해서는, 다시 말해서 하나님과의 언약에 신실하기 위해서는 이스라엘은 다른 나라들과 언약을 맺거나, 그들의 신들을 섬기거나, 그들과 통혼하지 말아야 했다(수 23:7, 12). 가나안을 몰아내는 목적은 복수나 다른 경제적 이유가 아니라 영적인 것이었다. 가나안을 제거하여 이스라엘이 가나안의 종교적 영향 아래 있지 않게 하려는 것이었다. "오직 너희의 하나님 여호와께 가까이 하기를 오늘까지 행한 것 같이 하라"(수 23:8). 그들은 하나님을 섬기는 나라를 세워서, 주변 나라들이 하나님의 백성의 삶을 통해 참 하나님을 볼 수 있게 해야 했다.

:: 믿음에 기반을 둔 용기

그때나 지금이나 하나님의 백성에 대한 하나님의 부르심은 영성과 용맹을 결합하라는 것이다. 진정한 제자도는 파격적이고 위험을 감수한다. 왜냐하면 참된 제자도는 하나님이 약속을 지키시고 축복하실 것을 의지하는 것이지 자신의 직관, 계획, 보험약관을 의지하는 것이 아니기 때문이다.

하나님을 의지하지 않고 진정으로 '용감하기'는 어렵다. 하나님을 믿는 믿음에서 우러나오지 않는 용맹은 모험주의나 남성우월 영웅주의 혹은 순전한 잔인함에 불과하다. 이는 정서 불안, 자신의 가치를 입증하려는 절박한 마음, 혹은 절망에 뿌리를 두고 있을 수 있다. 오직 믿음에 기반을 둔 용기만이 잔혹함이라는 극단과 비겁함과 무능이라는 다른 극단 사이에서 선을 지키며 걸을 수 있다.

하나님의 약속을 믿는 것은 늘 예상되는 합리적인 길만 따르지는 않는다는 것을 의미한다. 여호수아가 죽고 나서, 가나안 정복을 하나님이 바라시는 방법대로 수행하려면, 일반적인 군사 전략이 아니라 진정한 믿음이 필요했다. 이스라엘 백성은 가나안 민족들이 아무리 강하더라도 싸움에서 물러설 수 없었다. 상대방 군대가 우월하고 내가 수적으로나 기술적으로 밀리면 싸우지 않는 것이 일반적인 군사 전략이다. 또한 이스라엘은 가나안의 어떤 민족 집단이 아무리 이스라엘보다 약하더라도 약탈하거나 노예로 삼을 수 없었다.

일반적인 군사 전략은 위험하지 않고 경제적으로 지배하며 이용할 수 있는 사람들을 일부러 몰아내는 수고를 하지 말라고 한다. 그러므로 이스라엘이 일반적인 군사 전략을 따르지 않고 누구와 싸우며 어떻게 승리에 반응하는가는 그들이 정말로 약속을 신뢰하는지, 그들이 정말로 여호와께 순종하는지를 보여 줄 것이다.


:: 마침내 등장하는 사사!

사사기를 여는 첫 장은 여호수아서의 기준에 비춰 읽어 볼 때 훌륭한 이야기이다. 이스라엘의 진척 상황에 대한 하나

---

1 여호수아가 죽은 후에 이스라엘 자손이 여호와께 여쭈어 이르되 우리 가운데 누가 먼저 올라가서 가나안 족속과 싸우리이까 2 여호와께서 이르시되 유다가 올라갈지니라 보라 내가 이 땅을 그의 손에 넘겨 주었노라 하시니라 3 유다가 그의 형제 시므온에게 이르되 내가 제비 뽑아 얻은 땅에 나와 함께 올라가서 가나안 족속과 싸우자 그리하면 나도 네가 제비 뽑아 얻은 땅에 함께 가리라 하니 이에 시므온이 그와 함께 가니라

님의 판결은 2장 서두에 가서야 나올 것이다. 그러나 1장 자체만으로도 이 시점에서 이스라엘이 신실하지만 흠이 있음이 드러난다. 나라의 기반을 잡으면서 이스라엘은 어떤 지역에서는 강하지만, 전반적으로는 공세에서 물러나기 시작한다.

1장은 이스라엘 지파들 중 아홉 지파의 성공(혹은 다른 면)을 추적한다. 많은 초점이 유다에 맞춰진다. 그들이 분배된 영토의 정복을 완료하는 첫 번째 주자가 되어야 한다고 하나님이 말씀하시기 때문이다(2절).

그러나 거의 즉시 유다는 실패한다. "유다가 그의 형제 시므온에게 이르되 … 나와 함께 올라가서 … 싸우자"(3절). 그것은 군사적으로 상식적인 행동이지만 영적으로는 신실하지 못한 행동이었다. 하나님은 "유다가 올라갈지니라"라고 말씀하셨는데 유다는 온전히 순종하지 못한다. 가긴 하지만, 혼자가지 않는다. 그들의 제자도는 절반에 불과하다.

그럼에도 불구하고, 그들이 지시대로 올라가자, "유다가 올라가매 여호와께서 가나안 족속과 브리스 족속을 그들의 손에 넘겨"(4절) 주셨다. 그들은 주민을 패주시켰고, 아도니 베섹

---

4 유다가 올라가매 여호와께서 가나안 족속과 브리스 족속을 그들의 손에 넘겨 주시니 그들이 베섹에서 만 명을 죽이고 5 또 베섹에서 아도니 베섹을 만나 그와 싸워서 가나안 족속과 브리스 족속을 죽이니 6 아도니 베섹이 도망하는지라 그를 쫓아가서 잡아 그의 엄지손가락과 엄지발가락을 자르매 7 아도니 베섹이 이르되 옛적에 칠십명의 왕들이 그들의 엄지손가락과 엄지발가락이 잘리고 내 상 아래에서 먹을 것을 줍더니 하나님이 내가 행한 대로 내게 갚으심이로다 하니라 무리가 그를 끌고 예루살렘에 이르렀더니 그가 거기서 죽었더라

("베섹의 주")을 붙잡아 죽였으며, 그는 자신이 이런 심판을 받아 마땅함을 인정했다("하나님이 내가 행한 대로 내게 갚으심이로다", 7절). 여기서 주목할 사실이 있다.

많은 21세기의 독자들은 이스라엘이 가나안에서 한 행동에 대해 여러 가지 꺼림칙함을 갖지만, 이 패배한 가나안 사람은 그렇지 않았다. 역사 속에서 하나님의 심판은 사람들이 스스로 선택한 삶의 결과를 단순히 그들에게 준 것일 뿐이다(시 64:3-4, 7-8, 롬 1:21-32). 아도니 베섹은 이를 받아들인 것으로 보인다.

이 승리 뒤에 유다는 계속해서 그들의 기업을 취한다(삿 1:8-11, 17-18). 그 승리의 기록들 사이에, 저자는 이스라엘의 영적으로 용감한 한 가문, 신실한 갈렙의 가문에 초점을 맞춘다. 이스라엘이 어떠해야 하는지의 축소판이 여기 있다. 갈렙은 "기럇 세벨을 쳐서 그것을 점령하는 자에게"(12절) 딸을 주겠다고 제안한다. 갈렙은 자신의 삶을 위해 선택했던 것과 같이, 딸 악사에게 언약에 신실하고 하나님의 약속에 반응하여 용감하게 순종하는 삶을 원했다. "갈렙의 아우 그나스의 아들인 옷니

---

8 유다 자손이 예루살렘을 쳐서 점령하여 칼날로 치고 그 성을 불살랐으며 9 그 후에 유다 자손이 내려가서 산지와 남방과 평지에 거주하는 가나안 족속과 싸웠고 10 유다가 또 가서 헤브론에 거주하는 가나안 족속을 쳐서 세새와 아히만과 달매를 죽였더라 헤브론의 본 이름은 기럇 아르바였더라 11 거기서 나아가서 드빌의 주민들을 쳤으니 드빌의 본 이름은 기럇 세벨이라 12 갈렙이 말하기를 기럇 세벨을 쳐서 그것을 점령하는 자에게는 내 딸 악사를 아내로 주리라 하였더니 13 갈렙의 아우 그나스의 아들인 옷니엘이 그것을 점령하였으므로 갈렙이 그의 딸 악사를 그에게 아내로 주었더라

엘이 그것을 점령하였다"(13절).

그러자 악사도 자신이 갈렙의 딸이라는 것을 보여 줬다. 악사는 새 신랑 옷니엘에게 밭을 갈렙한테 구하라고 하고(14절), 악사 자신도 갈렙에게 "샘물도 내게 주소서"(15절)라고 요청했다. 이는 약속의 땅을 취하고 거기 정착하고 그 축복을 누리려는 갈망을 보여 준다.

갈렙, 옷니엘 그리고 특히 악사는 전심의 제자도를 보여준다. 그런 의미에서, 그들은 나머지 백성을 꾸짖는다. 특히 겐사람은 이스라엘의 먼 친척으로서 "올라가서 … 유다 황무지에 이르러 그 백성 중에 거주"하였는데, 오늘날에도 여자와 겐사람처럼 그럴 것 같지 않은 외부인이 진실하고 파격적인 믿음을 보여 줄 때가 있다.


:: 절반의 제자도

만일 1장이 18절로 끝난다면, 거의 완벽하게 고무적이고 사사기 전체에 좋은 징조가 되었을 것이다. 그러나 19절이 경

---

14 악사가 출가할 때에 그에게 청하여 자기 아버지에게 밭을 구하자 하고 나귀에서 내리매 갈렙이 묻되 네가 무엇을 원하느냐 하니 15 이르되 내게 복을 주소서 아버지께서 나를 남방으로 보내시니 샘물도 내게 주소서 하매 갈렙이 윗샘과 아랫샘을 그에게 주었더라 16 모세의 장인은 겐 사람이라 그의 자손이 유다 자손과 함께 종려나무 성읍에서 올라가서 아랏 남방의 유다 황무지에 이르러 그 백성 중에 거주하니라 17 유다가 그의 형제 시므온과 함께 가서 스밧에 거주하는 가나안 족속을 쳐서 그 곳을 진멸하였으므로 그 성읍의 이름을 호르마라 하니라

24

종을 울린다. "여호와께서 유다와 함께" 계셨지만, 그들은 "골짜기의 주민들은 철 병거가 있으므로 그들을 쫓아내지" 못했다. 유다는 하나님의 힘을 신뢰하지 않았다. 그래서 자신들의 힘을 적의 힘과 비교했고, 철 병거가 있는 골짜기의 주민들을 몰아내지 못했다.

믿음 없는 상식이 여기서 통하기 시작했다. 유다는 하나님을 신뢰하지 않았다. 그래서 타협하지 않고 하나님을 예배할 수 있도록 기업을 확보하지 않았다. 남아 있는 가나안 주민은 앞으로 수 세기 동안 옆구리의 가시로 증명될 것이다.

우리가 하나님의 축복을 누리지 못하고 하나님을 전심으로 예배하지 못하는 이유는 우리에게 힘이 없어서가 아니라, 하나님의 힘을 믿는 믿음이 없기 때문이다. 우리 자신을 의지하거나, 혹은 단순하게 순종하는 대신에 하나님과 동행하는 근거를 우리의 계산에 두면, 우리는 유다처럼 결정하게 된다.

옷니엘은 하나님의 힘으로 도시를 공격한 반면, 유다 족속은 그들 혼자서는 그렇게 할 수 없다고 결론을 내렸다. 이는 절반의 제자도다. 그리고 사사기는 결국 절반의 제자도가 완전한 상실로 이어진다는 것을 보여 줄 것이다. 이는 우리에게

---

18 유다가 또 가사 및 그 지역과 아스글론 및 그 지역과 에그론 및 그 지역을 점령하였고 19 여호와께서 유다와 함께 계셨으므로 그가 산지 주민을 쫓아내었으나 골짜기의 주민들은 철 병거가 있으므로 그들을 쫓아내지 못하였으며 20 그들이 모세가 명령한 대로 헤브론을 갈렙에게 주었더니 그가 거기서 아낙의 세 아들을 쫓아내었고

분명한 경고를 던져 준다!


:: 잠복한 우상들

반쪽 마음의 순종, 하나님의 약속을 절반만 믿는 전염병이 퍼진다. 베냐민 자손이 "여부스 족속을 쫓아내지 못했다"(21절). 요셉의 집은 하나님의 언약의 약속을 신뢰하는 대신, 한 가나안 사람과 언약을 맺었다(22-26절).

므낫세는 다양한 주민들을 쫓아내지 못했고, 그들이 충분히 강한 것을 보고서 그들에게 노역을 시키기로 결정했다(27-28절). 본문에 함축된 이유는 그들을 쫓아내는 것보다 노예로 삼는 것이 경제적으로 타당성이 있고 수고가 덜 든다는 것이었다. 편의가 순종을 이겼다.

---

21 베냐민 자손은 예루살렘에 거주하는 여부스 족속을 쫓아내지 못하였으므로 여부스 족속이 베냐민 자손과 함께 오늘까지 예루살렘에 거주하니라 22 요셉 가문도 벧엘을 치러 올라가니 여호와께서 그와 함께 하시니라 23 요셉 가문이 벧엘을 정탐하게 하였는데 그 성읍의 본 이름은 루스라 24 정탐꾼들이 그 성읍에서 한 사람이 나오는 것을 보고 그에게 이르되 청하노니 이 성읍의 입구를 우리에게 보이라 그리하면 우리가 네게 선대하리라 하매 25 그 사람이 성읍의 입구를 가리킨지라 이에 그들이 칼날로 그 성읍을 쳤으되 오직 그 사람과 그의 가족을 놓아 보내매 26 그 사람이 헷 사람들의 땅에 가서 성읍을 건축하고 그것의 이름을 루스라 하였더니 오늘까지 그 곳의 이름이 되니라 27 므낫세가 벧스안과 그에 딸린 마을들의 주민과 다아낙과 그에 딸린 마을들의 주민과 돌과 그에 딸린 마을들의 주민과 이블르암과 그에 딸린 마을들의 주민과 므깃도와 그에 딸린 마을들의 주민들을 쫓아내지 못하매 가나안 족속이 결심하고 그 땅에 거주하였더니 28 이스라엘이 강성한 후에야 가나안 족속에게 노역을 시켰고 다 쫓아내지 아니하였더라

에브라임은 가나안 족속이 그들 중에 거주하도록 허락했다(29절). 스불론도 강제 노역을 시키기로 선택했다(30절). 아셀 족속은 더 심했다. 가나안 족속이 그들 중에 거주하게 허락한 것이 아니라, 그들이 가나안 족속 가운데 살았고(31-32절) 납달리도 그랬다(33절).

마지막으로, 단 지파는 "산지"로 몰아넣어졌다(34절). 36절에 나타난 것은 이스라엘에게 할당된 기업의 경계가 아니라, 아모리 족속이 "결심하고 … 거주한"(35절) 지역의 경계다. 여기에 아모리 족속이 이스라엘보다 군사력이 우세했다는 말은 없다. 오히려 아모리 족속의 의지력과 끈기, 용기가 이스라엘보다 우월했다는 것을 보여 줄 뿐이다. 하나님의 백성이 하나님을 모르는 백성보다 덜 용감했다.

여러 면에서, 그리고 처음에 언뜻 읽으면, 1장은 위대한 정복의 장이다. 이스라엘이 약속의 땅에 거주하고 넓은 영역에 정착했다. 두 세대 전에 이스라엘 백성이 애굽 노예 생활의

---

29 에브라임이 게셀에 거주하는 가나안 족속을 쫓아내지 못하매 가나안 족속이 게셀에서 그들 중에 거주하였더라 30 스불론은 기드론 주민과 나할롤 주민을 쫓아내지 못하였으므로 가나안 족속이 그들 중에 거주하면서 노역을 하였더라 31 아셀이 악고 주민과 시돈 주민과 알랍과 악십과 헬바와 아빅과 르홉 주민을 쫓아내지 못하고 32 아셀 족속이 그 땅의 주민 가나안 족속 가운데 거주하였으니 이는 그들을 쫓아내지 못함이었더라 33 납달리는 벧세메스 주민과 벧아낫 주민을 쫓아내지 못하고 그 땅의 주민 가나안 족속 가운데 거주하였으나 벧세메스와 벧아낫 주민들이 그들에게 노역을 하였더라 34 아모리 족속이 단 자손을 산지로 몰아넣고 골짜기에 내려오기를 용납하지 아니하였으며 35 결심하고 헤레스 산과 아얄론과 사알빔에 거주하였더니 요셉의 가문의 힘이 강성하매 아모리 족속이 마침내 노역을 하였으며 36 아모리 족속의 경계는 아그랍빔 비탈의 바위부터 위쪽이었더라

멍에 아래 신음할 때만 해도, 손자손녀의 삶이 이럴 것이라고 꿈도 꾸지 못했을 것이다.

그러나 ('그러나'가 중요하다) 이스라엘은 온전히 신뢰하거나 순종하지 않았다. 그리고 이제 이스라엘 백성은 우상을 숭배하는 가나안 족속과 나란히 거주하게 되었다. 땅속에 파묻힌 수류탄처럼, 이 우상들이 사사기 1장에 잠복해 있다가 하나님 백성의 영적 삶에 폭발할 것이다.


:: 하나님이 말씀하신다

여호수아서의 렌즈를 통해 볼 때, 우리는 사사기 1장에서 절반의 제자도를 볼 수 있다. 그러나 사사기 1장만 떼어 놓고 보면, 왜 이스라엘 백성이 정복에 성공하지 못했는지에 대해 군사력의 열세, 합리적인 타협, 경제적 편의성 등 타당한 이유들이 있는 것 같아 보인다. 이스라엘에는 철 병거가 하나도 없는데, 어떻게 가나안의 철 병거를 몰아내겠는가?(1:19)

1장을 그들이 말하는 대로 들어보면, 이스라엘이 그들의 정복 상황에 대해 기자회견이라도 하는 것 같다. 그들은 왜 하나님과 우리가 기대한 것처럼 성공적으로 정복하지 못했는지 '둘러대고' 있다.

그들은 독자들도 이스라엘 백성에게 공감하도록 달랜다. 그래서 그들이 가나안 족속을 "쫓아내지 못했다는"(19절) 것을 듣다 보면, 우리도 슬그머니 동의하게 된다. 그들은 최선을 다했다고 생각하고 만다.

그러다 하나님의 평가를 보고 충격을 받는다. 1장에서 그 사실을 보여 줬다. 이제 하늘의 설명을 듣는다. "여호와의 사자가 길갈에서부터 보김으로 올라와 말하되"(2:1).

성경의 이야기들은 종종 이런 구조로 되어 있다. 예수님의 삶이 시작될 때, 예수님의 베들레헴 탄생이 자세히 묘사되고 나서(눅 2:4-7) 그 뒤를 이어 천사가 그 의미심장함을 설명한다(2:8-14). 예수님의 지상 사역이 끝날 때도, 여자들이 빈 무덤의 차가운 현실에 직면하고 난 후(막 16:4), 그들의 눈으로 보는 것을 하늘의 두 사자가 설명한다. 즉 무덤이 비어 있는 이유를 "그가 살아나셨고 여기 계시지 아니하니라"(5-7절)고 설명한다.

천사가 온 경로가 중요하다. 왜 천사는 "길갈에서부터 … 올라와" 말했을까? 길갈은 요단강 서쪽의 마을이며, 여리고성 가까이에 있다(삿 2:1). 여호와의 천사가 길갈에 사는 것은 아닐 텐데, 왜 여기서 길갈이 언급되었을까?

왜냐하면 여호수아서 5장을 보면, 길갈에서 이스라엘 백성이 하나님과 언약을 맺었고, 거기서 하나님이 "내가 오늘 애굽의 수치를 너희에게서 떠나가게 하였다"(수 5:9, '길갈'은 '구르다'를 의미한다)고 말씀하셨기 때문이다. 그곳은 하나님이 그들의 죄를 용서하시고, 그들을 하나님의 백성으로 하나님께 붙들어 매시고, 은혜로, 오직 하나님의 인자하심의 동기로 그들과 관계를 시작하신 곳이다.

그러므로 천사가 길갈에서 온 것은 이스라엘 백성에게 그들이 은혜로 구원받았음을 상기시켰다. 사사기 2장 1절에서 천사가 말했듯이, 여호와께서 우리를 구원하시고 약속을 지키시는 신실한 하나님이심을 상기시켰다.


:: 너희는 불순종했다

은혜의 하나님은 하나님의 백성들 성적을 통렬히 평가하셨다. "너희가 내 목소리를 듣지 아니하였으니"(2절). 그것으로 끝이다.

이스라엘은 어떻게 하나님께 불순종했는가? 이스라엘은 "언약을 맺지 말며"라는 말씀을 듣고도 "이 땅의 주민과 언약을 맺었다." 그리고 이스라엘은 "그들의 제단들을 허는 데"(2절) 실패했다. 이 작전의 목적이었는데도 말이다.

즉 이 군사작전은 인종 청소가 아니었다. 그래서 가나안의 창녀인 라합은 함께 살도록 허락되었던 것이다(수 2:17-20, 6:25). 그리고 겐 사람은 유다와 함께 정착했다(삿 1:16). 이 작전은 제국주의적 정복이 아니었다. 약탈하거나 노예를 삼는 것이 아무에게도 허락되지 않았다.

그 목적은 가나안을 우상으로부터 정결하게 해서, 이스라엘이 여호와의 언약에 충실하게 살 수 있도록 하는 것이었다. 어떤 이유로든, 가나안 족속이 그 땅에 계속 살게 허락하거나, 그들과 언약으로 합의하면, 그 결과는 이스라엘의 우상숭배였다.

여기서의 기본 가르침은 하나님은 우리 삶의 일부 영역만 아니라 모든 영역에서 주권을 행사하길 원하신다는 것이다. 하나님은 이스라엘이 가나안 땅 전체를 깨끗하게 하기를 바라셨다. 그래서 하나님의 백성이 하나님하고만 사는 것이 아니라, 하나님과 우상들과 함께 살지 않기를 바라셨다.

그러나 그들은 그렇게 하지 않았다. 그들은 하나님을 완전히 거절하지도 않았지만, 완전히 영접하지도 않았다. 그 절반의 제자도와 타협이 사사기 전체에서 언제 폭발할지 모르는 불안정한 화합물로 묘사된다. 그 상태는 지속될 수 없다.

결국은 우리 삶 전부를 감사와 사랑의 순종으로 하나님께 드리든가, 아니면 전혀 드리지 않든가, 둘 중 하나다. 부분적 순종은, 우리가 앞으로 보겠지만, 전적인 불순종으로 향하는 경향이 있기 때문이다.


:: 못하는 것인가, 안하는 것인가

사사기 1장 19절에 이스라엘 백성이 "못하였으며"라고 되어 있다. 그러나 2장 2절은 그 주장과 정반대다. 요컨대, 이스라엘 백성은 "우리는 못했어요"라고 했고 하나님은 "너희는 하지 않으려 했다"고 대답하셨다.

우리 자신에게도 물을 가치가 있는 질문이다. 무엇에 대해, 나는 "못해요"라고 하는데 하나님은 "너는 하지 않으려 한다"고 하시는가? 이스라엘이 순종하지 못한 것은 그들이 보기에 타당한 이유들에 근거했지만, 하나님은 어쭙잖은 변명에 불과하다고 말씀하셨다. 왜 그런가? "오직 하나님은 미쁘사 너희가 감당하지 못할 시험 당함을 허락하지 아니하시고"(고전 10:13)라고 말씀하신다. 하나님은 우리를 순종할 수 없는 자리에 절대로 두지 않으실 것이다. 우리가 정말로 '할 수 없는' 순간은 절대로 없다.

그러므로 이 구절들은 우리 마음을 매우 깊이 살피게 하고, 우리에게 도전을 주며, 우리 스스로 적용하게 한다. 우리 삶속에 우리가 할 수 없다고 생각하지만, 사실은 우리가 하기를 거부하고 있는 온갖 종류의 것들이 있다. 사사기의 많은 부분은 우리의 불순종에도 불구하고 하나님이 우리에게 얼마나 신실하신지 보여 주며, 이는 우리에게 위로가 된다. 그러나 또한 사사기는 우리의 동기와 행동에 대한 자기기만을 하나님이 은혜로 끊임없이 제거하려 하신다는 것을 보여 준다.

사람들이 "못해요"라는 말로 불순종을 정당화하는 3대 범주가 있다.

첫째, 용서의 부분이다. "나는 이것을, 그를, 그녀를 용서 못해요." 그러나 하나님은 용서를 명령하신다(마 18:35). 그러므로 우리는 분노를 내려놓고 은혜의 복음의 지식으로 우리 마음을 부드럽게 하여, 아무 잘못도 일어나지 않았던 것처럼 행동하기로 결단할 수 있다. 못한다는 말은 사실 하지 않겠다는 의미이다. 즉 우리의 분노, 우리의 원망, 우리의 복수할 '권리'에 계속 집착하면서, "못한다"고 핑계 대겠다는 의미이다.

둘째, 어려운 진실을 말하는 부분이다. "나는 그에게 진실을 말하지 못하겠어. 그랬다가는 그/내가 망할 거야." 그러나 하나님은 우리에게 "사랑 안에서 진실을 말하라"(엡 4:15, 25)고 하신다. 그러나 종종 우리는 비겁함이나 교만을 "못해요"라는 핑계로 덮으려 한다. 그러나 핑계에 불과하다. 우리가 의미하는 진심은 이렇다. "만일 내가 그에게 진실을 말하면, 그가 나를 더 이상 좋아하지 않을지 몰라. 나는 부끄러움을 당할 거야. 그는 화낼 거야. 그런 위험을 감수할 순 없어. 나는 차라리 불순종하겠어."

셋째, 유혹의 부분이다. "잘못인 걸 알지만, 안 하곤 못 배겨." 특히 주의해야 하는 부분이다. 죄는 중독성이 있어서 순전히 의지력만으로는 어떤 것을 스스로 중단하지 못할 수 있다. 그러나 우리는 도움을 받고, 우리의 문제를 인정하고, 자신을 겸손히 낮추고, 하나님께 자비와 변화를 구하며 부르짖고, 신뢰할 수 있는 사람들과 문제를 상의하며 점검을 받을 수 있다. 하나님은 항상 우리에게 피할 길을 주신다(고전 10:13). 어떤 죄의 생각이나 행동도 불가피하거나 저항할 수 없는 것은 없다.

만일 우리가 앞서 말한 것처럼 죄에 올바로 대응하지 않는다면, 계속 그런 식으로 죄를 지으면서, 아무것도 "할 수 없다"고 핑계를 댈 것이다.

우리가 하지 않으려 한다는 문제를 어떻게 해결해야 할까? 하나님은 순종하지 못하는 것은 기억하지 못하기 때문이라고 말씀하신다. 하나님은 구조하시는 하나님이시다. "내가 너희를 애굽에서 올라오게 하여"(삿 2:1)라는 말씀과 같다. 그리고 또한 하나님은 항상 신실하신 하나님이다. 그래서 "나는 너와의 언약을 결코 깨뜨리지 않을 것이다"라고 말씀하신다. 우리의 불순종의 뿌리는 본질적으로 하나님이 누구이신지를 기억하지 못하는 것이다. 그리고 그 반대도 사실이다. 하나님이 누구이신지 기억한다면 하나님을 전심으로 파격적으로 즐겁게 섬길 것이다.

이스라엘 백성은 그렇게 하는 데 실패했다. 그 결과는 명백한 파국이었다. "그러므로" 너희가 언약을 깨뜨리고 불순종했으므로 "내가 또 말하기를 내가 그들을 너희 앞에서 쫓아내지 아니하리니 그들이 너희 옆구리에 가시가 될 것이며 그들의 신들이 너희에게 올무가 되리라 하였노라"(3절).

이는 우상숭배가 무엇이고, 우상숭배 때문에 무슨 일이

---

2:1 여호와의 사자가 길갈에서부터 보김으로 올라와 말하되 내가 너희를 애굽에서 올라오게 하여 내가 너희의 조상들에게 맹세한 땅으로 들어가게 하였으며 또 내가 이르기를 내가 너희와 함께 한 언약을 영원히 어기지 아니하리니

일어나는지 매우 잘 조명해 주는 묘사다. 우상숭배란 피조물의 좋은 측면, 즉 결혼, 자연, 일 등을 우리의 안전감, 정체성, 힘의 궁극적 원천으로 삼는 것이다. 그래서 거짓 신들은 가시가 된다.

우리가 어떤 것을 우상으로 만들면, 그 우상이 계속 우리를 불행하게 한다. 그 우상에 대해 미진하거나 미진할 가능성이라도 생기면, 그 우상은 우리의 기쁨을 빼앗아 간다. 만일 자녀가 우리의 거짓 신이 되면, 자녀의 삶에 문제가 생길 때 우리는 기쁨을 잃을 것이다. 심지어 자녀의 삶에 문제가 생길 가능성이 있기만 해도 우리는 염려하고 기쁨을 잃는다.

그리고 우상은 올무다. 우상은 우리를 함정에 빠뜨린다. 우리가 어떤 것을 우상으로 만들 때, 오히려 그 우상이 우리를 묶고 노예로 삼는다. 우리는 그것을 꼭 가져야만 한다고 느끼므로 거기에 "노"(No)라고 말하지 못한다. 그렇게 중독된다. 그래서 많은 사람들이 너무 열심히 일하느라 가정, 친구, 건강을 직업과 일의 제단에 희생시키거나, 파괴적인 어떤 관계에 스스로 몰두하거나 한다.

사사기 2장에서, 사람들은 울고(4절) 제사를 드리는(5절) 반응을 보였다. 여호수아 후 첫 세대는 여호와로부터 완전히 돌아서지도 않았고, 여호와께 온전히 순종하지도 않았다. 그들은 진실로 반쪽짜리 마음의 제자들이었다. 그래서 그들과 그들의 자녀들은 가시와 올무에 둘러싸였고, 구조하시는 신실하신 하나님께 대한 사랑과 순종을 타협하라는 끊임없는 유혹에 시달렸다.

이렇게 해서 사사기의 무대가 완성되었다. 하나님의 백성이 우상숭배 문화 한복판에서 하나님을 기쁘시게 하는 거룩한 삶을 추구했지만 실패할 때가 더 많았다.


:: 사사기에 나타나는 딜레마와 긴장

1절에서 하나님이 "말하되"라고 하신 것과 3절에서 하나님이 "내가 또 말하기를"이라고 하신 것 사이에 긴장이 있다. 이 긴장은 대부분의 성경 번역본에 나타나 보이는 것보다 더 강하다고 마이클 윌콕이 설명한다.

> 2장 1절과 2장 3절은 이렇게 읽어야 한다. "나는 나의 언약을 절대로 깨뜨리지 않겠다고 말했다. … 그리고 나는 또한 말했다. 만일 네가 이 나라들과 타협하면 나는 그 나라들을 몰아내지 않겠다." 마치 주께서 이렇게 말씀하시는 것 같다. "내가 이 온 땅을 너에게 주겠다고 맹세했지만, 또한 불순종하는 백성에게는 주지 않겠다고도 맹세했다."
> – 《사사기의 메시지》(The Message of Judges)

우리는 2절 끝의 "너희가 … 어찌하여 그리하였느냐"를 이렇게 이해해야 한다. 하나님이 그의 백성에게 말씀하고 계신다. "너희가 나를 불가능한 상황에 몰아넣었다. 나는 너희를 나의 사랑하는 백성으로 축복하겠다고 맹세했고, 또 너희를 불순종하는 백성으로서 축복하지 않겠다고도 맹세했다. 내가 이 딜레마를 어떻게 풀어야 한단 말이냐?"

일면으로, 하나님은 거룩하시고 정의로우셔서 악을 관용하거나 악과 동거하거나 악을 축복하실 수 없다. 다른 한편, 하나님은 사랑이시고 신실하셔서 하나님이 헌신하시는 백성을 잃도록 그냥 내버려 두실 수 없다. 이는 사사기의 이야기에서, 또한 성경 전체에서 엄청나고 해결되지 않을 것 같은 긴장이다(예를 들어, 출 34:6-7, 호 11:1-11을 보라). 이 긴장이 사사기 전체에서 우리를 불안하게 한다. 하나님이 마침내 하나님의 백성을 포기하실 것인가? 그러나 그러면 하나님의 신실하심은 어떻게 되는가? 아니면, 마침내 하나님이 그의 백성에게 굴복하실 것인가? 그러나 그러면 하나님의 거룩하심은 어떻게 되는가?

---

2 너희는 이 땅의 주민과 언약을 맺지 말며 그들의 제단들을 헐라 하였거늘 너희가 내 목소리를 듣지 아니하였으니 어찌하여 그리하였느냐 3 그러므로 내가 또 말하기를 내가 그들을 너희 앞에서 쫓아내지 아니하리니 그들이 너희 옆구리에 가시가 될 것이며 그들의 신들이 너희에게 올무가 되리라 하였노라 4 여호와의 사자가 이스라엘 모든 자손에게 이 말씀을 이르매 백성이 소리를 높여 운지라 5 그러므로 그 곳을 이름하여 보김이라 하고 그들이 거기서 여호와께 제사를 드렸더라

37

우리는 오직 십자가 위에서 하나님이 이 긴장을 어떻게 해소하실 수 있는지 이해할 수 있다. 십자가에서, 우리의 죄가 하나님께 전가되었고 그래서 하나님의 의가 우리에게 전가될 수 있었다.

십자가에서 "하나님이 죄를 알지도 못하신 이를 우리를 대신하여 죄로 삼으신 것은 우리로 하여금 그 안에서 하나님의 의가 되게 하려 하심이라"(고후 5:21)고 말씀한다. 십자가에서 하나님의 진노를 그의 백성에게 부으신 것을 하나님의 아들 안에 이루셨다. 그래서 죄가 처벌되었으므로 하나님은 정의도 만족시키셨고, 하나님이 우리를 받으시고 용서하실 수 있으므로 하나님의 사랑과 신실하심도 만족시키셨다.

오직 십자가를 통해서만 하나님은 "자기도 의로우시며 또한 예수 믿는 자를 의롭다"(롬 3:26) 하실 수 있다. 이것은 사사기의 긴장이 해소될 수 있는 유일한 방법이고, 하나님이 우리를 조건적으로, 그리고 또한 무조건적으로 사랑하실 수 있는 유일한 방법이다.

그리스도께서 십자가에 못 박히신 복음이 없으면, 우리는 항상 하나님 약속의 무조건성 때문에 죄에 안일하게 굴복하거나, 하나님 약속의 조건성 때문에 죄책감과 두려움의 짐을 지고 살아갈 것이다. 십자가는 우리가 그 긴장의 해소를 발견하는 곳이다. 그래서 우리는 죄악되고 불순종하는 삶 속에서도 용서받고 순종하는 삶을 살아갈 수 있다.

십자가는 우리가 교만해지지 않으면서 우리 스스로를 받아들일 수 있는 곳이고, 낙담하지 않으면서도 우리 자신에게 도전을 줄 수 있는 곳이다.

●

# 우상 가운데 사는 삶, 여호와를 잊다

삿 2:6-3:6

●

그들이 돌이켜
그들의 조상들보다
더욱 타락하여

사사기 2장 6절에서 3장 6절까지는 사사기의 두 번째 서
론으로서, 1장 1절부터 2장 5절까지와 평행을 이루는 것으로
읽으면 가장 좋다. 또한 이 본문은 서론일 뿐 아니라, 사사기
전체의 요약이기도 하다. 한편 2장 4절부터 5절에서 우리는 반
쪽 마음을 가진 백성이 자신들의 불순종 때문에 울며 하나님
께 제사 드리는 것을 보며 이스라엘의 미래에 대해 희망을 좀
가져보지만, 이 두 번째 서론을 보자면, 하나님 백성의 영적 상
태가 훨씬 더 암울하게 끝난다는 걸 보게 된다(3:5-6).

:: 우상에 흠뻑 빠진 세대의 모습은?
두 번째 서론도 첫 번째 서론처럼 사사기의 큰 기준이 되

는 여호수아로 시작한다. "여호수아가 백성을 보내매 이스라엘 자손이 각기 그들의 기업으로 가서 땅을 차지하였고"(6절) 여호수아와 그의 부관들이 살아있는 동안에는 "백성이 … 여호와를 섬겼더라"고 말씀한다. 그들은 여호와께서 그들을 약속의 땅으로 데려와 그들의 적들을 무찌르실 때 "여호와께서 이스라엘을 위하여 행하신 모든 큰 일을 본"(7절) 세대였다.

여호수아의 삶은 온전한 삶이었다. 그는 가장 뛰어난 "여호와의 종"(8절)이었다. 이스라엘의 다른 리더들과 달리, 그는 "그의 기업의 경내"(9절)에 죽어 장사되는 특권을 누렸다.

그러나 이 단락에 심난한 부분이 있다. 1장에서 이미 보여 주었듯이 이스라엘 지파들의 정착과 여호와 섬김은 온전치 못한 반쪽 마음으로 불완전하게 이뤄졌다. 여호수아가 친히 백성에게 경고했었다. "너희가 여호와를 능히 섬기지 못할 것은 … 만일 너희가 여호와를 버리고 이방 신들을 섬기면 … 돌이켜 너희에게 재앙을 내리시고 … 이제 너희 중에 있는 이방 신들을 치워 버리고 너희의 마음을 이스라엘의 하나님 여호와께로 향하라"(수 24:19-20, 23).

불완전하고 흠 있는 이 세대가 "너희 중에 있는 이방 신들"로 이미 비틀거리고 "여호와를 능히 섬기지 못하는데

---

6 전에 여호수아가 백성을 보내매 이스라엘 자손이 각기 그들의 기업으로 가서 땅을 차지하였고 7 백성이 여호수아가 사는 날 동안과 여호수아 뒤에 생존한 장로들 곧 여호와께서 이스라엘을 위하여 행하신 모든 큰 일을 본 자들이 사는 날 동안에 여호와를 섬겼더라 8 여호와의 종 눈의 아들 여호수아가 백십 세에 죽으매

도" 사사기 2장 6-9절에서 그나마 긍정적인 언어로 묘사될 수 있다면, 이런 질문이 들기 마련이다. 정말로 우상숭배에 흠뻑 빠진 세대는 어떤 모습일까? 머잖아 그 답이 나온다.


:: 다른 세대

10-11절에 반역이 묘사된다. 거기에 두 단계가 있다. 첫째로, 여호수아 세대 후의 세대는 "여호와를 알지 못하며 여호와께서 이스라엘을 위하여 행하신 일도 알지 못하였다"(10절). "알지 못하였다"라는 말이 의미하는 것은 그들이 출애굽, 홍해, 요단강을 건넌 사건, 여리고성 붕괴에 대해 몰랐다는 것이 아니다. 하나님의 구원 사역이 그들에게 더 이상 소중한 중심이 되지 못했다는 말이다. 그들은 하나님이 하신 일 안에서 경외하고 즐거워하는 법을 배우지 못했다. 다시 말해서, 그들은 하나님이 그들을 애굽의 노예생활에서 구원해, 하나님의 은혜와 능력의 역사로 약속의 땅으로 데리고 들어오셨다는 '복음'을 잊었다. 간단히 말해서, 그들은 잊었다.

둘째로, 복음을 잊은 결과 그들은 "여호와의 목전에 악을 행하여 바알들을 섬겼다"(11절). 악을 행함과 바알들을 섬김

---

9 무리가 그의 기업의 경내 에브라임 산지 가아스 산 북쪽 딤낫 헤레스에 장사하였고
10 그 세대의 사람도 다 그 조상들에게로 돌아갔고 그 후에 일어난 다른 세대는 여호와를 알지 못하며 여호와께서 이스라엘을 위하여 행하신 일도 알지 못하였더라

이 흥미로운 평행을 이룬다. 하나님은 무엇을 악하다고 하시는가? 하나님으로부터 돌아서서 우상들, 작은 신들, 신이 아닌 것들을 사랑하고 섬기는 것이다. 이는 '행악'에 대해 우리가 내리는 정의와 매우 다르다! 또한 우리에게 훨씬 큰 도전을 준다. '바알'이라는 단어는 '주'를 의미하는 가나안의 단어다. 이 새 세대는 여호와에 대해 다 잊어버리고 그 대신 작은 주인들을 섬겼다.

불과 한 세대 안에 이런 일이 일어났다는 것은 충격적이다. 그들의 부모 세대는 흠이 있고 때로 반쪽짜리 마음이었지만, 그래도 믿음이 있었다. 그들은 "여호와를 섬겼다." 그런데 그들의 자녀들은 '작은 주들을 섬겼다.' 과연 누구의 책임인가?

한 세대가 차세대에게 믿음을 전수하지 못할 때 딱히 누구를 탓하기란 불가능하다. 1세대가 잘 전달하지 못한 것인가, 아니면 2세대의 마음이 굳은 것인가? 보통 그 대답은 양쪽 다이다. 한 기독교 세대가 저지른 잘못들이 그 다음의 (명목상 믿는) 무늬만 믿는 세대에서 확대되는 경우가 종종 있다. 그리고 앞 세대의 헌신이 후대에는 안일함과 타협으로 대체된다.

사사기 2장에서 그런 일이 마지막으로 일어났거나 유일하게 일어난 것은 절대 아니다. 다른 흥미로운 예는 초기 뉴잉글랜드이다. 1620-1640년에 거의 모든 미국 초기 정착민들은 생명력 있는 성경적 그리스도인들이었다. 그러나 1662년에 이

---

11 이스라엘 자손이 여호와의 목전에 악을 행하여 바알들을 섬기며

르러 그 1세대는 많은 자녀들과 손자손녀들이 무늬만 신자에 불과함을 깨달았다. 그래서 그들은 '절반 언약' 제도를 제정해야 했다. 유아 세례를 받았지만 현재는 교인이 아닌 성인들이 많다 보니, 그들이 투표하는 것을 허락한 것이었다.

신명기 6장 4-9절, 20-25절이 여기서 교훈을 준다. 후대에 믿음을 전달하려면 어떻게 해야 하는지 잘 말해 준다.

- 우리 자신이 하나님을 전심으로 사랑해야 한다. 계명을 우리 마음에 새겨야 한다(6절). 우리의 행동이 위선적이거나 일관성을 결여해선 안 된다는 것이다. 계명을 형식적으로나 부분적으로만 지켜선 안 된다. 하나님은 우리 모두에게 철두철미하게 속속들이 영향을 미치신다. 젊은이들은 비일관성, 비진정성에 민감하다. 이는 젊은 세대가 기성세대의 믿음에 등 돌릴 수 있는 첫 번째 이유이다. 일례로서, '베이비붐 세대' 젊은이들은 교회들이 넌지시 혹은 심지어 적극적으로 인종차별 정책과 그 관행을 지지하는 것을 보았다. 또 기존 교회들이 인권운동을 탄압하는 것을 보았다. 그래서 그들은 주류 기독교로부터 등 돌렸다.
- 우리는 복음을 학문적, 추상적으로만 아니라, 실용적으로 적용하고 묵상해야 한다. 신명기 6장 7절에서 권장하는 것은 정기적인 가정 설교가 아니다! "앉았을

때에든지 길을 갈 때에든지 누워 있을 때에든지 일
어날 때에든지"라는 것은 일상생활의 구체적인 일과
를 가리킨다. 그렇다면 하나님의 진리를 가르치는 것
은 강의 시리즈나 수업이 아니다. 오히려 우리는 하나
님이 매일의 구체적인 생활과 어떻게 관련되는지 보
여 줌으로써 하나님의 진리를 자녀들의 마음에 새겨
줘야 한다. 이는 복음의 가치와 덕목이 우리의 결정과
우선순위에 뚜렷이 영향을 미치도록 지혜롭고 사려
깊게 행동해야 한다는 부르심이다.

- 셋째로, 20-25절은 믿음의 교리들을 우리 삶 속의 하
  나님의 구원 역사와 연결시켜야 한다고 말한다. 우리
  는 하나님이 우리를 어떻게 달라지게 하셨는지, 어떻
  게 우리를 속박에서 자유로 이끄셨는지 개인적으로
  간증할 수 있어야 한다. "우리는 종 되었었지만 … 여
  호와께서 우리를 이끌어 내셨다"라고 간증할 수 있어
  야 한다. 우리는 무엇을 믿고 어떻게 행동해야 하는지
  에 대해서만이 아니라, 우리가 개인적으로 하나님을
  어떻게 경험했는지를 말해야 한다. 우리가 성장하기
  위해 어떻게 애쓰는지 터놓고 말해야 한다. 우리 삶
  속에서 회개가 어떻게 이뤄지고 있는지 투명하게 털
  어놓아야 한다. 우리의 믿음을 표현하는 데 있어서 너
  무 딱딱하거나 형식에 치우치지 말아야 한다.

요약하자면, 우리는 일관되게 행동하고, 현실에서 지혜로워야 하고, 우리의 믿음을 따뜻하게 인격적으로 표현해야 한다. 역사적으로 보나 개인적 경험으로 보나, 이 세 가지를 폭넓게 실행하기는 매우 어렵다. 대부분 그리스도인들은 제도권의 공식적 지도를 통해 '믿음을 전달'하고자 한다. 우리는 자녀에게 올바른 교리를 가르치고, 자녀가 부도덕한 행위들에 접하지 않도록 막아 보호하고, 자녀를 교회와 종교 기관에 참여시키면, 우리가 할 수 있는 전부를 했다고 생각한다. 그러나 젊은이들을 등 돌리게 하는 것은 자녀들이 살고 있는 삶과 세상에 대해 담 쌓고 있는 부모나, 자신의 내면적 영적 생활을 열어 보이지 않는 부모 때문이기도 하다.

사사기 2장에서, 1세대 신자들이 자녀들에게 정확히 어떻게 했는지는 나오지 않는다. 그러나 2장 10절이 열쇠다. 다음 세대는 여호와를 관계적, 인격적으로 알지 못했다. 그런 결과를 피하라고 신명기 6장을 쓴 것이다. 신명기 6장은 어떤 사람의 자녀가 신자가 될 것이라고 보장하는 '테크닉'이 아니다. 왜냐하면 자녀들 자신의 의지와 선택도 중요한 부분이기 때문이다. 그러나 다음 세대 전체가 믿음에 등 돌렸다면, 부모들이 진정한 믿음의 모범이 되지 못했고 자녀를 제자로 양육하는 데 실패했다고 볼 수 있다.

:: 반복되는 영적 타락의 사이클

사사기 2장 10-13절은 여호수아의 죽음 후부터 하나님이 왕을 주실 때까지, 그 사이인 사사기 때 이스라엘 역사에 반복되는 사이클의 1단계다. 백성이 반역한다. 그들은 조상이 예배한 하나님, 약속대로 그들을 구원하신 여호와를 버렸다. 그들은 여호와에 대해 아무것도 알지 못하는 사람들처럼 되고, 그들의 신들을 예배하기로 결정한다(12절).

하나님이 어떻게 반응하실까? "여호와를 진노하시게 하였으되 … 여호와께서 이스라엘에게 진노하사"(12, 14절). 하나님의 세상 속에 있는 사람들이 하나님의 자리에 다른 것들을 세울 때 하나님은 진노하신다. 하나님의 진노는 인간들의 특정한 그룹이나 유형에만 국한되지 않는다(여기서는 하나님의 친백성에게 진노하셨다). 화내는 것이 항상 사랑의 반대는 아니다. 오히려 화내는 것은 사랑의 외적 발현일 수 있다. 여기서 하나님은 부모를 완전히 저버린 자녀에게 진노하는 부모와 같으시다.

이스라엘의 반역과 하나님의 진노의 결과로, 적이 억압한다. "노략하는 자의 손에 넘겨 주사 그들이 노략을 당하게 하시며"(14절). 다양한 집단들이 일어나거나 이스라엘을 침략

---

12 애굽 땅에서 그들을 인도하여 내신 그들의 조상들의 하나님 여호와를 버리고 다른 신들 곧 그들의 주위에 있는 백성의 신들을 따라 그들에게 절하여 여호와를 진노하시게 하였으되 13 곧 그들이 여호와를 버리고 바알과 아스다롯을 섬겼으므로

해서 약탈하거나 노예로 삼았고 이스라엘 백성은 "다시는 대적을 당하지 못하였다"(14절). 왜냐하면 "여호와의 손이 그들에게 재앙을 내리셨기 때문이다"(15절). 여기에 나타난 아이러니를 놓치지 말라. 이스라엘은 바로 이 적들의 신들을 섬기길 택했다. 우상을 숭배하면 노예가 된다는 진실을 보여 주는 역사적 장면이 바로 여기 있다.

이어서 회개가 일어난다. "그들의 괴로움이 심하였다"(15절). 우리가 앞으로 보겠지만, 이 괴로움은 사람들을 여호와께 부르짖게 했다(3:9). 그래서 마침내 하나님께서 "사사들을 세우사 노략자의 손에서 그들을 구원하게 하셨다"(2:16). 여호와께서 '선택하신 리더를 통해 구원'을 보내 주셨고, 그 리더는 백성을 노예로 부리는 학대자들에게서 백성을 해방시키고 그 땅을 '평화' 상태로 돌이켰다(18절). 그러나 사람들은 사사의 리더십에 지속적인 주의를 기울이지 않았다. 그들은 "순종하던 … 길에서 속히 치우쳐 떠났다"(17절).

우리가 앞으로 살펴보겠지만, 이 사이클은 갈수록 심해졌다. "사사가 죽은 후에는 그들이 돌이켜 그들의 조상들보다 더욱 타락했다"(19절). 가시가 점점 더 깊이 파고들었고, 올무는

---

14 여호와께서 이스라엘에게 진노하사 노략하는 자의 손에 넘겨 주사 그들이 노략을 당하게 하시며 또 주위에 있는 모든 대적의 손에 팔아 넘기시매 그들이 다시는 대적을 당하지 못하였으며 15 그들이 어디로 가든지 여호와의 손이 그들에게 재앙을 내리시니 곧 여호와께서 말씀하신 것과 같고 여호와께서 그들에게 맹세하신 것과 같아서 그들의 괴로움이 심하였더라

이스라엘을 더욱 더 조여들었다. 사사기가 진행될수록, 반역은 더 심해지고, 억압은 더 가혹해지고, 회개는 더 얄팍해지고, 사사들은 더 흠이 많아지고, 사사들이 가져오는 구원과 '부흥'도 갈수록 더 약해지는 것을 볼 것이다.

물론 이 역사는 우리를 일깨워 준다. 우리는 인간 사사보다 더 나은 누군가가 필요하다. 언젠가 죽을 수밖에 없는 인간 리더보다 더 영원한 존재가 필요하다. 몸만이 아니라 영혼까지 구해 줄 존재가 필요하다. 그러나 사사기에서는 우리가 그런 구원자를 찾지 못한다!

:: 결혼한 창녀

16-19절은 시간을 더 투자할 가치가 있다. 우상숭배의 본질에 대해 많이 가르쳐 주기 때문이다.

하나님의 백성이 하나님이 주신 리더의 말에 귀 기울이지 않으면, 무엇을 하게 되는가? 사사 시대에는 사사가 리더였다면, 오늘날 우리의 궁극적 리더는 예수 그리스도시다. 우리가 참 하나님 대신 다른 신들에게 예배하면 무엇을 하게 되는가? '음행'을 하게 된다(혹은 "창녀가 된다," 17절).

---

16 여호와께서 사사들을 세우사 노략자의 손에서 그들을 구원하게 하셨으나 17 그들이 그 사사들에게도 순종하지 아니하고 오히려 다른 신들을 따라가 음행하며 그들에게 절하고 여호와의 명령을 순종하던 그들의 조상들이 행하던 길에서 속히 치우쳐 떠나서 그와 같이 행하지 아니하였더라

정말 충격적이고 도발적인 이미지다. 지금도 창녀는 삶이 통제 불능이고, 절박하며, 진정한 기쁨이나 사랑을 돌려받지 못하면서도 자신을 내주는 사람들이다. 여기서 사용된 '창녀'라는 단어는 우리가 우상을 섬기면 우상과 강력한 관계를 형성하고, 그 관계 안에서 우상이 우리를 이용하되, 진정으로 아끼고 돌보지 않는다는 것을 말해 준다. 우리는 우상에게 완전히 취약해지고, 노예보다 더 심한 상태로 전락한다.

또한 이 이미지는 하나님이 모든 죄, 모든 우상숭배를 '간음'으로 보신다는 것을 우리에게 말해 준다. 하나님은 우리가 단지 왕에게 순종하는 시민처럼만 하나님을 알고 순종하거나, 단지 목자를 따르는 양처럼만 우리가 하나님을 따르는 것을 원하지 않으신다. 하나님은 아내가 남편을 사랑하듯이 우리가 하나님을 알고 사랑하기를 원하신다. 구약과 신약 모두에서 하나님은 자신을 우리의 신랑이라고 부르신다(겔 16장, 엡 5장, 계 19장). 결혼은 배타적이고 독점적인 법적 서약이지만, 진정한 결혼은 거기에 깊고 친밀하고 이타적인 사랑을 포함한다.

그렇다면 이스라엘은 결혼한 창녀였다. 성경의 가장 놀랄 만한 본문 중 하나인 호세아 1-3장에서 하나님은 하나님의 백성을 그렇게 묘사하신다. 하나님은 이스라엘이 "얼굴에서

---

18 여호와께서 그들을 위하여 사사들을 세우실 때에는 그 사사와 함께 하셨고 그 사사가 사는 날 동안에는 여호와께서 그들을 대적의 손에서 구원하셨으니 이는 그들이 대적에게 압박과 괴롭게 함을 받아 슬피 부르짖으므로 여호와께서 뜻을 돌이키셨음이거늘

음란을 제하게 하고 그 유방 사이에서 음행을 제하게"(2:2) 하기를 원하셨다.

하나님은 말씀하신다. "그가 귀고리와 패물로 장식하고 그가 사랑하는 자를 따라가서 나를 잊어버리고 향을 살라 바알들을 섬겼다"(13절). 그리고 하나님은 하나님의 선지자 호세아에게 창녀 고멜과 결혼하라고 하신다. 그래서 그들의 결혼은 하나님이 백성을 위해 무엇을 하실 것이며 하나님의 백성이 어떻게 반응할 것인지를 보여 주는 그림이 되게 하셨다.

"여호와께서 내게 이르시되 … 너는 또 가서 타인의 사랑을 받아 음녀가 된 그 여자를 사랑하라 하시기로 … 내가 … 그에게 이르기를 너는 많은 날 동안 나와 함께 지내고 음행하지 말며 다른 남자를 따르지 말라. 나도 네게 그리하리라 하였노라"(3:1-3).

이는 왜 하나님이 "다른 신들을 따라 섬기며 그들에게 절하는"(삿 2:19) 하나님의 백성 "이스라엘에게 진노하시는"(2:20) 반응을 보이셨는지 우리에게 알려 준다. 하나님의 진노는 하나님의 사랑과 반대되는 것이 아니라, 오히려 하나님의 사랑의 표현이었다. 하나님이 하나님의 백성을 사랑하시고 하나님의 백성과의 관계를 소중히 여기시기 때문에 하나님의 백성이 하나님으로부터 돌아서서 창녀가 되어 음행을 할 때 정당한 분노로 반응하신다. 하나님의 진노는 무고하게 버려진 연인의 분노이다. 그리고 하나님의 사랑은 놀라울 정도로 용서하는 남편의 사랑이다.

하나님은 우리와 관계를 원하시며, 우리도 그 관계를 누리기를 바라신다. 오직 그 관계만이 우상숭배를 피하게 하는 열정적이고 인격적인 사랑의 관계이다.

:: 사사냐, 우상들이냐?

이스라엘에게 있어서, 다른 신들과 음행을 행하는 것의 반대로서, 하나님에 대한 사랑을 표현하는 방법은 "그 사사들에게 순종하는 것"이었다(17절). 요컨대, 모든 이스라엘 사람은 평생 삶의 모든 영역에서 주변 나라들의 신들을 따르고 섬기고 순종할 것인지, 아니면 하나님이 보내신 사사를 따르고 섬기고 순종할 것인지 선택해야 했다. 그들은 어디서 구원을 찾을 것인지에 대해, 하나님이 그들을 구하라고 일으키신 사사(18절), 아니면 거짓 신을(10:14 참고) 선택해야 했다.

이런 면에서, 거짓 신들과 하나님이 보내신 사사들은 서로 비슷하다. 둘 다 통치자와 구원자가 되겠다고 한다.

그러나 그들은 서로 다른 점이 있다. 사사들의 구원은 순전히 하나님의 은혜와 긍휼에 의한 것이었다. 하나님이 "그들

---

19 그 사사가 죽은 후에는 그들이 돌이켜 그들의 조상들보다 더욱 타락하여 다른 신들을 따라 섬기며 그들에게 절하고 그들의 행위와 패역한 길을 그치지 아니하였으므로 20 여호와께서 이스라엘에게 진노하여 이르시되 이 백성이 내가 그들의 조상들에게 명령한 언약을 어기고 나의 목소리를 순종하지 아니하였은즉

이 … 슬피 부르짖으므로(신음하므로-옮긴이) 여호와께서 뜻을 돌이키셨다"(혹은 긍휼히 여기셨다)(2:18). 슬피 부르짖음이나 신음은 구원을 얻는 방법으로 보이지 않는다! 그러나 하나님이 구원을 보내신 것은 사람들이 상심하며 마음이 아팠고, 하나님이 그것에 유념하시기 때문이었다. 그들이 하나님께 불충성함에도 불구하고, 하나님이 그들을 구하셨다.

그러나 가나안의 신들이 그들을 "긍휼히 여겼다"는 징후는 어디에도 없다. 거짓 신들도 뿌리 깊이 완고하게 노예 상태가 된 사람들을 자기의 종으로 사용하지만(19절), 거짓 신들은 은혜를 베풀거나 용서할 수 없다. 그들은 많은 것을 약속하지만, 막상 해 주는 것은 아무것도 없다.


:: 다양한 '대안' 신들

사사기의 아름다움 중 하나는 이야기의 미묘함이다. 2장 19절에서 우리는 이스라엘이 다른 한 신을 섬기겠다고 결정한 것이 아님을 본다. 이스라엘은 참 하나님을 다른 한 대안으로 완전히 교체한 것이 아니었다. 그러나 그러면서 동시에 "다른 신들을 따랐다." 그들은 여호와께 불충성하면서 "바알과 아스다롯"(13절)을 섬기기로 결정했다. 여기서 우리는 인간이 여러 신들을 동시에 섬기는 게 가능하다는 것을 알 수 있다. 어쩌면 그게 더 자연스럽다.

이스라엘의 영적 삶은 여호와 예배하기를 전면 중단하고, 대신 다른 신을 예배하겠다는 단순한 결정보다 복잡한 것이었다. 사실 이스라엘이 한 것은 여호와에 대한 예배를 우상숭배와 결합한 것이었다. 사사기 17장을 보면 한 이스라엘 여성이 자신의 귀중품을 아들에게 주며 말했다. "내가 내 아들을 위하여 한 신상을 새기며 한 신상을 부어 만들기 위해 내 손에서 이 은을 여호와께 거룩히 드리노라"(17:3).

이교적 세계관 속에는 많은 신이 있고(농업, 사업, 사랑, 음악, 전쟁의 신 등), 각 신이 영향력을 미치는 특정한 영역이 있으며, 그중 어느 신도 삶의 모든 영역에 대하여 주권을 주장하지 않는다. 이 관점에서는 모든 사람이 각자의 취향과 필요대로 선택한 자신의 신(들)을 갖는다. 이는 '여러 가지를 뒤섞은' 종교이며 거기서는 예배자가 주권을 갖는 것으로 보인다.

그러므로 이교주의는 여호와의 존재를 받아들일 순 있었지만, 여호와의 배타적 주권을 받아들일 순 없었다. 여호와는 많은 신들 중 하나만 될 수 있었다. 많은 신들 중의 첫 번째라고는 봐줄 수도 있었다. 그러나 여호와가 유일한 참 하나님이라거나, 여호와의 예배자들은 삶의 모든 면의 절대적 주권을 여호와께 드려야 한다고 말할 수 없었고, 다른 신을 예배하는 것은 영적 음행이라고 말할 수 없었다.

그런 식으로 믿는 것이 이스라엘로 하여금 가나안을 온전히 차지하지 못하게 했다. 또한 가나안이 이스라엘과 계속 공존한 것이 그런 식으로 믿는 것을 장려하고 촉진했다. 약속의 땅은 여호와만을 예배하는 곳이어야 했는데, 여호와 외에 다른 신들까지 추가해서 예배하는 땅이 되었다.

이스라엘 백성이 가나안 땅 전체를 차지하지 못한 것은 삶 전체의 주권을 하나님께만 드리지 못한 데서 나온 결과이다. 오늘날에도 그런 일이 일어나는 것을 찾아보기는 어렵지 않다. 우리 크리스천들이 다양한 대안 '신들'을 제공하는 이교 세상 속에 살고 있기 때문이다. 가장 큰 위험은 우리가 무신론자가 되는 것이 아니라, 하나님께 우리 마음속에서 우상들과 공존해 달라고 요청하는 것이다.

가장 큰 위험인 이유는 이 유혹이 너무 미묘해서, 우리는 계속 교인으로 있으니까 잘못된 것이 아무것도 없다고 느낄 수 있다는 것이다.

그리스도께서 실질적으로 우리 삶의 모든 영역의 주인이 되고 계신지 어떻게 알 수 있을까? 첫째로 우리 주변 사회 속에 있는 거짓 신들의 정체를 파악할 필요가 있다. 서구의 그리스도인들에게는 풍성한 결실을 약속하는 신상 같은 것은 별로 유혹이 되지 않을 것이다. 그러나 만일 어느 크리스천이 경제 활동이 단순한 생업이 아니라 정체성과 안정감을 주는 등 신의 기능을 하는 도시에 산다면, 교리적 믿음을 지키고 윤리적 처신을 하면서도 마음의 예배는 여호와와 돈·직업으로 양분될 위험이 있다.

둘째로, 삶의 모든 영역, 즉 우리의 가정, 경력, 소유, 야망, 시간 등을 정직하게 살펴보며, 두 질문을 해야 한다.

- 나는 이 영역에서 하나님이 무엇이라고 말씀하시든 그대로 하려고 하는가?
- 나는 하나님이 이 영역에 무엇을 보내시든 받아들이려고 하는가?

만일 두 질문 중 하나라도 대답이 "아니요"라면, 우리 삶과 마음이 다른 신에게 열려 있거나 바쳐진 것이다.


:: 심판 속 자비

하나님 백성의 반쪽 마음과 우상숭배에 대한 하나님의 심판은 "나도 여호수아가 죽을 때에 남겨 둔 이방 민족들을 다시는 그들 앞에서 하나도 쫓아내지 아니하리니"(2:21)라는 것이었다. 그 일은 절반만 완성된 상태로 남을 것이다.

하나님이 가나안인들을 다 쫓아내지 않으시지만, 이제 그들의 존재를 이용해 이스라엘을 위한 두 가지를 이루신다. 첫째로, "이는 이스라엘이 그들의 조상들이 지킨 것 같이 나 여호와의 도를 지켜 행하나 아니하나 그들을 시험하려 함이라"(22절). 시험에 실패할 수도 있지만, 통과할 수도 있다! 시험은 우리를 배우고, 공부하고, 훈련하여 기준에 도달하게 한다. 하나님과 하나님의 백성을 대적하고 나선 적의 존재는 이스라엘로 하여금 하나님과의 관계, 자신들의 실패, 하나님의 방법의 지혜로움, 이 백성에 대한 하나님의 특별한 부르심을 생각하게 했다.

둘째로, 저자는 "이스라엘 자손의 세대 중에 아직 전쟁을 알지 못하는 자들에게 그것을 가르쳐 알게 하려 하사 남겨 두신 이방 민족들"(3:2)을 열거한다. 왜 그럴까?

> 도움이 필요한 모든 상황 속에서 하나님을 의지하는 마음을 갖게 하려는 것이다.
> – 데이빗 잭맨, 《사사기와 룻기》

여호수아 아래서 약속의 땅에 들어가면서 이스라엘 백성은 하나님이 약속을 지키신다는 것을 신뢰하는 법을 배웠고, 하나님을 의지해 싸우는 법을 배웠다. 여리고 사건에 아주 잘 나타나 있다. 하나님이 백성에게 행진하되, 싸우지 말라고 하셨다. 그러고 나서 그들에게 승리를 내려 주셨다(수 6장).

그런데 사사기 1장에 이르러서는 이스라엘이 이 교훈을

---

21 나도 여호수아가 죽을 때에 남겨 둔 이방 민족들을 다시는 그들 앞에서 하나도 쫓아내지 아니하리니 22 이는 이스라엘이 그들의 조상들이 지킨 것 같이 나 여호와의 도를 지켜 행하나 아니하나 그들을 시험하려 함이라 하시니라 23 여호와께서 그 이방 민족들을 머물러 두사 그들을 속히 쫓아내지 아니하셨으며 여호수아의 손에 넘겨 주지 아니하셨더라

잊었다. 하나님의 자비는 이스라엘 주변국들을 이용해, 이스라엘을 모든 것을 다 잃은 순간들로 이끌어서, 이스라엘이 하나님을 더 의지할 수밖에 없게 만드시려는 것이었다.

우상을 숭배하는 민족들에 둘러싸인 이스라엘은 이 질문에 항상 직면한다. 여호와의 명령에 순종하겠는가(3:4)?

비극적으로, 이스라엘은 어려움 속에서 교훈을 배우거나 시험을 통과하는 데 실패했다. 그들은 다른 나라들 중에 살면서(5절), 다른 나라들처럼 되었다(6절). 그들은 죄악된 욕망에 굴복했고, 주변의 이교도들과 구별되지 않게 살았고, 악을 행하며 우상에게 영광을 돌렸다.

오늘날 하나님의 백성인 우리가 받는 도전은, 그들과 반대로 행하여, 우리가 "이 세상에서 거류민과 나그네"임을 깨닫고, "육체의 정욕을 제어하며", "이방인 중에서 행실을 선하게 가져 … 너희 선한 일을 보고 … 하나님께 영광을 돌리게 하는 것이다"(벧전 2:11-12).

---

3:1 여호와께서 가나안의 모든 전쟁들을 알지 못한 이스라엘을 시험하려 하시며 2 이스라엘 자손의 세대 중에 아직 전쟁을 알지 못하는 자들에게 그것을 가르쳐 알게 하려 하사 남겨 두신 이방 민족들은 3 블레셋의 다섯 군주들과 모든 가나안 족속과 시돈 족속과 바알 헤르몬 산에서부터 하맛 입구까지 레바논 산에 거주하는 히위 족속이라 4 남겨 두신 이 이방 민족들로 이스라엘을 시험하사 여호와께서 모세를 통하여 그들의 조상들에게 이르신 명령들을 순종하는지 알고자 하셨더라 5 그러므로 이스라엘 자손은 가나안 족속과 헷 족속과 아모리 족속과 브리스 족속과 히위 족속과 여부스 족속 가운데에 거주하면서 6 그들의 딸들을 맞아 아내로 삼으며 자기 딸들을 그들의 아들들에게 주고 또 그들의 신들을 섬겼더라

**Part 2**

우상숭배의 시대,
하나님이 세운
사사들

●

# 옷니엘과 에훗, 연약함을 사용하시다

삿 3:7-31

●

여호와께서 이스라엘 자손을 위하여
한 구원자를 세워
그들을 구원하게 하시니

앞의 1장과 2장에 걸친 긴 이중 서론에서, 저자는 이스라엘이 그들의 땅에서 우상을 몰아내는 데 실패했음을 보여 준다. 또한 하나님의 거룩한 명령과 하나님 사랑의 신실한 약속 사이의 극적인 '긴장'을 강조한다. 하나님은 순종을 요구하시지만, 하나님의 백성을 구하겠다고 약속하기도 하셨다.

그 '긴장'의 결과로, 이스라엘 자손은 우상숭배로 인한 쇠퇴, 그리고 하나님의 구원의 자비로 인한 부흥의 순환 패턴에 들어간다. 하나님은 그들의 죄로 인해 그들을 계속 징계하시지만, 이어서 그들을 곤경에서 구해 내신다. 하나님은 그들을 절대로 축출하지 않으시고, 그들이 성장하도록 은혜로 엄하게 계속 역사하신다.

3장에서는 그 원리들을 드러내는 구체적인 '역사적 사례들'이 나온다. 우리는 옷니엘, 에훗, 삼갈이라는 처음 세 사사를 한 절 안에서 다 만난다.


## :: 잘 잊어버리는 마음

"이스라엘 자손이 여호와의 목전에 악을 행했다"(7절). 우리가 이미 살펴보았듯이, 하나님이 악하다고 하시는 것은 두 가지 결정으로 이뤄진다. 하나님으로부터 돌아서거나 하나님을 '잊는' 것, 그리고 작은 주(主)들이나 거짓 신들을 섬기는 것이다. 여기서는 바알과 아세라이다(아세라는 다산의 여신이었다).

성경에서 '기억하는 것'과 '잊는 것'은 영적으로 깊은 의미를 갖는다. 구약에서 사람들은 하나님께 "주의 긍휼하심과 인자하심이 영원부터 있었사오니 주여 이것들을 기억하옵소서"(시 25:6)라고 간구하거나 "죄악을 영원히 기억하지 마시옵소서"(사 64:9)라고 간구했다. 이는 하나님이 자신이 어떤 분이신지 잊을 수 있다거나, 어떤 사람이 한 일을 잊을 수 있다는 말이 아니었다!

그러면 '잊다'나 '기억하다'는 무엇을 의미하는가? 하나님께 "당신의 큰 자비와 사랑을 기억하소서"라고 구하는 것은 하나님의 성품대로 우리에게 역사해 달라고 간구하는 것이다. 어떤 사람이 하나님께 "[나의] 죄를 기억하지 마소서"라고 구하는 것은 하나님이 아시는 것에 근거해 행하지 말아 달라는 것이다.

따라서 이스라엘이 하나님을 "잊었다"는 말은 이스라엘이 하나님에 대해 아는 것에 더 이상 지배받지 않았다는 말이다. 이스라엘은 하나님이 누구신지, 무엇을 원하시는지 알았지만, 더 이상 생생히 다가오지 않았다.

이는 오늘날 우리의 영적 문제이기도 하다. 우리가 머리로는 '진짜'라고 아는 것이 우리 마음과 전 존재에 '진짜'로 다가오지 않는다. 우리는 어떤 것이 진실이라고 지적으로 동의하지만, 그게 내면 깊은 곳에서 우리 마음을 사로잡거나, 우리 마음 깊이 다가오거나, 우리를 통제하지 않는다.

그러므로 이스라엘이 (우리 모두가 그렇듯이) 부흥이 항상 필요했던 이유는 하나님에 대한 진리가 한때는 그들에게 생생하게 살아 있었는데 결국 희미해졌기 때문이다. 우리 마음은 매우 추운 날, 양동이에 담긴 물과 같다. 얼음이 생길 때 꾸준히 저어 주지 않으면 꽁꽁 얼어붙을 것이다.

하나님에 대한 진리를 알지만, 그 진리가 우리 마음에 생생히 다가오는 것을 금방 잃어버릴 수 있다. 그래서 알긴 알지만, '맛보거나' '보거나' '느끼지' 못할 수 있다. 그래서 다른 것들, 즉 우상들이 우리 마음에 더 생생해져서, 결국 우리는 그 우상들을 섬기게 된다.

그 치료법은 마음이 잊어버리는 과정을 거꾸로 하는 것, 즉 기억하는 것이다. 베드로후서 1장 5-7절은 친절, 자제력 등

등 인격 면에서 성장하라고 그리스도인들을 권한다. 그러나 만일 그렇게 하지 않으면 어떻게 할까? 베드로는 "너희의 문제는 충분히 노력하지 않는 거야"라고 하지 않는다. 그는 이렇게 말한다. "이런 것이 없는 자는 … 그의 옛 죄가 깨끗하게 된 것을 잊었느니라"(9절). 그래서 "너희가 이것을 알고 이미 있는 진리에 서 있으나 내가 항상 너희에게 생각나게 하려 하노라"(12절)라고 베드로는 말한다. 그리스도의 용서와 구원이 당신에게 생생하면, 분명 인격과 삶 속에서 실행할 것이다. 그러므로 이미 아는 것도 되새겨야 할 필요가 있다. 이 진리들이 머릿속에서 이해될 뿐 아니라, 마음속에서도 역사해야 한다. 이스라엘이 안고 있던 문제를 우리도 여전히 갖고 있다. 그리스도를 믿고 성령이 있는 우리들조차도 잊어버린다.

어떻게 해야 우리가 반드시 기억할 수 있을까? 많은 대답이 있지만, 여기서는 세 가지 제안만 살펴보겠다.

- 예수님이 우리를 위해 하신 일을 시각적으로 기억하게 해 주셨다. 바로 성만찬이다. "이를 행하여 나를 기념하라"(눅 22:19)는 말씀은 이 기념 만찬이 우리 마음속에 복음의 실체를 생생히 되새기는 예수님의 방법이라는 것이다.

- 우리가 성경을 읽을 때마다, 성경의 내용을 공부만 하지 말고 성경을 묵상하고 반추할 줄 알아야 한다. 진

리를 인정할 뿐 아니라, '기억'하고 느끼고 감동을 받아야 한다.

• 예수님은 성만찬을 공동체 행사로 의도하셨다. 우리도 하나님의 진리를 그룹 안에서 기억하고 공부하고 적용해야 한다. 여러 사람이 한 가지 진리를 볼 때, 보통은 (최소한) 한 사람이 '와!'라고 감탄하기 마련이다. 그러면 진리에 대한 그 사람의 감격이, 침체되거나 무미건조해진 나머지 우리들에게도 파급될 수 있다.


:: 하나님은 부흥을 어떻게 일으키시나

사사기 3장 7절은 이스라엘이 하고 있는 일에 초점을 맞춘다. 그들은 여호와를 잊어버리고 우상을 숭배하고 있었다. 그러나 8절부터 하나님이 지휘하신다. "여호와께서 이스라엘에게 진노하셨다"(8절).

그래서 하나님이 곤란한 문제를 보내신다. 하나님이 "그들을 … 구산 리사다임의 손에 파셨다." 이미 이스라엘 백성들은 자신을 바알과 아세라의 손에 팔았던 터였다.

하나님은 하나님의 백성을 심판하실 때도 친절하게 역사

---

7 이스라엘 자손이 여호와의 목전에 악을 행하여 자기들의 하나님 여호와를 잊어버리고 바알들과 아세라들을 섬긴지라 8 여호와께서 이스라엘에게 진노하사 그들을 메소보다미아 왕 구산 리사다임의 손에 파셨으므로 이스라엘 자손이 구산 리사다임을 팔 년 동안 섬겼더니

하신다. 만일 하나님이 고통과 어려움을 주지 않으셨다면, 백성은 자신들의 진짜 상태를 보지 못했을 것이다. 하나님이 그들에게 신체적 예속 상태를 허락하셔서 심판을 맛보게 하지 않으셨다면, 그들은 자신들이 영적으로 얼마나 노예가 되어 있고, 어떤 심판이 닥쳐오고 있는지 몰랐을 것이다. 하나님이 이스라엘에게 고통을 보내신 것은 앙갚음이 아니라, 그들을 구속하시기 위해서였다. 하나님은 지금도 하나님의 백성에게 그렇게 하신다(고전 11:32).

물리적 억압 하에 신음하던 그들이 마침내 (8년 만에. 삿 3:8에 따르면 그런 것으로 보인다) "여호와께 부르짖으매 여호와께서 이스라엘 자손을 위하여 한 구원자를 세우셨다"(9절). 백성이 자신들의 구조에 기여한 것은 하나님께 부르짖은 것뿐이다. 그 함축 의미는 그들이 이전의 충성을 거꾸로 한 것이다. 즉 우상으로부터 돌아서서, 다시 여호와를 그들의 하나님으로 모시는 데로 돌아왔다. 즉 그들은 회개했다.

회개는 갱신과 부흥에 결정적이다. 백성은 문제가 사라지기를 그저 기다리지 않았다. 그들은 스스로 질문했을 수 있다. 왜 이런 문제가 생겼지? 하나님이 우리 안의 어떤 영적 결점을 드러내시는 것일까? 그리고 우리에게 어떤 영적 갱신이 필요한 것일까? 이는 억압에 대한 올바른 반응이다. 억압 배후

---

9 이스라엘 자손이 여호와께 부르짖으매 여호와께서 이스라엘 자손을 위하여 한 구원자를 세워 그들을 구원하게 하시니 그는 곧 갈렙의 아우 그나스의 아들 옷니엘이라

에서, 그리고 억압을 통해 하나님의 손이 어떻게 역사하시는지 보고, 우리 자신을 정직하게 보고, 여호와께 부흥을 달라고 부르짖어야 한다.

하나님은 문제를 보내시고 영적 리더십도 보내신다. 하나님이 택하신 리더는 옷니엘이다. 그는 우리가 1장 13절에서 만났던, 전심으로 하나님을 따르는 제자로서, 하나님이 하나님의 백성을 위해 선택하시리라고 기대할 만한 리더였다. 이 첫 번째 '사사 사이클'은 이상적이며, 2장 11-19절에 나타난 모든 단계를 가진 유일한 사이클이다.

사사기 전체에서 여호수아 외에 옷니엘만 삶의 뚜렷한 결점이 기록되지 않았다. 3장 9절에서 "그가 그들을 구원했다"고 하는데, '그'가 누구를 가리키는지, 하나님인지 옷니엘인지 분명하지 않다. 다만 하나님이 택한 리더를 통해 하나님의 백성을 구원하시며, 하나님과 리더 양쪽 모두가 구원을 가져온다는 것을 우리에게 상기시킨다.

하나님은 문제와 영적 리더십을 보내실 뿐 아니라, 하나님의 영도 보내신다(10절). 하나님께서 옷니엘의 지위와 사역에 능력을 부어 주신다. 성령이 임하셔서 "그가 이스라엘의 사사가 되어 나가서 싸웠다"(구약의 부흥과 사도행전에 나타난 신약의 부흥 사이에 상당한 차이가 있다는 것이 흥미롭다. 구약 전체에서 그렇듯이, 여

---

10 여호와의 영이 그에게 임하셨으므로 그가 이스라엘의 사사가 되어 나가서 싸울 때에 여호와께서 메소보다미아 왕 구산 리사다임을 그의 손에 넘겨 주시매 옷니엘의 손이 구산 리사다임을 이기니라

기서도 하나님이 성령을 한 리더에게 보내시는데, 신약에서는 하나님이 성령을 모든 사람들, 즉 교회에 보내신다. 10절을 사도행전 4장 31절과 비교해 보라).

그러므로 요약하자면, 하나님이 문제, 리더십, 하나님의 성령을 보내신다. 그리고 회복이 일어난다. "여호와께서 메소보다미아 왕 구산 리사다임을 그의 손에 넘겨주시매 옷니엘의 손이 구산 리사다임을 이기니라"(삿 3:10). 그리고 영적 갱신이 일어난다. "그 땅이 평온한 지 사십 년에 이르렀다"(11절). 물리적 압제로부터의 평화이기도 했지만, 스스로 초래한 우상숭배의 영적 억압으로부터의 평화이기도 했다. 애초에 영적 억압이 물리적 억압을 초래했던 것이다.

이스라엘은 여호와 하나님과 연합하여 순종하는 것으로 되돌아왔다. 그렇지만 나중에 분열과 우상숭배로 다시 평화를 잃게 되는 것을 이 책에서 살펴볼 것이다.

:: 그는 구하고 나서 … 죽었다

하나님의 백성에게 참되고 온전한 부흥을 가져오는 옷니엘의 '이상적' 사이클 구조를 보면, 두 핵심 구절에 강조점이 있다. 7절에서 이스라엘이 우상을 섬긴다. 8절에서 하나님이 그들을 억압하는 적의 "손에 파셨다." 그리고 나서 9절에서 그

---

11 그 땅이 평온한 지 사십 년에 그나스의 아들 옷니엘이 죽었더라

가 "한 구원자를 세우셨다." 그리고 10절에서 "그가 이스라엘의 사사가 되어"로 나타난다. 그러고 나서 하나님이 적의 왕을 "옷니엘의 손에 넘겨주시매" 옷니엘의 손이 그를 이겼다. 그래서 마침내, 우상숭배로 시작해 굴종의 고통을 겪었던 땅이 "평온해졌다."

이 구조 안에서 두 문장이 두드러진다. 첫째로, "그가 그들을 구원했다"(9절). 회복과 부흥이 하나님의 백성에게 일어나는 것은 하나님이 택하신 해방자를 통해 역사하실 때뿐이다. 거짓 신들의 비참한 노예로 사는 대신에 하나님을 즐겁게 섬기는 '평화'가 이뤄지는 것은 하나님의 구원의 역사를 통해서뿐이다. 우리가 부흥을 억지로 만들어 낼 수 없다. 우리는 하나님께 구원해 달라고 부르짖을 수 있을 뿐이다.

둘째로, 이 이야기는 평화로 끝나지 않는다. 죽음으로 끝맺는다. 일이 잘되어 나가다가 "그나스의 아들 옷니엘이 죽었다"(11절). 구원과 평화는 하나님의 사사의 리더십에 달려 있다. 옷니엘은 좋은 사사였다. 성경은 그의 인격이나 리더십의 결점을 지적하지 않는다. 그리고 평화는 실재했다. 그러나 지속될 수 없었다. 왜냐하면 옷니엘이 지속되지 않았기 때문이다. 평화는 일시적일 뿐이었다. 교회사에 나타난 부흥 사이클도 일시적이었다. 영구적인 회복과 여호와를 섬기는 끝없는 평화를 누리려면, 하나님의 백성은 죽지 않는 리더가 필요하다.

11절은 하나님의 교회의 모든 인간 리더는 아무리 성

령의 능력을 받더라도 문제가 있다는 것을 지적하며, 하나님의 사람들에게 이렇게 말씀하시는 분을 바라보라고 가리킨다. "나는 곧 살아 있는 자라 내가 전에 죽었었노라. 볼지어다. 이제 세세토록 살아 있다!"(계 1:18). 옷니엘이 죽기 전에 이룬 40년의 평화는 예수 그리스도께서 그의 죽음을 초월하여 우리에게 가져오시는 영원한 평화에 대해 감사하게 한다.


:: 왼손잡이 구원자

옷니엘의 죽음과 함께(삿 3:11) 사이클이 다시 시작된다. "이스라엘 자손이 또 여호와의 목전에 악을 행하니라"(12절). 이번에는 하나님이 그들을 모압 왕 에글론에게 내주신다. 하나님의 백성은 그저 한 왕이 아니라 적의 연합군에 직면한다 (13절). 그들은 더 심하게 굴복하게 되었다. "이스라엘을 쳐서 종려나무 성읍을 점령한지라"(13절).

그 성읍의 다른 이름은 여리고다. 무엇보다도 그곳은 이

---

12 이스라엘 자손이 또 여호와의 목전에 악을 행하니라 이스라엘 자손이 여호와의 목전에 악을 행하므로 여호와께서 모압 왕 에글론을 강성하게 하사 그들을 대적하게 하시매 13 에글론이 암몬과 아말렉 자손들을 모아 가지고 와서 이스라엘을 쳐서 종려나무 성읍을 점령한지라 14 이에 이스라엘 자손이 모압 왕 에글론을 열여덟 해 동안 섬기니라 15 이스라엘 자손이 여호와께 부르짖으매 여호와께서 그들을 위하여 한 구원자를 세우셨으니 그는 곧 베냐민 사람 게라의 아들 왼손잡이 에훗이라 이스라엘 자손이 그를 통하여 모압 왕 에글론에게 공물을 바칠 때에

스라엘 백성이 순종할 때 하나님이 승리를 주셨던 곳이다(수 6). 그런데 이제 이곳은 하나님이 에글론으로 하여금 그들을 '이기게 하신' 곳이 되었다. 뿐만 아니라 그 예속 상태는 10년도 넘었다(삿 3:14).

마지막 사이클에서와 마찬가지로, 하나님이 문제를 보내실 때 백성은 부르짖어 반응했다(15절). "여호와께서 그들을 위하여 한 구원자를 세우셨으니 그는 곧 … 왼손잡이 에훗이라." 사사기 당시의 독자들은 하나님이 사용하신 사람 에훗이 "왼손잡이"(15절)였다는 것에 매우 놀랐을 것이다.

성경에서 "오른손"에 대한 구절들을 찾아보면 모두 상당히 긍정적이다. 하나님이 오른손으로 맹세하시고, 하나님의 오른쪽에는 영원한 즐거움이 있고, 하나님이 택하신 분은 하나님 우편에 앉는다(사 62:8-9, 시 16:11, 110:1). 왜 그런가? 왜냐하면 대부분의 사람들이 오른손잡이였기 때문에 오른손은 힘과 능력의 상징이었다. 사람들은 칼을 오른손에 들고 싸운다.

그러나 사사기 3장 15절은 에훗이 "오른손을 사용하지 못했다"고 문자적으로 말한다. 에훗의 오른손이 어떤 식으로 마비되었거나 불구였을 수 있다.

옷니엘은 전형적인 '리더 유형'이었다. 신실한 가문 출신의 용사이며, 유다 지파에 속했다(유다는 1:1-2에서 기업의 땅에 "먼저 올라가서 … 싸우도록" 하나님께 선택되었다). 그에 반해, 에훗은 깜짝 놀랄 만한 선택이었다. 장애인에게 오늘날보다 훨씬 더 잔

인한 사회 속에서 그는 무능하게 여겨졌을 수 있다. 아무도 그를 우러러보거나, 그를 따르겠다고 자연스럽게 나서지 않았을 것이다. 그러나 그는 하나님이 택하신 자였다.


:: 왼손잡이 적임자

사실 에훗은 하나님이 택하신 해방 임무에 딱 맞는 적임 자였다. 이스라엘 자손이 그를 보내서 "이스라엘 자손이 그를 통하여 모압 왕 에글론에게 공물을 바쳤다"(3:15). 우리는 에글 론이 모르는 것을 안다. "에훗이 길이가 한 규빗 되는 좌우에 날선 칼을 만들어 그의 오른쪽 허벅지 옷 속에 찼다"(16절). 이는 이야기 속에 긴장을 불어넣는다. 오른손잡이는 왼쪽에 칼을 찬다. 에훗이 칼을 오른쪽에 찼기 때문에 발각되지 않을까? 그리고 에훗이 에글론에게 칼을 휘두를 수 있을 만큼 가까이 다가갈 수 있을까?

17절을 보면, 에훗은 그렇게 하지 못했다. 그는 "공물을 모압 왕 에글론에게 바쳤다." 그러나 17절에 추가된 자세한 내용이 있다. 나중에 결정적으로 중요하고 상당히 우습기도 한 내

---

16 에훗이 길이가 한 규빗 되는 좌우에 날선 칼을 만들어 그의 오른쪽 허벅지 옷 속에 차고 17 공물을 모압 왕 에글론에게 바쳤는데 에글론은 매우 비둔한 자였더라 18 에 훗이 공물 바치기를 마친 후에 공물을 메고 온 자들을 보내고 19 자기는 길갈 근처 돌 뜨는 곳에서부터 돌아와서 이르되 왕이여 내가 은밀한 일을 왕에게 아뢰려 하나이다 하니 왕이 명령하여 조용히 하라 하매 모셔 선 자들이 다 물러간지라

용이다. 에글론이 "매우 비둔한 자였다는" 것이다. 공물을 바친 후 에훗과 파견 부대는 떠났다. 그러나 에훗이 일행을 먼저 보내고 돌아와서 "왕이여 내가 은밀한 일을 왕에게 아뢰려 하나이다"(19절)라고 말했다. 우리는 그 '메시지'가 무엇인지 안다!

이제 에훗이 자기 역할을 얼마나 잘 수행하는지 보게 된다. "왕이 명령하여 조용히 하라 하매 모셔 선 자들이 다 물러갔다." 윌콕은 에글론이 장애인을 위험하게 보지 않았을 것이라고 말한다.

> 에훗이 오른손으로 칼을 쓰지 못하므로, 칼을 전혀 쓰지 못할 것이라고 모두 추정했다. 그런 이유로 … 에훗이 에글론과 단독 면담을 요청했을 때, 에글론 왕 앞에 갈 수 있었다. 에훗의 기형 때문에 모압 사람들은 에훗을 위험하게 보지 않았다. ─《사사기의 메시지》

---

20 에훗이 그에게로 들어가니 왕은 서늘한 다락방에 홀로 앉아 있는 중이라 에훗이 이르되 내가 하나님의 명령을 받들어 왕에게 아뢸 일이 있나이다 하매 왕이 그의 좌석에서 일어나니 21 에훗이 왼손을 뻗쳐 그의 오른쪽 허벅지 위에서 칼을 빼어 왕의 몸을 찌르매 22 칼자루도 날을 따라 들어가서 그 끝이 등 뒤까지 나갔고 그가 칼을 그의 몸에서 빼내지 아니하였으므로 기름이 칼날에 엉겼더라 23 에훗이 현관에 나와서 다락문들을 뒤에서 닫아 잠그니라 24 에훗이 나간 후에 왕의 신하들이 들어와서 다락문들이 잠겼음을 보고 이르되 왕이 분명히 서늘한 방에서 그의 발을 가리우신다 하고 25 그들이 오래 기다려도 왕이 다락문들을 열지 아니하는지라 열쇠를 가지고 열어 본즉 그들의 군주가 이미 땅에 엎드러져 죽었더라

에훗은 칼을 자신의 오른쪽에 감춘 채, "홀로 앉아 있는 중인" 왕에게 메시지를 전하러 다가간다(20절). 21절에서 저자는 분명히 밝힌다. 에훗이 왼손잡이였기 때문에 하나님의 백성에게 공물을 요구하는 폭군을 칠 수 있었다. "에훗이 왼손을 뻗쳐 그의 오른쪽 허벅지 위에서 칼을 빼어 왕의 몸을 찔렀다"(21절). 왕의 비둔함(아마도 착취한 공물로 살이 쪘을까?)이 파국을 재촉했다(22절). NIV 번역은 너무 예의바르다. 22절 끝은 이렇게 해석해야 한다. "똥이 나왔다"(ESV). 에훗이 도망갈 때(23절), 경비병들이 밖에 서서 에글론이 "발을 가리우는" 줄 알았던 이유다(24절). 경비병들이 문을 열었을 때는 그들의 주가 죽어 있는 것을 발견했다(25절). 그들이 기다리는 동안에 에훗은 "피하여 … 도망했다"(26절).

많은 사람들은 하나님이 택하신 대리인인 에훗이 상대방을 속여서 단독 면담 중에 살해한 암살자라는 사실을 싫어한다. 그러나 에훗 자신은 하나님이 그를 통하여 역사하셨다고 말한다(28절). 에훗이 먼저 단독으로 에글론을 죽이는 성과를 내지 않았다면, 이스라엘은 절대로 에훗을 따라 싸우지 않았

---

26 그들이 기다리는 동안에 에훗이 피하여 돌 뜨는 곳을 지나 스이라로 도망하니라 27 그가 이르러 에브라임 산지에서 나팔을 불매 이스라엘 자손이 산지에서 그를 따라 내려오니 에훗이 앞서 가며 28 그들에게 이르되 나를 따르라 여호와께서 너희의 원수들인 모압을 너희의 손에 넘겨 주셨느니라 하매 무리가 에훗을 따라 내려가 모압 맞은편 요단 강 나루를 장악하여 한 사람도 건너지 못하게 하였고 29 그 때에 모압 사람 약 만 명을 죽였으니 모두 장사요 모두 용사라 한 사람도 도망하지 못하였더라 30 그 날에 모압이 이스라엘 수하에 굴복하매 그 땅이 팔십 년 동안 평온하였더라

을 것이다(28-29절).

이는 하나님이 항상 '일반적'이고 '당연한' 방법으로만 역사하시지는 않는다는 사실을 상기시킨다. 하나님이 하나님의 백성을 자유케 하시고, 적에 대한 승리를 주셨고, 80년 동안 평화를 주셨다(30절). 예상하지 못한 리더와 예측하지 못한 수단을 통해서….

:: 에훗: 하나님 타입의 리더

에훗은 하나님이 하나님의 백성을 어떻게 구원하시는지, 더 전형적인 사사들인 옷니엘이나 삼갈(31절)보다 우리에게 더 잘 가르쳐 주는 것 같다.

옷니엘 후의 '사이클 형' 사사들(이들은 삼갈과 달리 이야기가 한두 절로 압축되지 않는다)은 세상의 관점으로 보자면 '예상과 다르다.' 그리고 갈수록 사사들이 자기 자신을 구원하는 데 치중한다. 옷니엘은 이스라엘의 사사로서 "나가서 싸웠다"(3:10). 여기서 이스라엘 모든 군대가 그를 배후에서 지원했음은 명백하다. 에훗은 "이스라엘 자손"을 전투로 이끌기 전에(27-29절) 먼저 적의 왕을 혼자 무찔렀다. 그 다음 사사들인 드보라와 바락은 둘이 함께 두 지파만 이끌었다(4:9-10). 마지막 사사인 삼손

---

31 에훗 후에는 아낫의 아들 삼갈이 있어 소 모는 막대기로 블레셋 사람 육백 명을 죽였고 그도 이스라엘을 구원하였더라

은 이스라엘을 자신의 한 손으로 구원해야 했다(16:29-30).

이 모든 것은 그 어느 누구보다 기대되지 않았던 '왼손잡이였던' 분을 가리킨다. 그 사사가 오셨을 때, 그는 "우리가 보기에 흠모할 만한 아름다운 것이 없었고 그는 멸시를 받아 사람들에게 버림받았다"(사 53:2-3). 그는 그의 백성을 위해 홀로 승리를 쟁취하셨고, 사람들에게서 어떤 도움도 받지 않으셨다. 그리고 그는 에훗처럼 자신의 연약함을 통해 그의 백성의 원수를 무찌르셨다.

에훗 이후의 모든 사사들은 그리스도를 가리킨다. 그러나 그들과 달리, 그는 속임수를 사용하지(에훗) 않으셨고, 지원이 필요하지(드보라/바락) 않으셨고, 이기적 야심(기드온)을 드러내지 않으셨고, 성급함(입다)을 드러내지 않으셨고, 성적 약점(삼손)이 드러나지 않으셨다. 그는 사사기의 옷니엘의 기록처럼 모든 면에 흠이 없으셨다. 그러나 옷니엘 후 모든 주요 사사들처럼, 예수님은 비주류이셨고, 하나님이 택하신 통치자나 하나님의 구원자라고 세상이 믿을 수 없었던 분이셨다(예를 들어, 눅 23:35-39, 고전 1:18, 22-23 참고). 예수님은 사사기의 사사들보다 더 구원자로 보이지 않으시는, 구원자와 정반대 모습의 구원자이셨다. 그는 큰 승리를 통해서가 아니라, 처참한 패배를 통해 그의 백성을 해방하셨다.

사사기의 역사 이야기들을 통해, 하나님은 하나님의 구원이 '할리우드' 식으로 이뤄지지 않는다는 것을 세상에 보여 주신다. 하나님의 구원은 구유에 태어난 비주류 인물로부터 나올 것이다. 연약함을 통해 나올 것이며, 세상이 강점이라고 부르는 것들을 통해 나오지 않을 것이다. 패배를 통해 나올 것이며, 세상이 승리라고 부르는 것을 통해 나오지 않을 것이다. 우매함을 통해 나올 것이며, 세상이 지혜라고 부르는 것을 통해 나오지 않을 것이다. 우리는 에글론처럼 하나님이 택하신 해방자를 보며 "귀히 여기지 않는"(사 53:3) 잘못을 저지르지 말아야 한다. 우리는 그리스도를 보며 "하나님의 능력과 하나님의 지혜"(고전 1:24)를 보아야 한다.

:: 당신이 전에 어땠는지 생각하라

에훗은 우리에게 예수님을 가리킨다. 그는 또한 우리에게 우리 자신을 가리킨다. 하나님이 '왼손잡이' 해방자를 사용하셔서 … '왼손잡이' 백성을 구원하신다! "너희를 부르심을 보라. 육체를 따라 지혜로운 자가 많지 아니하며 능한 자가 많지 아니하며 문벌 좋은 자가 많지 아니하도다. 그러나 하나님께서 세상의 미련한 것들을 택하셨다"(고전 1:26-27).

하나님은 우리를 행위대로 대하시지 않는, 은혜의 하나님이시다. 하나님은 사회 소외계층의 사람들을 사용하셔서, 구원은 인간 자신의 능력이 아니라 하나님으로부터 옴을 보여주신다. 바울은 하나님이 사회적, 신체적, 심지어 도덕적으로도 약한 사람들을 택하고 사용하시는 경향이 있다고 말한다. 왜 그런가? "이는 아무 육체도 하나님 앞에서 자랑하지 못하게 하려 하심이다"(29절).

이를 정말로 알면, 우리가 참 하나님을 예배하는 데 종종 도입하는 '우상숭배 사고방식'이 산산이 부서진다. 만일 우리가 우상을 숭배하면, 스스로 자신의 삶을 온전히 지배하려 하는 것이다. 우상 신과 타협해서 우상 신이 원하는 것을 주고, 우리가 원하는 것을 우상 신에게서 받으려는 것이다. 이는 사랑의 순복이 아니라 냉소적 조종이다. 이러한 우상숭배 사고방식을 가질 때는 예배가 수단이 된다. 우리가 우상을 위해 X를 하면, Y라는 결과가 나와야 한다. 하나님을 그렇게 대하기가 얼마나 쉬운가! 만일 우리가 X를 하면 그가 나를 구해 줄 것이다. 혹은 더 미묘한 것은 이렇다. 만일 내가 X를 하면 그가 나를 축복할 것이다.

그러나 우리가 하나님께로 참으로 돌아가면, 하나님이 요구하시는 것은 부분적 양보나 협상이 아니라, 우리 마음을 온전히 바치는 것임을 알게 된다. 우리는 하나님과 밀고 당기며 협상할 여지가 없다. 왜냐하면 우리는 하나님께 제시할 것이 아무것도 없기 때문이다. 우리가 "전에 어땠었는지를 생각해 보면" '왼손잡이'를 통해서라는 정말 뜻밖의 방법으로 하나님이 이미 우리를 구원하셨고 축복하셨으며, 또한 '왼손잡이'인 우리야말로 그 은혜의 가장 뜻밖의 수혜자라는 것을 알게 된다. 우리는 하나님께 총체적으로 의존해야만 함을 깨닫는다. 그리고 우리는 그렇게 하길 좋아한다. 어거스트 토플래디는 옛 찬송가 '만세 반석'에서 이렇게 표현한다.

> 내 손에 들고 가 바칠 것은 아무것도 없네
> 나는 그저 십자가에 매달릴 뿐

**02**

●

# 드보라와 바락, 연합과 공존으로 통치하다

삿 4:1-5:31

●

별들이 하늘에서부터 싸우되
그들이 다니는 길에서
시스라와 싸웠도다

사사기 4, 5장은 매우 흥미롭다. 묘사되는 사건 때문만이 아니라, 각 장에서 같은 사건들을 다루면서, 하나는 역사가의 관점에서, 다른 하나는 시인의 관점에서 다루기 때문이다. 우리는 4장에 대부분의 시간을 할애할 것이다. 그런 후에, 그 다음 5장에 나오는 노래의 운치와 강조점을 살펴볼 것이다. 덕분에 더 풍부하고 깊이 있는 관점이 더해질 것이다. 거기에 주목하겠다.

:: 경건한 통치자

에훗의 죽음과 더불어 "이스라엘 자손이 또 여호와의 목전에 악을 행했다"(4:1). 그래서 사이클이 다시 시작된다. 이스라엘이 가나안 왕 야빈의 압제 아래 있다(2절). 이 통치자는 만일 이스라엘이 앞서 1장에서 하나님을 온전히 신뢰하고 순종했다면, 아예 없었을 존재다. 야빈의 억압 수행자인 장관 시스라는 "철 병거 구백 대"(그 시대의 첨단무기)를 사용할 수 있었다(3절). 그 억압은 구산 리사다임이나 에글론보다 심했다. 그것은 "심했고" 20년 동안 계속됐다(3절). 그래서 이스라엘이 "여호와께 부르짖었다."

"여선지자 드보라"가 등장한다(4절). 그녀는 여선지자로서 하나님의 말씀을 전파하고 가르친다(6절에서 그것을 볼 수 있다. "이스라엘의 하나님 여호와께서 이같이 명령하지 아니하셨느냐"). 그녀는 "이스라엘을 이끌고" 있다(4절). "그녀는 법정을 열었다." 그것은 여왕의 궁전이 아니라, 이스라엘 백성이 와서 "재판을 받을" 수 있는 실제 법정이었다(5절). 분명히 그녀는 지혜로운 조언자와 사사로 인식되었다. 백성은 모든 종류의 사회적, 법적, 관계적 사건들을 해결하려고 그녀에게 왔다.

그런 면에서 드보라는 앞이나 후의 다른 모든 사사들과

---

4:1 에훗이 죽으니 이스라엘 자손이 또 여호와의 목전에 악을 행하매 2 여호와께서 하솔에서 통치하는 가나안 왕 야빈의 손에 그들을 파셨으니 그의 군대 장관은 하로셋학고임에 거주하는 시스라요 3 야빈 왕은 철 병거 구백 대가 있어 이십 년 동안 이스라엘 자손을 심히 학대했으므로 이스라엘 자손이 여호와께 부르짖었더라 4 그 때에 랍비돗의 아내 여선지자 드보라가 이스라엘의 사사가 되었는데 5 그는 에브라임 산지 라마와 벧엘 사이 드보라의 종려나무 아래에 거주하였고 이스라엘 자손은 그에게 나아가 재판을 받더라 6 드보라가 사람을 보내어 아비노암의 아들 바락을 납달리 게데스에서 불러다가 그에게 이르되 이스라엘의 하나님 여호와께서 이같이 명령하지 아니하셨느냐 너는 납달리 자손과 스불론 자손 만 명을 거느리고 다볼 산으로 가라

매우 다르다. 그녀는 힘보다 지혜와 인격으로 이끌었다. 옷니엘이 "나가서 싸운 곳"(3:10)이자, 에훗이 암살 계획을 세운 곳(3:16)에서 드보라가 백성을 상담하고 지도했다. 그래서 그녀는 단순한 장군이 아니라 경건한 리더에 가까웠다. 그녀는 전쟁터를 넘어서서 그 밖의 영역에서까지 이끈 사사였다.

이 모든 것을 통해 하나님이 택한 리더는 단지 구원할 뿐만 아니라 통치한다는 것을 알 수 있다. 그런 면에서 드보라는 후에 나타날 왕조뿐만 아니라 그리스도까지 예고한다.

그리스도는 그의 어깨에 정사를 메고 "기묘자라 모사라 … 평강의 왕 … 그 나라를 굳게 세우고 지금 이후로 영원히 정의와 공의로 그것을 보존하실 것이라"(사 9:6-7)고 불릴 것이다.

## :: 경건한 구조자

사실, 드보라는 사사들 중에서 유일하게 전사가 아니다. 그녀는 하나님의 힘으로 억압하는 자들을 무찔러 이스라엘을 구하는 사사가 아니었다. 그 대신 그녀는 "바락을 불렀다"(삿 4:6). 그래서 하나님의 위임령을 그에게 전달했다. 그래서 바락이 만 명을 다볼 산으로 데려가고(6절), 하나님이 바락에게 시스라에 대한 승리를 주신다(7절).

여기서 통치자는 구조자가 아니며 구조자는 통치자가 아

니다. 그리고 17-21절에 보는 것처럼, 드보라도 바락도 주적 시스라를 제거하는 명예를 누리지 못한다. 옷니엘부터 삼손에 이르기까지 다른 모든 경우들에는 단 한 명의 인간 '영웅'이 있었다. 그러나 여기에는 세 명이 있다. 5장의 노래에서 살펴보겠지만, 이는 궁극적 영광이 하나님께 돌려져야 한다는 것을 의미한다. 하나님이 사용하신 소수의 사람이 영광을 받는 것이 아니라(물론 그런 특권을 갖는 것은 축복이지만, 5:24 참조), 하나님의 백성을 구하고 다스리도록 하나님이 택하신 자들을 통해 역사하시는 여호와께 영광이 돌려진다.

드보라를 통한 하나님의 부르심에 대한 바락의 반응, 그리고 드보라가 바락에게 대답한 것은 두 가지로 해석되어져 왔다. 한 해석은 바락에 대해 부정적인 면이고, 다른 한 해석은 긍정적인 면이다.

첫째, 부정적인 관점은 바락이 드보라에게 같이 가자고 하고, 드보라가 가지 않으면 자기도 가지 않겠다고 말한 것을 (4:8) 소심한 믿음의 결여로 본다. 이 관점은 NIV 번역으로 9절을 보면 타당성이 있다. 드보라는 같이 가기로 동의한다. "그러나 네가 이것을 이런 식으로 하기 때문에 [즉 단순히 하나님을 신뢰하고 순종하기를 거부하기 때문에] 네가 영광을 얻지 못하리니 이는 여호와께서 시스라를 여인의 손에 파실 것임이니라."

그러자 바락은 군대를 소집해 싸울 준비를 하지만, 드보라가 함께하기 때문일 뿐이다(9, 10절). 14절에서 시스라가 무서운 전쟁 기계를 소집하고(12-13절) 드보라가 바락에게 다시 "일어나라 이는 여호와께서 시스라를 네 손에 넘겨 주신 날이라 여호와께서 너에 앞서 나가지 아니하시느냐"라고 하신 후에야 바락은 그의 부하들과 다볼산을 달려 내려갔다. 겨우 그때서야 바락은 히브리서 11장 32절에서 칭찬하는 믿음을 보여 준다. 그러므로 사사기 4장 9절에서 바락을 명예롭게 하지 않는 것은 8절에서 바락이 순종하는 파격적 믿음을 갖지 않았던 데 대한 꾸짖음이다.

둘째, 긍정적 관점은 9절의 히브리어가 "네가 맡은 이 원정에서는 영광이 너의 것이 되지 않을 것이다"(NIV 각주)로 번역될 수도 있다는 사실에 근거한다. 그러므로 이는 드보라가 바락을 꾸짖은 것이 아니라, 바락이 언덕을 내려가 철 병거 구백 대를 향해 돌진하더라도, 이는 영광을 얻지 못할 것임을 알려 주는 것뿐이다! 그러므로 바락의 믿음에 대한 판결이 아니라, 단지 사실에 대한 예언적 진술일 뿐이다.

나도 두 번째 해석을 선호하며, 이 해석으로 보면, 바락은 14절만이 아니라, 전체에서 믿음의 영웅이자 모범이다. 바

---

7 내가 야빈의 군대 장관 시스라와 그의 병거들과 그의 무리를 기손 강으로 이끌어 네게 이르게 하고 그를 네 손에 넘겨 주리라 하셨느니라 8 바락이 그에게 이르되 만일 당신이 나와 함께 가면 내가 가려니와 만일 당신이 나와 함께 가지 아니하면 나도 가지 아니하겠노라 하니 9 이르되 내가 반드시 너와 함께 가리라 그러나 네가 이번에 가는 길에서는 영광을 얻지 못하리니 이는 여호와께서 시스라를 여인의 손에 파실 것임이니라 하고 드보라가 일어나 바락과 함께 게데스로 가니라

락이 드보라와 함께 가려 한 것은 불순종이 아니었으며, 드보라가 하나님의 말씀을 구하는 경건한 여인임을 인정한 데서 비롯되었다. 드보라가 그런 여성인데, 왜 바락이 드보라가 함께 가기를 원하지 않겠는가? 당연히 원할 것이다! 그러므로 첫째로, 바락은 믿음이 인생의 모든 단계와 환경 속에서 하나님의 음성에 귀 기울이는 것임을 보여 준다.

둘째로, 믿음이란 인간적으로 승산이 없더라도 직면해 용기를 보이는 것이다. 철 병거는 뜨거운 칼로 버터를 찌르는 것처럼 보병부대를 박살낼 수 있다. 구백 대의 철 병거라면 족히 만 명은 해치울 수 있다. 그러나 바락은 여전히 싸웠다.

셋째로, 믿음은 겸손하며 영광을 받으려 애쓰지 않는다. 바락은 다른 사람이 승리를 차지할 것이며, 전쟁 후에도 그가 통치하게 되지 않는다는 걸 알면서도 하나님께 순종하여 군대를 이끌고 산을 내려갔다. 바락의 믿음은 위대한 구원자를 예표한다. 그분은 본질상 하나님이시면서도 "하나님과 동등됨을 취할 것으로 여기지 아니하시고 오히려 자기를 비워 … 자기를 낮추시고 죽기까지 복종하셨으니 곧 십자가에 죽으셨다"(빌

---

10 바락이 스불론과 납달리를 게데스로 부르니 만 명이 그를 따라 올라가고 드보라도 그와 함께 올라가니라 11 모세의 장인 호밥의 자손 중 겐 사람 헤벨이 자기 족속을 떠나 게데스에 가까운 사아난님 상수리나무 곁에 이르러 장막을 쳤더라 12 아비노암의 아들 바락이 다볼 산에 오른 것을 사람들이 시스라에게 알리매 13 시스라가 모든 병거 곧 철 병거 구백 대와 자기와 함께 있는 모든 백성을 하로셋학고임에서부터 기손 강으로 모은지라

2:6-8).

다볼산에서 하나님의 순종하는 종 바락이 (구백 대의 철 병거를 가져서) 절대 우위인 것 같아 보이는 적에 대항해 싸우자 "여호와께서 바락 앞에서 시스라와 그의 모든 병거와 그의 온 군대를 칼날로 혼란에 빠지게 하셨다"(삿 4:15). 바락의 군대는 시스라의 군대에게 상대가 안 됐지만, 시스라는 하나님께 상대가 안 됐다! 자기 병거에서 안전하다고 자신하던 시스라는 결국 자기 병거를 버렸고(15절), 그의 전군은 "다 칼에 엎드러졌다"(16절). 승리는 거의 완료되었고, 이제 남은 것은 바락이 도망가는 시스라를 잡는 것뿐이었다. 그러나 바락이 시스라를 수중에 넣었을 때, 시스라는 이미 죽어 있었다.

:: 드보라와 여성 사역

시스라의 무시무시한 결말을 보기 전에, 여성 리더십의 주제를 잠시 살펴볼 필요가 있다. 드보라의 경력은 이 주제를 묵상하도록 우리를 이끌고 있다.

---

14 드보라가 바락에게 이르되 일어나라 이는 여호와께서 시스라를 네 손에 넘겨 주신 날이라 여호와께서 너에 앞서 나가지 아니하시느냐 하는지라 이에 바락이 만 명을 거느리고 다볼 산에서 내려가니 15 여호와께서 바락 앞에서 시스라와 그의 모든 병거와 그의 온 군대를 칼날로 혼란에 빠지게 하시매 시스라가 병거에서 내려 걸어서 도망한지라 16 바락이 그의 병거들과 군대를 추격하여 하로셋학고임에 이르니 시스라의 온 군대가 다 칼에 엎드러졌고 한 사람도 남은 자가 없었더라

여기서 몇 가지 분명히 할 것과 주의사항이 있다. 첫째로, 지금 당장은 이 여성 리더십의 주제를 속속들이 다 다룰 여유가 없다. 둘째로, 우리는 성경 각 권, 신약 및 구약, 성경 전체의 큰 문맥 속에서 작은 단락들을 읽어야 한다. 셋째로, 우리는 무슨 일이 일어났는지에 대한 기록인 서사를 무슨 일이 일어나야만 한다는 처방으로 읽지 않도록 주의해야 한다. 넷째로, 우리는 성경의 분명한 가르침을 모호한 본문들과 연결시켜야 한다.

드보라를 상고하기 위해서는 세 번째 '경고'가 좋은 출발점이다. 사사기 4, 5장은 단순히 무슨 일이 일어났는지 우리에게 말해 주며, 무슨 일이 일어났었어야만 한다고 알려 주는 것이 아니다. 오늘날에 무슨 일이 일어나야 한다는 것은 더더구나 아니다.

여성의 역할에 대한 소위 '전통적' 관점은 이 변칙을 (바락 같은) 남자들이 소심해서 책임을 저버렸기 때문이라고 볼 것이다. 남자가 리더십의 자리에 있어야 하는데, 남자들이 하지 않아서 드보라가 끼어 들었어야만 했다는 것이다. 그러나 이 장에 그런 말은 없다. 오히려 드보라는 분쟁 해결사와 여선지자로 하나님께 분명히 부름을 받았다. 그런 전통적 관점은 추론이며, 모호한 추론에서 확고한 교리를 도출하는 것은 지혜롭지 못하다.

그러나 '자유주의적' 관점에서 "남자가 할 수 있는 것은 무엇이든 여자도 할 수 있다"고 주장하며 성차를 사회가 만든 허구로 치부하는 것도 도전을 받는다. 사사들 중에서 유독 드보라만 싸우지 않는다. 그녀는 용사가 아니고, 군대를 이끌 수 없고, 그녀를 보완할 능력을 갖춘 누군가를 모집해야 했다. 그녀는 이 일을 참 잘 해냈다.

더 나아가, 사안이 더 복잡해지는 이유는 역사의 이 시점에 이스라엘이 시민국가인 동시에 하나님의 백성이었다는 사실이다. 구약의 이스라엘의 생활 중에서 이스라엘이 국가라는 면과 관련된 것(예: 범죄에 대한 형벌)은 오늘날에 교회(하나님의 백성)가 아닌 국가의 기능이 되었다. 또 구약의 이스라엘의 어떤 것은 현재 국가가 아닌 교회의 기능이 된 것(예: 유월절/성만찬 기념)도 있다. 그러므로 우리가 드보라의 경력을 보면서, 여성이 시민들의 역할(경제, 정치 등에서)을 이끌지 못할 이유가 없다고 말할 수 있지만(나도 그렇게 말한다), 그렇다고 해서 오늘날 하나님의 백성의 모임인 교회 생활에 반드시 도입해야만 하는 것은 아니다.

여기서 두 번째 주의사항이 도움이 된다. 구약의 이스라엘에는 선지자, 제사장, 리더(왕/사사)의 3대 직분이 있었다. 어떤 여성들(가령 드보라)은 선지자들이었고, 어떤 여성들(또 드보라!)은 사사/여왕이었다. 여성 제사장은 없었다(민수기 3장 10절과 레위기 21장은 모든 제사장이 아론의 후손인 남자였다고 말해 준다). 구약은 여성이 동등한 가치, 존엄성, 능력을 갖고, 하나님의 형상대로 창조되었으며, 하나님의 주권 아래 있고, 하나님의 피조물을 다스리는 주권을 갖는다고 말한다(창 1:26-28). 또한 제사장 외의 어떤 역할에서든, 여성이 재능을 자유롭게 사용할 수 있었다는 것을 보여 준다. 하나님은 구약 백성에게 남녀가 평등하지만, 획일적이진 않다는 것을 보여 주신다.


:: 신약과 여성 사역

우리는 신약에서도 이 패턴을 발견한다. 여성들이 선지자와 집사로서 하나님을 섬긴다(딤전 3:11, '여집사'가 아닌 집사의 부인들이지만, 이 역할에 대한 자격 요건이 있다는 것이 중요하다. 1-7절에서 장로/감독/주교의 아내에 대해서는 자격 요건이 없기 때문이다). 하나님께서 남자를 위한 한 역할을 마련하신다(딤전 3:1). 이는 장로/감독/주교의 역할이다. 어떤 교회 통치 조직에 속하느냐에 따라 다르지만, 편의상, 또한 내가 장로교인이므로, 그 역할을 이제부터 그냥 '장로'라고 부르겠다.

바울이 여자가 교회 집회 중에, 예언이든 기도든, 공적으로 말한다는 것을 전제하고서(고전 11:5) 여자들에게 교회에서 "잠잠하라고"(고전 14:34) 말하는 이유를 살펴보겠다. 집회 내내 문자 그대로 아무 말도 하지 말아야 한다는 의미일 수가 없다. 이 문맥은 전반적인 공적 사역을 말하는 것이 아니라, 어떤 사람이 말했을 때 그 말의 교리적 평가에 대한 것이다. 누군가

말을 하면, "말한 것을 면밀히 달아보는 다른 사람들"이 있어야 한다(29절). 그래서 진실인지 거짓인지 선언해야 한다. 다시 말해서, 징계의 권위를 갖는 것이다. 이는 장로의 역할이므로, 장로가 그렇게 할 때 "여자는 잠잠해야 한다."

또한 바울은 디모데전서 2장 11-12절에서 여자가 "가르치거나 권위를 갖지 말아야 한다"고 말했다. 여기서 의문은 바울이 여자에게 가르침과 권위라는 두 가지를 금하는 것인지, 아니면 두 구절로 표현된 한 가지를 금하는지이다. 이를 중언법이라 하며, 만일 우리가 "아기가 온순하고 따듯하다"라고 말한다면, 같은 의미를 두 번 표현하는 것이지, 아기가 성격이 좋고 그리고 아기의 체온이 따듯하다는 의미가 아닌 것과 같은 용도다.

나는 두 번째 관점을 지지한다. 왜냐하면 그리스어 접속사 우데(oude)는 종종 의미가 겹치는 두 단어를 결합하는 데 쓰이기 때문이다. 여자가 가르쳤지만, 징계의 권한 없이 가르쳤다는 신약의 다른 증거와도 일치한다.

요약하자면, 신약의 패턴도 구약의 패턴과 마찬가지이다. 여자들은 모든 역할로 은사를 자유롭게 사용할 수 있지만, 하나님께서 남자를 위해 마련하신 역할은 제외된다. 구약에서는 제사장이고, 이어서 신약에서는 권위를 가지고 가르치는 역할이다(이 두 역할이 완전히 동일하다는 말은 아니다). 이런 해석은 잘못된 양극단의 해석으로부터 우리를 지켜 준다(드보라의 경우와 마찬가지이다). 하나님께서 이스라엘에게 그렇게 하셨듯이, 교회에서도 한 가지 역할을 여자에게 금하신다.

그러므로 우리는 경솔하게 여자의 모든 가르치는 사역과 임무들을 금하지 말아야 하고, 여러 구체적인 금지 규정들을 요구하지 말아야 한다. 예를 들자면, 여성이 가정 외의 직장을 갖는 것, 12세가 넘는 남자를 가르치지 말 것, 교회 예배 중에 앞에 서서 말하지 못할 것 등등이다. 성경 어디서도 그런 세부사항을 지시하지 않는다. 이렇게 말하는 것이 더 나을 것이다. 여자는 장로가 아닌 남자가 할 수 있는 모든 것을 할 수 있다. 한편, 하나님이 정말로 교회에서 한 가지 역할을 여자에게 금하신다는 것도 분명한 사실이다.

그러나 여자의 가치가 덜하다는 것은 아니다. 왜냐하면 우리의 인간으로서의 가치는 우리가 하나님의 형상으로 만들어졌다는 데 있지, 우리가 무엇을 하느냐에 있지 않기 때문이다. 만일 그렇지 않다면 대통령은 실직자보다 더 가치가 있을 것이다.

또 다른 (마지막!) 주의사항을 살펴보자. "동등하되 획일적이지 않다"는 성경적 원칙이 교회에서 어떻게 실행되느냐는 교회 통치조직, 분위기, 문화에 따라 다르다. 우리는 우리와 다른 식으로 하는 사람들을 너무 성급히 판단하지 말아야 한다. 뿐만 아니라, 우리와 원칙이 다른 사람들도 성급히 판단하지 말아야 한다.

여성의 성직 임명에 반대하는 사람들은 그들과 의견이 다른 사람들을 정죄하고 냉담하다. 다시 말해서, 그리스도 안의 형제자매로 대하지 않는다. 반면에, 여성의 성직 임명을 믿는 사람들도 비슷하게 상대편을 안 받아들일 수 있다. 그들은 상대편을 인종차별주의만큼이나 문제가 많은 성 차별주의자로 볼 수 있다.

그러나 하나님은 그분의 지혜로 그리스도의 신성, 삼위일체, 용서의 은혜의 필요성, 성경의 무오성 등 명확하게 해 주신 교리 중심으로 우리를 연합하게 하셨다. 우리가 세례, 교회 통치, 방언 등등에 대해서 동의하지 않는다고 해서, 연합을 포기하지 말아야 한다. 여성의 역할에 대한 질문은 지속적인 쟁점 중 하나이다. 교회는 결코 완전한 합의에 이르지 못할 것으로 보인다.

우리는 그것이 중요하다고 인정하면서도, 남을 가혹하게 정죄하는 이유로 삼지는 말아야 한다. 관점이 다른 사람들과 공존해야 한다. 그렇게 되면 우리의 교회는 세상이 보기에 매우 달라 보일 것이다. 만일 우리가 "나는 당신과 의견이 다르지만, 정말로 중요한 것에 대해서는 당신에게 동의해요. 당신은 나의 형제자매이며, 우리는 함께 섬기고 예배할 거예요"라고 말한다면, 우리는 세상에 절실히 필요한 연합과 그리스도를 닮은 사랑의 모범이 될 것이다.

:: 장막 말뚝에 의한 죽음

시스라에 대한 바락의 승리 이야기 중에, 흥미롭게도 사사기 4장 11절에 끼어든 구절이 있다. 만 명이 전투 태세를 갖추고 있고(10절) … 시스라가 병거들에게 막 명령하려 할 찰나에(12-13절) … 저자는 말한다. "호밥의 자손 중 겐 사람 헤벨이 떠나 [전쟁터 근처에] 이르러 장막을 쳤더라"(11절). 그가 왜 그렇게 했는지 이유는 나오지 않는다. 그리고 그는 전쟁에서 아무 역할도 하지 않는다. 그러나 돌연 그의 아내 야엘은 이야기의 전개에서 빼놓을 수 없는 부분이 된다.

걸어서 도망가던 시스라는 "야엘의 장막"에 이르렀다. 그것은 안전을 의미했다. 왜냐하면 야빈과 헤벨이 동맹을 맺고 있었기 때문이다(17절). 그러나 에훗이 에글론을 암살한 것과 비슷하게, 야엘은 시스라를 환영하고, 마실 것을 주고, 잠들게 한 후(18-21절), "장막 말뚝을 가지고 손에 방망이를 들고 그에게로 가만히 가서 말뚝을 그의 관자놀이에 박으매 말뚝이 꿰뚫고 땅에 박혔다"(21절). 그래서 말할 필요도 없이, "그가 기절하여 죽었다."

야엘이 시스라를 공격한 수단이 이 단락의 아이러니를

---

17 시스라가 걸어서 도망하여 겐 사람 헤벨의 아내 야엘의 장막에 이르렀으니 이는 하솔 왕 야빈과 겐 사람 헤벨의 집 사이에는 화평이 있음이라 18 야엘이 나가 시스라를 영접하며 그에게 말하되 나의 주여 들어오소서 내게로 들어오시고 두려워하지 마소서 하매 그가 그 장막에 들어가니 야엘이 이불로 그를 덮으니라

증대시킨다. 장막을 치고 걷는 것은 여자의 일로 간주되었다. 따라서 장막 말뚝과 방망이는 주로 여자의 가재도구였다! 그 시대에 여자의 손에 죽는 것은 특히나 수치스러운 일이었다. 이 모든 것은 필시 시스라의 죽음을 가장 처참한 패배로 만들기 위한 야엘의 계책이었을 것이다.

또 이는 9절의 드보라의 예언이 사실임을 보여 준다. 영예는 바락의 것이 아닐 것이요, 드보라의 것도 아닐 것이다(드보라는 하나님이 시스라를 넘겨준 여자가 아니었다). 바락이 야엘의 장막을 지나갈 때, 야엘은 "네가 찾는 그 사람을 내가 네게 보이리라"(22절)고 약속한다. 우리는 바락이 손에 칼을 들고 방어 자세로 야엘보다 먼저 장막으로 들어갔다가, 시스라가 장막 말뚝에 머리를 박힌 채 바닥에 죽어 있는 것을 발견하는 장면을 상상해 볼 수 있다.

인간의 관점으로는, 그 공로를 여러 사람들이 나누어 가졌지만, 사실은 그 공로는 아무 인간에게도 돌아가지 않았다. 드보라에게, 그리고 드보라를 통해 말씀하신 것은 여호와였다. 여호와께서 바락보다 앞서가시며 그에게 승리를 주셨다(14-15

---

19 시스라가 그에게 말하되 청하노니 내게 물을 조금 마시게 하라 내가 목이 마르다 하매 우유 부대를 열어 그에게 마시게 하고 그를 덮으니 20 그가 또 이르되 장막 문에 섰다가 만일 사람이 와서 네게 묻기를 여기 어떤 사람이 있느냐 하거든 너는 없다 하라 하고 21 그가 깊이 잠드니 헤벨의 아내 야엘이 장막 말뚝을 가지고 손에 방망이를 들고 그에게로 가만히 가서 말뚝을 그의 관자놀이에 박으매 말뚝이 꿰뚫고 땅에 박히니 그가 기절하여 죽으니라

절), 그리고 여호와께서 시스라를 야엘에게 내주셨다(9절). 그러므로 "이 날에 [드보라도 아니고, 바락도 아니고, 야엘도 아닌] 하나님이 가나안 왕 야빈을 이스라엘 자손 앞에 굴복하게 하신지라"(23절)고 말하는 것은 정당한 결론이다. 하나님이 구원자이시며, 하나님의 뜻대로 행하신다. 하나님은 하나님의 사람들의 어떤 장점 때문에 일하시지 않는다. 그러므로 하나님이 영광을 받으시기에 합당하시다. 하나님이 사람들을 통해 역사하시면 사람들에게 큰 특권이 되는 것이지, 그것 때문에 사람들이 칭찬과 찬양을 받기에 합당해지는 것은 아니다. 구원은 모두 하나님의 역사이며, 우리는 모두 "우리 아버지의 뜻을 따른" 것뿐이므로 "영광이 그에게 세세토록 있어야 한다"(갈 1:4-5).

그럼에도 불구하고 우리는 야엘의 방법이 십계명 중 두 가지를 명백히 부인했다는 것을 간과할 수 없다(야엘은 거짓말했고 죽였다). 어떤 사람들은 야엘이 신자가 아니었으므로 하나님의 율법에 순종할 책임이 없었다고 말할 것이다. 그러나 또한 야엘은 중동 지역 손님접대의 매우 강력한 방침과 규칙도 다 어겼다. 어떤 문화의 기준으로 보든 배반이었다. 우리는 기억해야 한다. 하나님은 사람들을 사용하셔서 하나님이 원하시는 것을 하게 하시지만, 개인의 책무를 위반하지 않고, 잘못된 방

---

22 바락이 시스라를 추격할 때에 야엘이 나가서 그를 맞아 그에게 이르되 오라 네가 찾는 그 사람을 내가 네게 보이리라 하매 바락이 그에게 들어가 보니 시스라가 엎드러져 죽었고 말뚝이 그의 관자놀이에 박혔더라 23 이와 같이 이 날에 하나님이 가나안 왕 야빈을 이스라엘 자손 앞에 굴복하게 하신지라

법을 은근슬쩍 사용하지 않고 하게 하신다.


:: 하나님이 이기신다

야빈의 멸망과 함께(4:24), 우리는 이스라엘 땅에 평화가 임할 것을 기대한다. 물론 그렇게 되지만(5:31), 먼저 그 전에 같은 사건들을 다른 각도로 조명하고 있다. 5장의 근본적 차이는 노래라는 것이며, 접근방법이 더 신학적이라는 것이다. 5장에서는 역사를 수면 아래 더 깊이 바라보며, 4장에서 암시했던 하나님의 손이 전체 역사의 배후에 있음을 드러낸다.

4장에서는 여호와의 이름이 단지 네 번만 언급되고, 그중 세 번은 드보라의 말이다(4:6, 9, 14, 드보라의 말이 아닌 경우는 15절). 5장에는 여호와가 어디나 계신다. 드보라와 바락이 이스라엘의 '영솔자들'이 이스라엘 백성을 영솔하였다고(5:2-3) 노래할 때(1절), 여호와께서 찬양을 받으신다. 왜 그런가? 왜냐하면 이스라엘 백성이 행진할 때, 결정적으로 중요한 점은 여호와께서 그 행진 중에 함께하셨다는 것이기 때문이다. 그래서 비를 쏟아 부으심으로 그의 능력을 보여 주셨다(4절). 여호와의 백성이 산을 달려 내려가며 공격할 때, 산들을 떨게 하시는 분도 그들과 같이 전쟁에 나가셨다(5절).

---

24 이스라엘 자손의 손이 가나안 왕 야빈을 점점 더 눌러서 마침내 가나안 왕 야빈을 진멸하였더라

왜냐하면 그는 참 하나님이시기 때문이다. 이는 이 노래 중의 다음 구절의 메시지다. 이스라엘의 "대로가 비었고"(6절) "마을 사람들이 그쳤다"(7절). 왜냐하면 "무리가 새 신들을 택하였으므로 그 때에 전쟁이 성문에 이르렀기" 때문이었다(8절). 이스라엘이 우상 숭배를 할 때 억압을 받아 쓰러졌을 뿐 아니라, 사회도 붕괴되었다. "마을 생활"이 그쳤다는 것은 각 가정마다 각 사람마다 뿔뿔이 행동했다는 것이다. 유일한 희망은 드보라에게 있었다. 그녀는 이스라엘의 "어머니가 되어" 이스라엘의 사회 구조를 회복시키기 시작했고(7절) "백성 중에서 즐거이 헌신하는" 자들을 독려하여 전쟁에 나가 억압을 물리치게 했다(9절). 우리가 이미 살펴보았듯이, 그들의 행위는 하나님의 행위였다(10-11절). 11절 하반절부터-12절은 시스라에 대항해 일어날 리더를 부른 것은 드보라만이 아니라 하나님이었다고 제시한다.

13-18절은 이스라엘 전체가 바락의 깃발 아래 모이진

5:1 이 날에 드보라와 아비노암의 아들 바락이 노래하여 이르되 2 이스라엘의 영솔자들이 영솔하였고 백성이 즐거이 헌신하였으니 여호와를 찬송하라 3 너희 왕들아 들으라 통치자들아 귀를 기울이라 나 곧 내가 여호와를 노래할 것이요 이스라엘의 하나님 여호와를 찬송하리로다 4 여호와여 주께서 세일에서부터 나오시고 에돔 들에서부터 진행하실 때에 땅이 진동하고 하늘이 물을 내리고 구름도 물을 내렸나이다 5 산들이 여호와 앞에서 진동하니 저 시내 산도 이스라엘의 하나님 여호와 앞에서 진동하였도다 6 아낫의 아들 삼갈의 날에 또는 야엘의 날에는 대로가 비었고 길의 행인들은 오솔길로 다녔도다 7 이스라엘에는 마을 사람들이 그쳤으니 나 드보라가 일어나 이스라엘의 어머니가 되기까지 그쳤도다 8 무리가 새 신들을 택하였으므로 그 때에 전쟁이 성문에 이르렀으나 이스라엘의 사만 명 중에 방패와 창이 보였던가

않았다는 것을 드러낸다. 에브라임과 베냐민 지파의 일부가 모였고, 잇사갈도 그랬다(14-15절). 그러나 르우벤 지파는 양치는 일을 계속했고(15-16절), 길르앗, 단, 앗셀 지파도 집에 머물렀다(17절). 가장 큰 공로는 스불론과 납달리 지파에 돌아간다. "스불론은 죽음을 무릅쓰고 목숨을 아끼지 아니한 백성이요 납달리도 들의 높은 곳에서 그러하도다"(18절).

이제 19-22절에서, 드보라와 바락은 시작할 때의 주제로 돌아간다. 바로 여호와의 승리라는 주제이다. "가나안 왕들이 싸웠다." 그러나 그들은 아무 약탈물도 얻지 못했다. 왜냐하면 그들이 승리를 얻지 못했기 때문이다(19절). 자연을 다스리시는 하나님, 별들까지 다스리시는 하나님이 그들과 싸우고 계셨다(20절). 21절은 시스라의 불패의 병거들이 어떻게 무용지물들로 전락했는지 보여 준다. "구름이 물을 내리게"(4절) 하시는 하나님이 강에 홍수를 일으켜, 바락이 진격할 때, 시스라의 병거들을 쓸어가셨다(21절). 그러나 여기서 바락은 언급도 되지 않는다! 정말로 하나님의 승리였다.

만일 비가 올 것이라고 예상했다면, 시스라는 절대로 병

---

9 내 마음이 이스라엘의 방백을 사모함은 그들이 백성 중에서 즐거이 헌신하였음이니 여호와를 찬송하라 10 흰 나귀를 탄 자들, 양탄자에 앉은 자들, 길에 행하는 자들아 전파할지어다 11 활 쏘는 자들의 소리로부터 멀리 떨어진 물 긷는 곳에서도 여호와의 공의로우신 일을 전하라 이스라엘에서 마을 사람들을 위한 의로우신 일을 노래하라 그 때에 여호와의 백성이 성문에 내려갔도다 12 깰지어다 깰지어다 드보라여 깰지어다 깰지어다 너는 노래할지어다 일어날지어다 바락이여 아비노암의 아들이여 네가 사로잡은 자를 끌고 갈지어다

거들을 강가에 배치하지 않았을 것이다. 그러므로 그때는 우기가 아니라 건기였을 것이다. 그러나 하나님께서 드보라를 통해 이스라엘이 어디서 싸워야 하는지 말씀하셔서(4:6), 시스라의 군대를 멸할 곳으로 유인하셨다(7절, 5:21-22).

여기서 하나님의 백성에게 주는 교훈은 무엇인가? 하나님이 이기신다는 것이다. 그러므로 축복은 하나님을 위해 싸우고 하나님과 함께 싸우며, 승산이 얼마든, 치러야 할 희생이 얼마든, 자신을 드려 하나님을 섬기는 데 있다. 거꾸로, 반대로 하는 사람, 즉 집에 머무는 사람에게는 저주가 있다(23절). 여호와께서 사람의 도움을 요구하신다는 것이 아니다(그것은 이 노래에 일말의 의심의 여지도 없이 나타난다). 여호와께서 그의 백성이 '돕도록' 허락하신다. 그래서 "야엘은 다른 여인들보다 복을 받을 것이니"(24절) 이스라엘이 아닌 겐 사람이면서도 이스라엘의

---

13 그 때에 남은 귀인과 백성이 내려왔고 여호와께서 나를 위하여 용사를 치시려고 내려오셨도다 14 에브라임에게서 나온 자들은 아말렉에 뿌리 박힌 자들이요 베냐민은 백성들 중에서 너를 따르는 자들이요 마길에게서는 명령하는 자들이 내려왔고 스불론에게서는 대장군의 지팡이를 잡은 자들이 내려왔도다 15 잇사갈의 방백들이 드보라와 함께 하니 잇사갈과 같이 바락도 그의 뒤를 따라 골짜기로 달려 내려가니 르우벤 시냇가에서 큰 결심이 있었도다 16 네가 양의 우리 가운데에 앉아서 목자의 피리 부는 소리를 들음은 어찌 됨이냐 르우벤 시냇가에서 큰 결심이 있었도다 17 길르앗은 요단 강 저쪽에 거주하며 단은 배에 머무름이 어찌 됨이냐 아셀은 해변에 앉으며 자기 항만에 거주하도다 18 스불론은 죽음을 무릅쓰고 목숨을 아끼지 아니한 백성이요 납달리도 들의 높은 곳에서 그러하도다 19 왕들이 와서 싸울 때에 가나안 왕들이 므깃도 물 가 다아낙에서 싸웠으나 은을 탈취하지 못하였도다 20 별들이 하늘에서부터 싸우되 그들이 다니는 길에서 시스라와 싸웠도다 21 기손 강은 그 무리를 표류시켰으니 이 기손 강은 옛 강이라 내 영혼아 네가 힘 있는 자를 밟았도다

이야기에서 한 역할을 하고, 하나님의 적을 죽였기 때문이다 (24-27절).

드보라는 시스라의 어머니와 시녀들이 시스라의 개선을 기다리는 장면을 그린다. 그들이 전투가 '당연히 어떻게 되었을 것이라고' 얘기하는 내용을 보면, 시스라는 훔치고 여자들을 강간하고 노예로 삼기를 좋아했다(28-30절). 그들은 그런 것들을 하느라 시스라가 늦게 돌아온다고 생각했다. 30절의 '처녀'는 별로 유용한 번역이 아니다. 히브리어 원어로는 '시골 처녀' 혹은 '여자 노예'에 가깝다. 시스라는 소녀들을 붙잡아 성노예로 삼았다.

이번 사사 사이클 전체에서 여자들의 활약이 두드러진다. 드보라는 시스라의 압제 하에서 이스라엘을 이끌었다. 시스라의 압제는 그가 이스라엘의 여자들을 어떻게 다루었는지에 가장 끔찍하게 나타난다. 또 다른 여인, 야엘은 시스라의 강간과 공포의 통치가 종식되는 수단이 되었다. 시스라가 많은 여자들의 삶을 지옥 같은 악몽으로 만들었지만, 두 여자가 시스라를 무너뜨린다. 큰 아이러니는 여자를 수단으로 이용한 남자가 여자들이 사용하는 수단에 의해 죽음을 당했다는 것이

---

22 그 때에 군마가 빨리 달리니 말굽 소리가 땅을 울리도다 23 여호와의 사자의 말씀에 메로스를 저주하라 너희가 거듭거듭 그 주민들을 저주할 것은 그들이 와서 여호와를 돕지 아니하며 여호와를 도와 용사를 치지 아니함이니라 하시도다 24 겐 사람 헤벨의 아내 야엘은 다른 여인들보다 복을 받을 것이니 장막에 있는 여인들보다 더욱 복을 받을 것이로다

다. "여호와여 주의 원수들은 다 이와 같이 망하게 하시고"라고 이스라엘을 이끌어 왔고 계속해서 이끌 여성이 결론을 맺는다(31절). 그리고 나서 "그 땅이 사십 년 동안 평온하였다."

:: 두 관점을 가지고 살아가기

저자는 사사기 4장과 5장을 나란히 배치하고서, 우리에게 4장의 관점만이 아니라 5장의 관점을 가지고 살라고 우리를 격려한다. 5장은 만사의 배후에서 하나님의 손을 보며, 성공을 경축하고, 하나님을 최고로 공경하며, 지속적인 찬양의 분위기를 갖는다.

우리는 우리의 삶을 살고 기억을 정리하는 것을 역사적으로만 아니라, 신학적으로 할 수 있으며, 또 그렇게 해야만 한다. 즉 단지 무슨 일이 일어났다거나 우리가 뭘 했다고 회상하는 것이 아니라, 하나님이 무슨 일을 하셨는지 탐색해야 한다.

25 시스라가 물을 구하매 우유를 주되 곧 엉긴 우유를 귀한 그릇에 담아 주었고 26 손으로 장막 말뚝을 잡으며 오른손에 일꾼들의 방망이를 들고 시스라를 쳐서 그의 머리를 뚫되 곧 그의 관자놀이를 꿰뚫었도다 27 그가 그의 발 앞에 꾸부러지며 엎드러지고 쓰러졌고 그의 발 앞에 꾸부러져 엎드러져서 그 꾸부러진 곳에 엎드러져 죽었도다 28 시스라의 어머니가 창문을 통하여 바라보며 창살을 통하여 부르짖기를 그의 병거가 어찌하여 더디 오는가 그의 병거들의 걸음이 어찌하여 늦어지는가 하매 29 그의 지혜로운 시녀들이 대답하였겠고 그도 스스로 대답하기를 30 그들이 어찌 노략물을 얻지 못하였으랴 그것을 나누지 못하였으랴 사람마다 한두 처녀를 얻었으리로다 시스라는 채색 옷을 노략하였으리니 그것은 수 놓은 채색 옷이리로다 곧 양쪽에 수 놓은 채색 옷이리니 노략한 자의 목에 꾸미리로다 하였으리라

덕분에 우리는 성공에 너무 도취되거나 어려움 속에 절망하지 않을 수 있다. 평화를 누리는 한 비결은 여호와께서 우리를 위해 하셨고, 하고 계신 일을 지속적으로 찬양하는 것이다. 왜냐하면 우리 삶의 이야기는 우리 자신보다, 하나님에 대한 것이기 때문이다.


:: 원수를 사랑하라는 말씀은 어떻게 되는가?

이 노래가 격하고 피로 얼룩져 있다는 것이 눈에 띈다. 그래서 구약에서 (특히 일부 시편에서) 원수를 미워하는 말을 자주 한다는 것이 큰 쟁점이 된다. 그것이 원수를 사랑하고, 축복하고, 위하여 기도하라는 예수님의 명령과 어떻게 맞을까?(눅 6:27-28).

이 사안에 관해 세 가지를 말할 수 있다. 첫째로, 하나님이 악에 대해 승리하실 것이고, 언젠가 모든 사람들이 하나님 앞에 서서 자신들의 행위에 대해 해명할 것이라는 사실은 우리가 환영하고 즐거워해야 할 복음 메시지의 면들이다(물론 그러면서도 우리는 우리도 하나님 앞에 서야 하고, 예수님만이 우리의 유일한 변호자가 되실 것이라는 사실에 떤다). 예수님이 죄와 사탄에 대해 승리하시고, 최후 심판을 하신다는 사실로 인해 찬양을 받으셔

31 여호와여 주의 원수들은 다 이와 같이 망하게 하시고 주를 사랑하는 자들은 해가 힘 있게 돋음 같게 하시옵소서 하니라 그 땅이 사십 년 동안 평온하였더라

105

야 한다는 것이 신약에 명백히 나타난다(예: 계 11:15-18).

둘째로, 미래에 심판이 있다는 사실은 지금 이 삶에서 반드시 정의가 실현되어야 한다는 필요성에서 우리를 자유롭게 한다. 올바로 행동한 사람들에 대한 변호와 행악에 대한 형벌이 이 삶 너머에 있을 것이다. 우리는 지금 그것을 추구할 필요가 없다. "너희가 친히 원수를 갚지 말고 하나님의 진노하심에 맡기라 기록되었으되 원수 갚는 것이 내게 있으니 내가 갚으리라고 주께서 말씀하시니라"(롬 12:19, 신 32:35에서 인용). 그러므로 오히려 우리는 우리를 저주하는 자들을 자유롭게 적극적으로 축복할 수 있다(14, 20절).

하나님이 정말로 "갚으신다는" 것을 어떻게 알 수 있는가? 왜냐하면, 셋째로 우리는 십자가에서 죄가 심판받는 것을 이미 보았기 때문이다. 십자가는 우리가 의롭다함 받는 곳일 뿐 아니라, 하나님이 정말로 죄를 심판하고 벌하신다는 증거이기도 하다(롬 3:25-26). 부활은 주 예수님의 죽음 안에서 죄의 형벌을 받지 않은 모든 사람들에게 심판이 있을 것이라고 우리에게 말해 준다. 그것은 미래에 하나님이 죄를 심판하고 벌하실 것이라는 증거다(행 17:31).

그리스도의 죽음과 부활은 우리의 원수에 대한 우리의 태도를 근본적으로 바꾼다. 우리는 정의가 실현되는 것을 보기 원하고, 그렇게 될 것을 안다. 그러나 우리가 이루는 것은 아니다.

우리는 정의를 갈망하면서도, 한편으로 여전히 우리의 원수들을 위해 기도하고 축복할 수 있다. 십자가 때문에 우리는 예수님이 십자가에서 가지셨던 태도를 가질 수 있다. 우리도 예수님이 자기를 죽이는 사람들을 보시며 "아버지 저들을 사하여 주옵소서"라고 하신 것처럼 할 수 있다(눅 23:34).

●

# 기드온, 하나님의 임재를 구하다

삿 6:1-40

●

# 오 주여
# 내가 무엇으로
# 이스라엘을 구원하리이까

"이스라엘 자손이 또 여호와의 목전에 악을 행하였다"(1절). 이제 우리는 '사사기 사이클'을 하나 더 시작하는 데 익숙해졌다. 하나님의 백성은 하나님이 누구시며 무엇을 하셨는지 명심하는 데 실패하고 우상숭배로 돌아섰다. "악을 행하였다"는 말의 의미다. 이번에 이 사이클은 사사기에서나 본서에서나 3장에 걸쳐 다뤄진다. 사이클의 핵심 단계들은 이미 우리가 잘 알기 때문에, 우리는 이 사이클의 세부사항을 자세히 살펴볼 것이며, 다른 사이클과의 차이점이 있는지 주목하겠다.

:: 구원 전에 먼저 설교

이번에는 하나님이 "그들을 미디안의 손에 넘겨주셨다"(1

절). 이는 지금까지 중에서 최악의 압제였다. 이스라엘 백성은 집을 떠나 험준한 산지에 "웅덩이와 굴과 산성을 자기들을 위하여 만들었어야만" 하게 되었다(2절). 미디안은 정치적 지배에는 관심이 없었고, 경제적 착취에 관심이 있어서 그 땅의 곡식을 약탈했다(3절). 그들은 "이스라엘 가운데에 먹을 것을 남겨 두지 않았다"(4절). 사람들은 굶주렸고 땅이 수탈을 당했다(5절). 결국, "이스라엘이 미디안으로 말미암아 궁핍함이 심한지라 이에 이스라엘 자손이 여호와께 부르짖었다"(6절).

지금까지를 보자면, 압제가 전보다 더 심하긴 하지만, 사이클이 정상 경로를 따르고 있다. 이제 우리는 하나님이 해방자, 사사를 일으키시기를 기대한다(3:9, 15과 4:4, 6-7처럼). 그러나 그 대신 "이스라엘 자손이 미디안으로 말미암아 여호와께 부르짖었으므로 여호와께서 이스라엘 자손에게 한 선지자를 보내셨다"(6:7-8). 사람들의 부르짖음에 대한 하나님의 첫 응답은 구원자나 구원을 보내신 것이 아니라, 그들에게 설교 한 편을

---

6:1 이스라엘 자손이 또 여호와의 목전에 악을 행하였으므로 여호와께서 칠 년 동안 그들을 미디안의 손에 넘겨 주시니 2 미디안의 손이 이스라엘을 이긴지라 이스라엘 자손이 미디안으로 말미암아 산에서 웅덩이와 굴과 산성을 자기들을 위하여 만들었으며 3 이스라엘이 파종한 때면 미디안과 아말렉과 동방 사람들이 치러 올라와서 4 진을 치고 가사에 이르도록 토지 소산을 멸하여 이스라엘 가운데에 먹을 것을 남겨 두지 아니하며 양이나 소나 나귀도 남기지 아니하니 5 이는 그들이 그들의 짐승과 장막을 가지고 올라와 메뚜기 떼 같이 많이 들어오니 그 사람과 낙타가 무수함이라 그들이 그 땅에 들어와 멸하려 하니 6 이스라엘이 미디안으로 말미암아 궁핍함이 심한지라 이에 이스라엘 자손이 여호와께 부르짖었더라 7 이스라엘 자손이 미디안으로 말미암아 여호와께 부르짖었으므로

주신 것이었다! 다가올 구조를 누리기 전에, 백성은 왜 그들이 구조가 필요하게 되었는지 이해해야 했다. 선지자가 와서 왜 그들이 그 난관에 봉착하게 되었는지 이해하도록 도와준다. 선지자는 그들의 우상숭배가, 즉 그들의 죄가 그들을 어디로 이끌었는지를 그들이 이해하기를 원한다.

설교의 본질은 하나님이 백성을 깨우쳐 그들이 참으로 회개하기를 바라시는 것이라는 것을 보여 준다. 즉 6-7절에 나오는 이스라엘의 '부르짖음'이 진정한 회개의 징후가 아니라는 것을 보여 준다. 옷니엘, 에훗, 드보라의 죽음 후 그들의 역사는 그들의 슬픔이 진심이 아니라 피상적이었다는 강력한 증거이다. 그래서 하나님이 그들에게 두 가지를 상기시키신다. 하나님이 하신 것, 그리고 그들이 한 것이다. 하나님은 무엇을 하셨는가?

"내가 너희를 애굽에서 구해 내어, 노예살이에서 자유케 했다. 내가 너를 모든 억압에서 건져 냈고, 너의 적들을 몰아내어 이 땅을 너희에게 줬다. 내가 여호와고 내가 너희의 하나님임을, 그래서 나는 너희의 전폭적 순종을 요구하고, 또 너희에

---

8 여호와께서 이스라엘 자손에게 한 선지자를 보내시니 그가 그들에게 이르되 여호와께서 이같이 말씀하시기를 이스라엘의 하나님 내가 너희를 애굽에서 인도하여 내며 너희를 그 종 되었던 집에서 나오게 하여 9 애굽 사람의 손과 너희를 학대하는 모든 자의 손에서 너희를 건져내고 그들을 너희 앞에서 쫓아내고 그 땅을 너희에게 주었으며 10 내가 또 너희에게 이르기를 나는 너희의 하나님 여호와이니 너희가 거주하는 아모리 사람의 땅의 신들을 두려워하지 말라 하였으나 너희가 내 목소리를 듣지 아니하였느니라 하셨다 하니라

게 전폭적 순종을 받아 마땅함을, 나는 너희에게 반복해서 상기시켰다. 그래서 나는 너희에게 다른 '신들'을 숭배하지 말라고 말했다"(8-10절). 이스라엘은 무엇을 했는가? "너희가 내 목소리를 듣지 아니하였다."(10절).

하나님이 사사를 보내 억압에서 구조하시기 전에 먼저 선지자를 보내 죄를 지적하신다. 왜냐하면 백성이 후회할 뿐, 회개하지 않았기 때문이다. 성경은 그 두 가지를 분명히 구별한다. "하나님의 뜻대로 하는 근심은 후회할 것이 없는 구원에 이르게 하는 회개를 이루는 것이요 세상 근심은 사망을 이루는 것이니라"(고후 7:10). 둘 다 매우 깊은 슬픔과 고통이라는 특징을 갖는다. 그러나 완전히 다르다. 첫째로, '세상적인' 슬픔이나 후회는 진정한 변화를 일으키지 않는다. 반면에 회개는 그렇게 한다. 왜 그런가? 후회는 죄의 결과에 대한 슬픔일 뿐, 죄 자체에 대한 슬픔은 아니기 때문이다. 나쁜 결과가 없다면, 슬퍼하지도 않을 것이다. 죄가 무엇이며, 어떻게 하나님을 슬프시게 하고 우리와 하나님의 관계를 훼손하는지에 대한 슬픔이 후회에는 없다. 후회의 초점은 수평적, 즉 '세속적'일 뿐이고, 전혀 수직적이 아니다. 즉 후회는 죄가 하나님과의 관계에 어떤 영향을 주는지에 초점을 맞추지 않는다. 그러므로 결과가 사라지면, 즉시 행동이 되살아난다. 마음이 죄를 혐오하지 않으므로 죄가 여전히 뿌리를 박고 있다.

둘째로, '세상적인' 슬픔에는 후회가 계속 남아 있는 반면에, 회개는 과거에 대한 모든 후회를 제거한다. 왜 그런가? 진정한 회개는 죄의 유일하게 진정하고 영구적인 결과인 주님의 '상실'에 초점을 맞추기 때문이다. 회개는 항상 우리로 하여금 일어난 일을 받아들이고 '그냥 지나가게' 해 준다. 하나님이 우리를 용서하셨고 우리가 하나님을 '잃지' 않았다는 것을 깨달을 때, 땅의 결과들은 비교적 작게 느껴진다. "나는 일어난 일보다 훨씬 더 심한 결과를 겪었어야 마땅해. 진짜 처벌은 예수님이 당하셨고, 나에게 임하지 않을 거야."

진정으로 회개하고 하나님과의 관계가 회복되고 나면, 우리 자신을 미워하지 않고, 우리의 삶을 싫어하지 않는다. 만일 위로를 거절하는 사람이 있다면, 그들이 하나님 대신 다른 것을 그들의 진짜 신과 구원자로 삼았다는 것을 의미한다(예를 들면 돈, 친구, 직업, 가정 등). 바로 이러한 것이 우상이다. 그러므로 그것의 상실이 치유되려면, 그것을 우상의 자리에서 내쫓지 않고는 불가능하다.

후회는 '우리'에 초점을 맞춘다. 내가 어떻게 상처를 받았는가, 내 삶이 어떻게 망했는가, 내 마음이 어떻게 아픈가 등등. 그러나 회개는 하나님께 초점을 맞춘다. 하나님이 어떻게 슬퍼하셨나, 하나님의 창조자와 구속자 되심이 어떻게 짓밟혀졌는가, 하나님의 반복적인 구원의 역사를 우리가 어떻게 소홀히 여기고 이용했는가 등등.

우리는 이스라엘 백성이 우상숭배자라는 것을 안다. 그

들의 부르짖음에 대한 하나님의 응답은 그들이 잃어버린 것에 대해 후회하고 그것이 회복되기를 원하지만, 우상숭배를 회개하지는 않았다는 것을 보여 준다. 하나님이 그들에게 하나님의 선지자를 보내신 목적은 그들을 후회를 넘어서서 회개로 이끄시려는 것이다.

우리는 여기서 무엇을 배울 수 있는가? 많은 것을 배울 수 있다! 가장 중요한 것은 우리가 정말로 애석하게 여기는 것이 무엇인지 살펴봐야 한다는 것이다. 우리 삶 속의 죄의 결과인가, 아니면 죄 자체인가? 우상이 제공하던 쾌락의 상실인가, 아니면 하나님과 우리의 관계의 손상인가? 그 외의 다른 두 가지 함축 의미도 있다.

- 우리는 하나님의 말씀에 귀 기울여야 한다. 흥미로운 점은 사람들이 극적인 기적을 달라고 부르짖었을 때, 하나님이 그들에게 설교, 즉 하나님 말씀의 강해를 보내셨다는 것이다. 성경 공부를 피해 갈 방법은 없다. 거기서 우리는 우리가 누구인지 배운다. 그것은 하나님이 우리 삶에 영적 갱신을 이루시는 수단이다.

- 우리는 그리스도인으로서 성숙해가는 도상에서 정상적으로 트랙을 도는 것과 '정체 상태'를 구별할 줄 알아야 한다. 정체상태는 같은 자리를 반복해서 돌 뿐, 발전이 이뤄지지 않고 있음을 나타낸다. 동일한 영적

구덩이에 계속 빠지면서 빠지는 횟수나 정도가 줄어들지 않는다면, 당신은 회개가 아니라 후회의 반응을 보이고 있는 것일 수 있다. 다시 말해서, 당신의 죄로 인해 생긴 곤란 때문에 단순히 후회할 뿐이고, 그 죄 아래 있는 우상을 파악하여 거절하려 하지 않는 것이다. 그 죄는 아직도 당신에게 여전히 매력적이다. 이런 면의 큰 문제는 자신의 마음을 올바로 보기가 어렵다는 것이다. 발전하지 않고 있는 많은 사람들이 자기는 그렇지 않다고 느낀다. 발전하지 않고 있는 많은 사람들이 그 사실을 부인한다. 그래서 우리는 이를 분별하도록 우리를 도와줄 몇몇의 강건한 그리스도인 친구와 그리스도인 리더가 필요하다.

## :: 회개 전에 먼저 은혜

이스라엘이 회개의 반응을 보이는가? 그런 징후는 없다! 사사기 6장 11절에는 백성의 진심어린 회개, 우상들을 불태우기 등등이 나오지 않는다. 그 대신 "여호와의 사자가 … 이르러 … 앉으니라 마침 요아스의 아들 기드온이 미디안 사람에

---

11 여호와의 사자가 아비에셀 사람 요아스에게 속한 오브라에 이르러 상수리나무 아래에 앉으니라 마침 요아스의 아들 기드온이 미디안 사람에게 알리지 아니하려 하여 밀을 포도주 틀에서 타작하더니

게 알리지 아니하려 하여 밀을 포도주 틀에서 타작하고 있었다." 이는 이스라엘 사람들이 얼마나 두려움 아래서 일하고 있었는지 매우 잘 보여 주는 구체적 장면이다. 백성이 회개하지 않았음에도 불구하고, 하나님이 그의 사사에게 임무를 부여하신다. 하나님은 우리를 구원하기 시작하시기 전에 우리가 회개하기를 기다리지 않으신다. "우리가 아직 죄인 되었을 때에 그리스도께서 우리를 위하여 죽으셨다"(롬 5:8). 하나님은 우리가 회개하기 때문에 우리를 구원하기 시작하지 않으신다. 우리가 회개하는 것은 하나님이 그의 아들의 외적 역사와 성령의 내적 역사를 통해 우리 안에 구원의 역사를 시작하셨기 때문이다.

　　이 구절들은 하나님이 우리보다 거룩하실 뿐 아니라 우리보다 자비로우시다는 놀라운 진리를 우리에게 보여 준다. 하나님은 도움을 구하는 부르짖음에 응답하여 한 선지자를 보내서서 그들의 죄가 무엇인지 말하게 하시고, 왜 그들이 그런 난관에 봉착했는지 설명하게 하신다. 자비를 간청하는 사람에게 우리가 흔히 보일 반응보다 훨씬 더 심한 반응이다. 하지만 만일 누군가가 계속 강에 빠져 죽을 뻔하기를 반복하고 있다면, 강둑을 그렇게 아슬아슬하게 걷는 것은 어리석다고 지적해 주는 것이 사랑일 것이다! 하나님은 백성이 진정으로 회개했다는 증거가 없음에도 불구하고 적극적으로 행하신다. 하나님은 하나님의 구원자를 모집하고 준비시키신다. 만일 누가 우리에게 계속 상처를 주면서 멈출 기미를 보이지 않는다면, 우리는 어떻게 하겠는가? 우리가 그런 사람에게 보일 반응보다 훨씬 더 은혜로운 하나님의 반응이다.

하나님은 그의 거룩하심이나 그의 은혜를 결코 타협하지 않으실 것이다. 그러나 종종 우리는 둘 중의 하나를 희생시키는 대가로 다른 하나만 강조하곤 한다. '이런 짓을 했으니 하나님은 나나 그들을 절대로 받아들이지 않으실 거야'라거나 '하나님은 순수한 사랑이시므로 누구든 상관없이 모든 사람을 받아주실 거야.' 혹은 우리는 일상의 경험 속에서 항상 둘 사이를 왔다 갔다 한다. 하나님의 완전한 기준과 하나님의 끝없는 긍휼 둘 모두를 통합시켜 누리는 방법은 그리스도의 십자가를 더 깊이 붙잡는 것이다. 십자가에서 그 둘이 영광스럽게 만나고 있다.


:: 하나님이 우리와 함께 계신다면, 왜?

6장 나머지는 세 부분으로 이뤄진다. 기드온과 여호와의 사자의 대화, 제단의 건축과 파괴, 기드온과 하나님의 대화다.

첫 번째 대화는 이스라엘의 문제와 기드온의 능력에 대한 두 가지 다른 관점과 관련된다.

"여호와께서 너와 함께 계시도다"(삿 6:12)라고 천사가 대화를 시작하며 확신을 주자, 기드온이 그렇지 않다고 대답한다! 기드온의 주장은 이렇다.

"하나님은 분명히 우리와 함께 계시지 않는다. 왜냐하면
하나님이 우리를 미디안의 손에 넘겨주셨고 우리의 조상들을
구하신 것처럼 우리를 구하지 않으셨기 때문이다." 물론 우리
는 하나님이 그들을 버리지 않으셨기 때문에 그들을 미디안의
손에 넘기셨고, 그들의 상황 속에 역사하셔서 우상숭배의 빈
곤을 보여 주시며, 그들이 회개해 구해 달라고 하나님께 부르
짖게 하셨다는 것을 안다. 9-10절에서 하나님의 메시지의 요
지가 하나님의 선지자를 통해 이미 분명히 전달되었다. "나는
너희를 버리지 않았다. 너희가 나를 버렸다." 애굽 스타일의 구
조자, 즉 또 다른 모세가 필요하다는 기드온의 은연중의 제안
에 이제 하나님이 대답하신다. "네가 내가 보내는 구원이다. 네
가 나의 용사다(12절). 네가 이 세대의 내 백성을 위한 모세다."

우리도 기드온이 저지른 두 가지 실수를 저지르기 쉽다!
첫째로, 우리는 우리의 곤란을 하나님이 우리를 떠나셨다는
증거로 보는 경향이 있고, 하나님이 약속하신 대로, 어떻게 그
곤란들 안에서, 그리고 그 곤란들을 통해서 우리에게 유익하
도록 역사하실 것인지(롬 8:28) 여쭤 보지 않는다. 둘째로, 우리
는 종종 하나님이 우리에게, 혹은 우리를 위해 뭔가 해 주시기
를 기다리거나, 왜 하나님이 어떤 사람을 사용하셔서 도와주

---

12 여호와의 사자가 기드온에게 나타나 이르되 큰 용사여 여호와께서 너와 함께 계시
도다 하매

118

시지 않는지 의문을 품는다. 요컨대 우리는 이렇게 말한다. "주님, 왜 이 문제를 제거해 주지 않으세요?" 그러면서 이렇게 말하지 않는다. "주여, 저를 이 문제를 해결할 사람으로 만들어 주세요."

하나님이 기드온에게 기드온이야말로 "이스라엘을 미디안의 손에서 구원하라고"(삿 6:14) 보냄 받은 사람이라고 말씀하신다. "내가 너를 보낸 것이 아니냐"(삿 6:14) 이것을 듣고 기드온은 두 번째 '이의'를 제기한다. 그는 "나는 내 아버지 집에서 가장 작은 자니이다"(15절)라고 이의를 제기한다. 그는 이스라엘의 별 볼 일 없는 지파의 가장 약한 가문에서 사회경제적으로 가장 가난한 구성원이었다. "(그가) 무엇으로 이스라엘을 구원하겠는가?"(15절).

그러나 천사는 이미 딱 짚어서 기드온을 "큰 용사"라고 불렀다(12절). 왜 그런가? 기드온은 두려워서 포도주 틀 안에 숨어서 자기의 밀을 타작하는 유형의 사람이었다! 어떤 사람들은 하나님이 기드온을 조롱하고 계신다고 생각한다. 그 포

---

13 기드온이 그에게 대답하되 오 나의 주여 여호와께서 우리와 함께 계시면 어찌하여 이 모든 일이 우리에게 일어났나이까 또 우리 조상들이 일찍이 우리에게 이르기를 여호와께서 우리를 애굽에서 올라오게 하신 것이 아니냐 한 그 모든 이적이 어디 있나이까 이제 여호와께서 우리를 버리사 미디안의 손에 우리를 넘겨 주셨나이다 하니 14 여호와께서 그를 향하여 이르시되 너는 가서 이 너의 힘으로 이스라엘을 미디안의 손에서 구원하라 내가 너를 보낸 것이 아니냐 하시니라 15 그러나 기드온이 그에게 대답하되 오 주여 내가 무엇으로 이스라엘을 구원하리이까 보소서 나의 집은 므낫세 중에 극히 약하고 나는 내 아버지 집에서 가장 작은 자니이다 하니

도주 틀 안에 쭈그리고 있는 것은 두려움을 모르는 용사의 행동이라고 보기 어렵다! 다른 사람들은 기드온이 일부러 겸손한 척 하거나(누구? 나? 아니야, 어떻게 내가!) 자신이 가진 큰 잠재력을 깨닫지 못했다고 말한다.

그러나 그 모든 것들은 하나님의 능력이나 하나님의 말씀을 중시하지 못하는 생각들이다. 하나님이 기드온더러 큰 용사라고 하시면, 그는 큰 용사다. 그는 자신의 능력을 사용해야 한다(14절). 그러나 기드온의 잠재력만으로는 (그 잠재력을 깨달았든 아니든) 충분하지 않다. "내가 너를 보낸다. … 내가 반드시 너와 함께 하리라"(14, 16절)는 사실을 아는 것과 결부되어야 한다. 기드온이 자신이 이스라엘을 구원할 수 없다고 한 말은 맞다. 그 자신의 힘으로는 할 수 없다. 그러나 기드온이 이스라엘을 구원할 것이라는 하나님의 말씀도 맞다. 기드온 자신의 힘과 더불어, 하나님이 이 임무에 그를 부르셨고, 하나님이 이 임무 중에 기드온과 함께하신다는 것을 안다면 말이다. 오늘날 하나님의 백성으로서 우리도 하나님이 우리를 부르신 섬김의 영역에서 동일한 태도를 가져야 한다.

---

16 여호와께서 그에게 이르시되 내가 반드시 너와 함께 하리니 네가 미디안 사람 치기를 한 사람을 치듯 하리라 하시니라 17 기드온이 그에게 대답하되 만일 내가 주께 은혜를 얻었사오면 나와 말씀하신 이가 주 되시는 표징을 내게 보이소서 18 내가 예물을 가지고 다시 주께로 와서 그것을 주 앞에 드리기까지 이 곳을 떠나지 마시기를 원하나이다 하니 그가 이르되 내가 너 돌아올 때까지 머무르리라 하니라

:: 여호와의 사자, 그는 누구인가?

여기서 멈추고 질문해 볼 충분한 가치가 있다. 여호와의 사자가 정확하게 누구인가? 우리는 그 사자를 사사기에서 여러 번 만나고(2:1-3, 13:3-21, 여기), 구약 전체를 통해 만난다(예: 창 18, 출 3, 34, 수 5:13-15). 외모 면에서는, 여호와의 사자가 그렇게 특별하지 않았던 것 같다. 사사기 6장 21절의 기적 전까지, 기드온은 그가 신적 존재라고 확신하지 않았다. 그러므로 그는 매우 인간처럼 보이는 존재였다. 그러나 그 천사가 누구인지에 대한 성경의 묘사에는 큰 신비와 '긴장'이 있다.

한편으로는 "여호와의 사자가 … 이르되"(12, 20절)라고 한다. 그러나 또한 "여호와께서 이르시되"라고도 한다(14, 16, 18절). 그렇다면 아마도 사자는 하나의 의사소통 채널이고, 일종의 하나님이 쓰시는 스피커폰인 것인가?! 그러나 그 다음에 우리는 14절에 부딪힌다. "여호와께서 그를 향하여 이르시되…."

주목할 만하고도 혼란스럽다! 이 존재는 여호와의 사자일 뿐 아니라, 여호와다. 무슨 의미인가? 구약의 신비 중 하나로서 신약 없이는 이해할 수 없는 것이다. 만일 한 하나님이 계시다면, 어떻게 하나님이 보이는 존재를 하늘에서 보낸 동

---

19 기드온이 가서 염소 새끼 하나를 준비하고 가루 한 에바로 무교병을 만들고 고기를 소쿠리에 담고 국을 양푼에 담아 상수리나무 아래 그에게로 가져다가 드리매 20 하나님의 사자가 그에게 이르되 고기와 무교병을 가져다가 이 바위 위에 놓고 국을 부으라 하니 기드온이 그대로 하니라 21 여호와의 사자가 손에 잡은 지팡이 끝을 내밀어 고기와 무교병에 대니 불이 바위에서 나와 고기와 무교병을 살랐고 여호와의 사자는 떠나서 보이지 아니한지라

시에, 하나님이 바로 그 보이는 존재일 수 있는가? 만일 단순히 하나님이 인간의 형체로 나타나신 것이라면, 왜 그냥 여호와라고 하지 않고, 또한 여호와께서 보내셨다고 하는가? '사자'라는 단어는 보냄 받은 메신저를 의미한다.

타당성이 있는 유일한 설명은 이렇다. 이는 우리의 한 하나님이 다중 위격을 가지신다는 징후이다. 삼위일체에 대한 깊은 힌트다. 이 존재를 아들 하나님으로 볼 타당한 이유가 있다. 그 당시에조차, 그의 관심사는 그의 사람들에게 구원과 평화를 주시는 것이었다.


:: 두 개의 제단

여호와의 사자가 창조되지 않은 신적 존재라는 마지막 증거는 그에 대한 기드온의 반응이다. 16절에서, "여호와께서 그에게 이르시되"라고 한다. 그러자 기드온은 "나와 말씀하신 이가 주 되시는 표징을 내게 보이소서"라고 "대답했다"(17절). 기드온은 "예물을 가지고 다시 주께로 와서 그것을 주 앞에 드리기" 원했다(18-20절). 그리고 나서 그 제물을 사자가 불사르고 사라졌다(21절).

이제 기드온은 누구와 얘기한 것인지 분명히 안다. "주

---

22 기드온이 그가 여호와의 사자인 줄을 알고 이르되 슬프도소이다 주 여호와여 내가 여호와의 사자를 대면하여 보았나이다 하니

122

여호와여 내가 여호와의 사자를 대면하여 보았나이다"(22절). 그 사자를 보면서, 기드온은 하나님을 친히 뵈었다. 그래서 하나님은 기드온이 죽지 않을 것이라고 말씀해 주셔야만 했다(23절).

기드온의 반응은 엄청난 감사다. 그는 거룩하신 하나님의 얼굴을 보았기 때문에 자기가 죽었어야 한다는 것을 알았다(출 33:20 참조). 그러나 또한 어떤 식으로, 어떻게 해서인지는 몰라도, 하나님이 은혜를 베푸셔서 기드온 자신이 하나님과의 평화 안에 있다는 것도 알았다. 그래서 "기드온이 여호와를 위하여 거기서 제단을 쌓고 그것을 여호와 살롬이라 하였다"(삿 6:24). 그는 이제 하나님이 하나님의 백성을 압제당하도록 버려 두셨다고 생각하지 않는다. 기드온은 하나님이 하나님의 백성과 함께하시며 하나님을 예배할 때 평화를 주신다고 생각한다.

기드온은 참된 구원의 하나님을 위한 제단을 쌓았다. 이제 그는 거짓 신을 섬기는 데 사용되는 제단을 무너뜨리고 여호와께 바쳐진 제단으로 교체해야 한다(25-26절). 그런데 그 제단은 기드온의 아버지의 것이었다.

---

23 여호와께서 그에게 이르시되 너는 안심하라 두려워하지 말라 죽지 아니하리라 하시니라 24 기드온이 여호와를 위하여 거기서 제단을 쌓고 그것을 여호와 살롬이라 하였더라 그것이 오늘까지 아비에셀 사람에게 속한 오브라에 있더라 25 그 날 밤에 여호와께서 기드온에게 이르시되 네 아버지에게 있는 수소 곧 칠 년 된 둘째 수소를 끌어 오고 네 아버지에게 있는 바알의 제단을 헐며 그 곁의 아세라 상을 찍고 26 또 이 산성 꼭대기에 네 하나님 여호와를 위하여 규례대로 한 제단을 쌓고 그 둘째 수소를 잡아 네가 찍은 아세라 나무로 번제를 드릴지니라 하시니라

기드온의 아버지 요아스가 가나안 신들(deities)을 숭배하기 위한 제단과 상을 가진 것은 놀랍지 않다. 요아스는 자녀들에게 출애굽에 대해, 그리고 조상을 구원한 여호와에 대해 분명히 가르쳤지만(13절), 바알과 아세라를 섬기는 것도 선택했다(25절). 이스라엘 백성은 우상을 섬기기 위해 하나님을 예배하는 것을 버리지 않았다. 그 대신 그들은 하나님을 예배하는 것을 우상숭배와 결합시켰다. 그들은 공식적으로 하나님을 예배했지만, 사실 그들의 삶은 (농부라면) 농업의 우상, 혹은 (사업을 한다면) 상업의 우상, 혹은 성과 미의 우상 등등을 중심으로 했다. 여기서 마이클 윌콕의 말은 인용할 가치가 있다.

인간의 본성이 변하지 않았기 때문에 신들도 변하지 않았다. 인간은 자신을 위해 이 신들을 정기적으로 재창조한다. 인간의 본성은 무엇을 원하는가? 무난한 것들로는 안전, 안락, 합리적 즐거움이 있다. 만일 야심이 큰다면, 권력, 부, 거침없는 쾌락의 탐닉을 원한다. 모든 시대마다, 우리의 욕망을 만족시켜 주겠다고 약속하며 작동하는 힘들이 있다. 정치 프로그램, 경제 이론, 직업, 철학, 생활양식, 오락 프로그램 등이며, 모두 한 가지 공통점을 갖는다. 우리 혼자 살아가는 것보다 우리 삶을 더 낫게 만들어 준다고 약속하지만, 동시에 우리가 조작하고 조종할 수 있어 보인다는 점이다. 그래서 우리가 독립성을 잃지 않으면서도 우리가 원하는 것을 얻을 수 있어 보인다. … 우리 중의 적은 이것이다. 우리는 여호와를 예배한다고 말하지만 … 세상이 우리 마음속으로 슬며시 기어들어와 우리를 지배한다. -《사사기의 메시지》

그들은 주변의 적들(미디안)을 물리치기 전에, 그들 중에 있는 적(가나안의 거짓 신들)을 물리쳐야 했다. 항상 우리 삶이 새로워지는 주된 방법이다. 하나님은 당신이 뚜렷하고 가시적인 문제들(돈 문제, 관계 문제 등등)로부터 벗어나도록 도와주지 않으실 것이다. 우리가 여호와 바로 옆에 두고 숭배하고 있는 우상들을 깨닫기 전까지는 말이다. 그것들이 먼저 제거되어야 한다.

여기서 기드온에게 하신 말씀의 핵심은 하나님을 삶의 모든 영역의 주로 모시라는 것이다. 우리는 행복의 요건으로 예수 그리스도 외에 아무것도 더하지 말아야 한다. 우리는 하나님을 우리가 정말로 원하는 것을 얻기 위해 사용하지 말아야 하고, 하나님을 우리가 정말로 원하는 분으로 보고 모셔야 한다.

기드온은 여호와의 임재로 힘을 그러모아 "여호와께서 그에게 말씀하신 대로 행했다"(27절). 비록 밤에 하긴 했지만 말이다. 그러자 사람들이 곧 반응했고, 기드온은 곧 끝장날 것 같았다(28-30절). 그러나 요아스가 자기 아들을 위해 일어섰다. 바알이 정말 신이라면 자기 일에 나설 것이라고 했다(31절). 마을 사람들은 기드온에게 "바알이 그와 더불어 다툴 것이라"는 별명을 붙여 줌으로써(32절), 이스라엘에서 계속 반복되는 중심 갈등을 의도하지 않게 지목했다. 즉 그들은 하나님이 택하신 해방자 리더를 따르는 것과 주변 나라들의 거짓 신들을 따르는 것 사이에서 늘 선택해야 했다. 여호와께서 사람들의 마음을 두고 바알과 싸울 것이며, 그러는 동시에 여호와의 영이 충만한 사사가 우상을 숭배하는 '동방 사람들'과 싸운다(33-35절).

:: 유명한 양털 이야기

기드온은 여전히 하나님의 부르심과 약속에 대해 확신하

---

27 이에 기드온이 종 열 사람을 데리고 여호와께서 그에게 말씀하신 대로 행하되 그의 아버지의 가문과 그 성읍 사람들을 두려워하므로 이 일을 감히 낮에 행하지 못하고 밤에 행하니라 28 그 성읍 사람들이 아침에 일찍이 일어나 본즉 바알의 제단이 파괴되었으며 그 곁의 아세라가 찍혔고 새로 쌓은 제단 위에 그 둘째 수소를 드렸는지라 29 서로 물어 이르되 이것이 누구의 소행인가 하고 그들이 캐어 물은 후에 이르되 요아스의 아들 기드온이 이를 행하였도다 하고 30 성읍 사람들이 요아스에게 이르되 네 아들을 끌어내라 그는 당연히 죽을지니 이는 바알의 제단을 파괴하고 그 곁의 아세라를 찍었음이니라 하니 31 요아스가 자기를 둘러선 모든 자에게 이르되 너희가 바알을 위하여 다투느냐 너희가 바알을 구원하겠느냐 그를 위하여 다투는 자는 아침까지 죽임을 당하리라 바알이 과연 신일진대 그의 제단을 파괴하였은즉 그가 자신을 위해 다툴 것이니라 하니라 32 그 날에 기드온을 여룹바알이라 불렀으니 이는 그가 바알의 제단을 파괴하였으므로 바알이 그와 더불어 다툴 것이라 함이었더라 33 그 때에 미디안과 아말렉과 동방 사람들이 다 함께 모여 요단 강을 건너와서 이스르엘 골짜기에 진을 친지라 34 여호와의 영이 기드온에게 임하시니 기드온이 나팔을 불매 아비에셀이 그의 뒤를 따라 부름을 받으니라 35 기드온이 또 사자들을 온 므낫세에 두루 보내매 그들도 모여서 그를 따르고 또 사자들을 아셀과 스불론과 납달리에 보내매 그 무리도 올라와 그를 영접하더라

지 못한다(36절). 그래서 기드온은 양털을 놔두고 마른 땅 위에 양털만 이슬에 젖게 하여 자신의 계획을 확증해 달라고 하나님께 구한다(37절). 그 다음에는 거꾸로 해 달라고 요청해서 하나님께 재확인을 부탁한다(39절). 둘 다 하나님이 해주신다(38, 40절). 많은 사람들은 기드온의 이 행동을 비판했다. 그러나 그렇게 잘못이고 죄라면, 왜 하나님이 응답하셨겠는가? 한편 또 어떤 사람들은 기드온의 이 행동을 모방했다. 그들은 말한다. "주님, 만일 제가 이 직장에 다니기 원하신다면, 오늘 거기서 전화가 오게 해 주세요."

그러나 우리는 조심해야 한다. 사탄이 예수님께 '표적'을 구하여 하나님을 '테스트'하라고 했을 때, 예수님은 마귀를 꾸짖으셨다(마 4:5-7). 그렇다면 기드온의 행동은 무엇인가?

기드온은 하나님이 (다른 신들처럼) 자연의 여러 힘들 중 하나가 아니라, 자연의 모든 힘들 위의 주권자이심을 보여 달라고 하나님께 매우 구체적으로 요청하고 있다. 그때 기드온은 결정을 내리기 위한 '작은 표적들'을 찾고 있었던 것이 아니었

---

36 기드온이 하나님께 여쭈되 주께서 이미 말씀하심 같이 내 손으로 이스라엘을 구원하시려거든 37 보소서 내가 양털 한 뭉치를 타작 마당에 두리니 만일 이슬이 양털에만 있고 주변 땅은 마르면 주께서 이미 말씀하심 같이 내 손으로 이스라엘을 구원하실 줄을 내가 알겠나이다 하였더니 38 그대로 된지라 이튿날 기드온이 일찍이 일어나서 양털을 가져다가 그 양털에서 이슬을 짜니 물이 그릇에 가득하더라 39 기드온이 또 하나님께 여쭈되 주여 내게 노하지 마옵소서 내가 이번만 말하리이다 구하옵나니 내게 이번만 양털로 시험하게 하소서 원하건대 양털만 마르고 그 주변 땅에는 다 이슬이 있게 하옵소서 하였더니 40 그 밤에 하나님이 그대로 행하시니 곧 양털만 마르고 그 주변 땅에는 다 이슬이 있었더라

다. 기드온은 하나님의 본성을 이해하기를 정말로 추구하고 있었다. 우리는 기드온이 성경이나 지금 우리가 가진 많은 '은혜의 수단들'(말씀, 세례, 성만찬, 그리스도인의 교제)을 갖지 않았다는 것을 기억해야 한다. 기드온은 자신의 믿음이 약하고 지식이 없는 부분들을 매우 구체적으로 다루고 있다.

우리는 이를 핑계 삼아 작은 표적과 징조를 구하는 것을 정당화할 수 없다. 기드온은 그렇게 하지 않았다. 기드온은 하나님이 정말로 누구신지 보여 주는 초자연적인 계시를 하나님으로부터 구하고 있다. 그러므로 결정 내리기에 대한 것이 아니다. 하나님이 누구신지에 대한 큰 그림을 보여 주시기를 구해야 한다는 말이다. 역사의 이 시대에 사는 우리는 예수 그리스도, 하나님의 아들을 안다는 면에서 기드온보다 유리하다. 예수 그리스도께서 그의 말씀으로 자신을 계시하셨기 때문이다. "옛적에 선지자들을 통하여 여러 부분과 여러 모양으로 우리 조상들에게 말씀하신 하나님이 이 모든 날 마지막에는 아들을 통하여 우리에게 말씀하셨다"(히 1:1-2).

기드온의 요청은 자신의 믿음을 세우도록 도와 달라는 것이었다. 그러자 하나님께서 하나님의 은혜로 두 번이나 응답하셨다. 우리가 똑같은 요청을 할 때도, 하나님이 은혜롭게 응답하신다. 그래서 하나님의 성품과 목적에 대한 가장 충만하고 최종적인 계시인 주 예수님을 우리에게 가리켜 주신다. 우리가 기드온처럼 하나님의 약속과 임재를 의심하고 있을 때, 다시 우리에게 하나님의 아들을 가리켜 달라고 간구할 수 있다. "내가 믿나이다. 나의 믿음 없는 것을 도와 주소서"(막 9:24). 기드온에게는 믿음의 확신이 필요했고, 기드온은 응답받았다. 하나님께서 우리에게도 똑같이 해 주실 것이다.

●

# 기드온, 지속적인 재확인을 하다

삿 7:1-25

●

일어나 진영으로 내려가라
내가 그것을 네 손에
넘겨 주었느니라

　　자랑하려고, 즉 우리 자신에게 영광 돌리려고 남들이나
우리 자신의 마음을 독려하는 것은 진정한 믿음과 반대되며
믿음을 떨어뜨린다. 오만, 즉 명예와 영광에 굶주린 것은 자랑
의 사촌이다. 성령을 덧입은 기드온이 하나님께 선택되어 이
스라엘을 이끌어 구원하려고 전쟁에 나갈 때, 하나님은 기드
온과 나머지 백성에게 누가 그 구원으로 인해 영광을 받기 합
당한지 가르쳐 주고자 하신다. 오늘날에도 우리가 하나님의
백성으로서 여전히 항상 배워야 할 교훈이다.


　　:: 더 적은 사람이 필요하다
　　기드온의 군대와 이스라엘을 7년 동안 압제해 온 미디안

의 군대가(6:1) 가까이 진을 치고 있다(7:1). 전투가 멀지 않았고, 이 시점에서 우리는 이스라엘이 적을 무찌르려면 모든 남자가 총동원되어야 할 것이라고 추정할 것이다.

그러나 하나님은 기드온이 더 많은 사람이 아니라, 더 적은 사람과 함께하기를 원하신다! "너를 따르는 백성이 너무 많은즉 내가 그들의 손에 미디안 사람을 넘겨주지 아니하리니"(2절). 어떤 병법서에도 나와 있지 않은 조언이다! 왜 하나님은 이스라엘 군대의 힘을 축소하려 하실까?

"이는 이스라엘이 나를 거슬러 스스로 자랑하기를 내 손이 나를 구원하였다 할까 함이니라"(2절). 하나님의 백성은 이 승리에 대해 하나님을 찬양하거나, 아니면 자신들을 찬양하거나 자랑할 것이다. 기드온은 그의 주 여호와 하나님께 영광을 돌리거나, 아니면 자신의 영광을 추구할 것이다. 인간의 본성은 그렇다. 우리 자신의 행위를 자랑할 미미한 기회라도 있으면, 우리는 그렇게 할 것이다.

하나님이 그러한 모든 자랑은 "나를 대적하는 것"이라고 말씀하시는 것에 주목하라. 우리 자신을 구조하거나 해방한 공로가 우리에게 있다고 믿기 시작하는 순간, 우리는 하나

---

7:1 여룹바알이라 하는 기드온과 그를 따르는 모든 백성이 일찍이 일어나 하롯 샘 곁에 진을 쳤고 미디안의 진영은 그들의 북쪽이요 모레 산 앞 골짜기에 있었더라 2 여호와께서 기드온에게 이르시되 너를 따르는 백성이 너무 많은즉 내가 그들의 손에 미디안 사람을 넘겨 주지 아니하리니 이는 이스라엘이 나를 거슬러 스스로 자랑하기를 내 손이 나를 구원하였다 할까 함이니라

님이 받아 마땅하신 영광을 가로채는 것이다. 그리고 우리 자신을 대안적 구원자로 내세우는 것이다. 이것이야말로 우리를 위협하는 최대의 영적 위험이다. 우리가 우리 자신을 구원할 수 있다거나 구원했다고 믿는 것이다. 우리가 항상 배워야 할 교훈은 구원은 하나님의 은혜의 역사에 의한 것이지, 우리의 행위로 획득하는 것이 아니라는 것이다.

하나님이 이스라엘 군대의 규모를 줄이신 것은 단순히 하나님이 그들을 통해 역사하셔서 승리하시려는 것이 아니었다. 하나님은 (삼손의 경우처럼) 한 사람을 통해서도, 아니면 (드보라와 바락의 군대의 경우처럼) 수천 명을 통해서도 승리하실 수 있으시다. 하나님은 군사의 숫자를 줄이신다. 왜냐하면 이뤄질 승리에 대한 찬양과 영광이 어디로 가야 하는지 이스라엘이 분명히 보기에는 사람이 '너무 많았기 때문'이다.

그래서 하나님께서는 기드온에게 싸울 사람들의 수를 두 가지 방법으로 줄이라고 말씀하신다. 집으로 보낸 첫 번째 그룹은 "두려워 떠는 자"였다(3절). 그들은 32,000명 중에서 22,000명으로, 3분의 2가 넘었다!

그들은 전쟁에 나가 싸울 마음이 없음을 공적으로 인정할 수 있었던 사람들이었다. 기드온이 하나님께 순종하여, 싸

---

3 이제 너는 백성의 귀에 외쳐 이르기를 누구든지 두려워 떠는 자는 길르앗 산을 떠나 돌아가라 하라 하시니 이에 돌아간 백성이 이만 이천 명이요 남은 자가 만 명이었더라

우기 두려운 자는 누구든 제외시켜 주겠다고 했을 때, 이는 심리적으로 훌륭한 선택 방법이었다. 전쟁 때문에 무섭지만, 인정하지 못한 사람들도 분명히 많이 있었을 것이다. 그러나 두려움을 공적으로 인정한 사람들은 실제 전투에서도 뒤로 물러설 가능성이 훨씬 더 크다.

그들을 집으로 돌려보낸 것이 좋다는 것은 실제적인 이유다. 두려움이 전염된다는 것을 사사기에서 자주 본다. 상당수의 군사가 겁에 질려 도망가면, 군대 전체의 결의가 흔들려 패배로 이어질 수 있다. 군대 규모가 줄어드는 것은 분명히 실망스럽지만, 그들을 보내는 것은 매우 합리적 처사였다. 군대의 사기를 염두에 둔 판단이었다. 이 경우, 하나님의 명령과 인간의 논리가 일치한다.

그러나 두 번째 그룹은 그런 경우가 아니다. 그들을 집으로 보낸 이유는 더 모호했다. "백성이 아직도 많으니"(4절)라고 여호와께서 기드온에게 말씀하셨다. "그들을 인도하여 물 가로 내려가라. 거기서 내가 너를 위하여 그들을 시험하리라"(4절). 기드온은 하나님의 선택을 철저히 따라야 했다. 다시 한

---

4 여호와께서 또 기드온에게 이르시되 백성이 아직도 많으니 그들을 인도하여 물 가로 내려가라 거기서 내가 너를 위하여 그들을 시험하리라 내가 누구를 가리켜 네게 이르기를 이 사람이 너와 함께 가리라 하면 그는 너와 함께 갈 것이요 내가 누구를 가리켜 네게 이르기를 이 사람은 너와 함께 가지 말 것이니라 하면 그는 가지 말 것이니라 하신지라 5 이에 백성을 인도하여 물 가에 내려가매 여호와께서 기드온에게 이르시되 누구든지 개가 핥는 것 같이 혀로 물을 핥는 자들을 너는 따로 세우고 또 누구든지 무릎을 꿇고 마시는 자들도 그와 같이 하라 하시더니 6 손으로 움켜 입에 대고 핥는 자의 수는 삼백 명이요 그 외의 백성은 다 무릎을 꿇고 물을 마신지라

번, 기드온은 순종하여, 무릎 꿇고 입을 물에 대고 마신 9,700명을 손을 사용해 물을 떠 마신 300명과 구별했다(5-6절).

그래서 손으로 물을 떠 마신 300명만 남게 되었다. 이 소수만으로 "너희를 구원하며 미디안을 네 손에 넘겨주리니"(7절)라고 하셨다. "기드온이 이스라엘 모든 백성을 각각 그의 장막으로 돌려보내고 그 삼백 명은 머물게 했다"(8절). 기드온이 그 날을 시작할 때는 32,000명이 그의 뒤에 있었다. 이제는 300명이 되었다. 99퍼센트 넘게 줄어들었다!

3-8절에서 기드온이 얼마나 큰 믿음을 보여 주는지 주목하라. 그는 숫자가 아니라 하나님을 신뢰했다. 바로 그의 그런 믿음을 히브리서 11장 32-34절에서 칭찬한다.

"기드온의 일을 (다) 말하려면 내게 시간이 부족하리로다. 그들은 믿음으로 나라들을 이기기도 하며 … 연약한 가운데서 강하게 되기도 하며 전쟁에 용감하게 되어 이방 사람들의 진을 물리치기도 하며."

왜 하나님이 '물 마시는' 테스트를 하셨는지에 대해 사람들의 의견이 갈린다. 흔히 사람들은 300명이 더 기민하고 주의를 기울였다고 결론을 내린다. 그들은 무기를 붙잡고 발로 서

---

7 여호와께서 기드온에게 이르시되 내가 이 물을 핥아 먹은 삼백 명으로 너희를 구원하며 미디안을 네 손에 넘겨 주리니 남은 백성은 각각 자기의 처소로 돌아갈 것이니라 하시니 8 이에 백성이 양식과 나팔을 손에 든지라 기드온이 이스라엘 모든 백성을 각각 그의 장막으로 돌려보내고 그 삼백 명은 머물게 하니라 미디안 진영은 그 아래 골짜기 가운데에 있었더라

있었던 반면에 다른 사람들은 무방비 상태로 물을 마셨다고 종종 추정한다.

그러나 사실 억측이다. 이 테스트는 무기를 붙잡고 있는지에 대해서 아무 말도 하지 않는다. 첫 번째로 수를 줄인 것은 군사의 질에 관련되지만, 두 번째는 그렇지 않다.

궁극적으로, 두 번의 감축은 모두 "이스라엘이 나를 거슬러 스스로 자랑하기를 내 손이 나를 구원하였다 할까 함이니라"(2절)는 이유였다. 기드온이 나중에 뒤돌아볼 때 이렇게 생각되어야 했다. '이 승리는 하나님의 것이지, 나의 것이 아니야. 나의 역할은 하나님을 신뢰하고 순종하는 것뿐이었어. 영광은 하나님의 것이고, 나는 이 일에 사용되었다는 특권에 감사할 뿐이야.' 300명도 전투 후에 그렇게 말할 수 있어야 했다. '우리처럼 작은 수로 이기는 건 불가능했어. 이 승리는 하나님이 주신 게 분명해. 영광은 하나님이 받으셔야 하고, 우리는 하나님이 하시는 일에 참여하도록 허락된 것이 특권일 뿐이야.' 그리고 나머지 이스라엘 사람들은 이렇게 생각해야 했다. '나는 거기 있지도 않았어! 나는 아무것도 안 했는데 하나님이 나를 구하셨어. 하나님을 찬양해!'

우리는 사사기와 성경 전체에 끊임없이 나타나는 구원의 원리를 본다. 하나님은 예상되는 수단이나 힘을 통해 구원하시지 않는다. 대부분의 사사들은 그럴 것 같아 보이지 않는 사람들이며, 사사기에 나타난 승리들은 세상 논리의 허를 찌른다. 기드온은 약한 지파의 약한 가문 출신이며, 소수의 사람들을 데리고 미디안에 맞서야 했다.

이 원리를 적용하는 또 다른 방법이 고린도후서 12장 7-9절에 있다. 바울은 하늘의 환상을 보는 특권을 누렸지만(2-6절), "내 육체에 가시 곧 사탄의 사자"로 인해 고통을 당했다(7절). 바울은 "이것이 내게서 떠나가게 하기 위하여 내가 세 번 주께 간구하였지만" 주께서는 그 대신 그 '가시'를 남겨 두셔서 바울의 신체적 건강을 가져가셨다.

왜일까? "이는 나(바울)를 쳐서 너무 자만하지 않게 하려 하심이었다." 그럼으로써 바울이 자신의 영광에 굶주려하지 않고, 자신의 힘을 자랑하지 않게 하려는 것이었다. 그 대신, 바울은 하나님이 기드온에게 배우게 하신 것을 배웠다.

"내 은혜가 네게 족하도다. 이는 내 능력이 약한 데서 온전하여짐이라"(9절).

바울의 반응은 절대적 신뢰, 그리고 자만과 반대되는 겸손이었다. "그러므로 도리어 … 나의 여러 약한 것들에 대하여 자랑하리니 이는 그리스도의 능력이 내게 머물게 하려 함이라. … 이는 내가 약한 그 때에 강함이라"(9-10절). 다시 말해서, 바울은 이렇게 말하고 있다. "내가 얼마나 약한지 보라. 이뤄진 모든 것은 하나님이 이루신 것이다. 하나님이 나를 통해 얼마나 강하게 역사하실 수 있는지 보라! 하나님을 찬양하라!"

하나님은 단지 우리의 연약함에도 불구하고 역사하시는 것이 아니라, 우리의 연약함 때문에 역사하신다. 하나님의 구원 능력은 우리가 강하거나 강하다고 생각할 때가 아니라, 우리가 약하고, 약하다는 것을 알 때 역사한다고 바울은 말한다.

실제적으로 어떻게 역사하는가? 첫째로, 이 원리는 구원의 기반이 된다. 우리 자신이 선하거나 능력이 있다고 생각하면 구원받을 수 없다. 하나님의 구원의 능력은 우리 자신 안에는 가치나 선이 없다고 인정할 때만 우리에게 역사한다.

둘째로, 이 원리는 회개가 어떻게 이뤄지는지 설명한다. 역설적으로 하나님 앞에서 우리의 실패에 대해 회개하고 슬퍼할 때, 우리 자신의 약함을 알 때만, 하나님의 사랑과 은혜가 우리에게 더 소중해지고 생생해진다. 만일 누가 당신에게 "내가 당신의 요금 한 달 치를 내줬어요"라고 한다면, 얼마나 큰 항목을 지불해 줬는지 알기 전까지는 얼마나 기뻐해야 할지 알 수 없다. 큰 항목이라는 것을 알수록, 당신의 기쁨도 커질 것이다. 마찬가지로 우리의 약함을 아는 만큼, 하나님의 은혜와 사랑을 아는 것이 우리의 힘이 된다. 주 예수님께서 지적하셨듯이, 용서받은 것이 적다고 생각하는 사람은 용서해 준 분에 대한 사랑이 별로 없을 것이다(눅 7:47).

셋째로, 이 원리는 우리가 그리스도인으로서 성장하는

방법이 어떤 것인지 설명해 준다. 우리에게 문제가 생기는 것은 좋은 것들이 우리에게 너무 중요해졌기 때문이다. 분노, 두려움, 실망이 생기는 것은 '우상들' 때문이다. 좋은 것들이지만, 우리를 정말로 구원해 주고 우리를 가치 있게 할 것이라고 정서적으로 느끼기 때문이다. 그 우상들이 위협받거나 제거될 때만 우리는 돌아서서 우리의 안전과 의미를 여호와 안에서 찾는다. 덕분에 우리는 안정되고 깊이 있어진다. 이 원리가 이 이야기 속에 완벽하게 반영되고 있다.

기드온과 온 이스라엘은 군사력에 자신감의 근거를 두려는 유혹을 받을 수 있었지만, 하나님께서 군사력을 사실상 전부 제거하고 승리하게 하셔서 그들이 하나님을 새롭게 신뢰하도록 이끄셨다. 그들이 미디안의 거대한 무리와 싸울 준비를 하며 주변의 동료 300명을 볼 때, 분명히 극도의 연약함을 느꼈을 것이다! 그들이 어떻게 전투에 나가겠는가? 그들은 약하지만, 하나님은 가장 큰 군대보다 더 강하시다는 것을 알기 때문이다.

:: 보리떡

이제 300명이 전투에 나갈 때가 되었는가?! 아직 아니다. 하나님께서 기드온에게 다시 말씀하신다. 그러나 이번 목적은 기드온의 자기애 가능성 제거가 아니라, 기드온에게 승리의 확신을 주시려는 것이었다.

다시 하나님께서 기드온에게 말씀하신다. "내가 그것을 네 손에 넘겨주었느니라"(삿 7:9). 그리고 온 우주의 왕께서 이렇게도 사려 깊게 말씀하셨다. "만일 네가 내려가기를 두려워하거든 … 그 진영으로 내려가서 그들이 하는 말을 들으라. 그후에 네 손이 강하여져서 그 진영으로 내려가리라"(10-11절).

처음에 내려가서 기드온이 본 것은 무서웠다! 미디안과 그 동맹군들이 "메뚜기의 많은 수와 같았다." 그들의 낙타는 그들이 이스라엘을 강압적으로 복속시키는 데 사용해 온 동물인데 "수가 많아 해변의 모래가 많음 같았다"(12절). 어떻게 기드온이 이것을 보고 300명으로 공격하려는 용기가 나겠는가?!

그러나 하나님이 기드온을 적의 진영으로 보내셨을 때, "어떤 사람이 그의 친구에게 꿈을 말하고 있었다"(13절). 그 꿈에서 보리떡 한 덩어리가 미디안 장막을 엄청난 힘으로 쳐서 미디안의 장막이 무너졌다. 물론 어불성설이었다. 보리떡에 장

---

9 그 밤에 여호와께서 기드온에게 이르시되 일어나 진영으로 내려가라 내가 그것을 네 손에 넘겨 주었느니라 10 만일 네가 내려가기를 두려워하거든 네 부하 부라와 함께 그 진영으로 내려가서 11 그들이 하는 말을 들으라 그 후에 네 손이 강하여져서 그 진영으로 내려가리라 하시니 기드온이 이에 그의 부하 부라와 함께 군대가 있는 진영 근처로 내려간즉 12 미디안과 아말렉과 동방의 모든 사람들이 골짜기에 누웠는데 메뚜기의 많은 수 같고 그들의 낙타의 수가 많아 해변의 모래가 많음 같은지라 13 기드온이 그 곳에 이른즉 어떤 사람이 그의 친구에게 꿈을 말하여 이르기를 보라 내가 한 꿈을 꾸었는데 꿈에 보리떡 한 덩어리가 미디안 진영으로 굴러 들어와 한 장막에 이르러 그것을 쳐서 무너뜨려 위쪽으로 엎으니 그 장막이 쓰러지더라

막이 무너질까 봐 염려하는 사람은 아무도 없다. 미디안도 8년 동안 무력으로 복속시켜 온 나라, 이스라엘의 군사 37,000명에 대해 걱정하지 않았다.

여하튼 꿈의 내용이 그랬는데, "그의 친구가 대답하여 이르되 이는 다른 것이 아니라 이스라엘 사람 요아스의 아들 기드온의 칼이라. 하나님이 미디안과 그 모든 진영을 그의 손에 넘겨주셨느니라"라고 했다(14절).

우리가 약하다는 것을 아는 한편, 하나님은 강하시다는 것을 기억해야 한다. 또 우리를 대적하는 것들이 겉보기만큼 강하지 않다는 것을 상기해야 한다. 사탄은 강제로 우리를 죄 짓게 할 수 없다. 우상의 힘은 꺾일 수 있다. 우리를 조롱하고 핍박하는 사람들은 겉으로는 자신 있어 보이지만, 그 이면의 내면에는 갈등과 깨짐이 있는 경우가 많다.

하나님이 기드온에게 그것을 볼 기회를 은혜롭게 내려주신다. "메뚜기의 많은 수와 같은" 이 거대한 군대의 갑옷 속에는 덜덜 떠는 마음들이 있었다. 그들이 아는 것을 기드온도 이제야 확신하게 되었다. "하나님이 미디안과 그 모든 진영을 그의 손에 넘겨주셨다."

---

14 그의 친구가 대답하여 이르되 이는 다른 것이 아니라 이스라엘 사람 요아스의 아들 기드온의 칼이라 하나님이 미디안과 그 모든 진영을 그의 손에 넘겨 주셨느니라 하더라

:: 재확신을 주시는 하나님

이에 대한 기드온의 반응은 하나님을 예배하는 것이었다(15절). 하나님께서 모든 면으로 기드온보다 앞서가며 예비하셨다. 기드온은 하나님을 찬양하기만 하면 되었다. 하나님이 승리를 주신다는 신뢰가 그의 행동을 촉발했다. "일어나라. 여호와께서 미디안과 그 모든 진영을 너희 손에 넘겨주셨느니라"(15절).

이 사건이 우리 그리스도인의 삶에 대해 무엇을 말해 주는가? 첫째로, 하나님은 다시 확신시켜 주시는 일에 능하시다. 하나님은 그런 면에 주도적이시다. 기드온은 떨고 있는 적의 진영에 갔다 올 필요가 있었다. 그래야 기드온이 하나님을 예배하고 신뢰하고 공격할 수 있었다. 그러나 기드온이 하나님께 요청한 것이 아니었다.

하나님이 적극적으로 나서서 하나님의 사람들에게 다시 확신을 주신다. 예를 들어서, 요한일서 전체는 "우리가 그를 안다는 것을 알도록" 우리에게 확신을 주기 위해 쓰였다. 성령께서 우리 안에 역사하셔서 우리가 하나님의 자녀라는 확신을 주신다(롬 8:16).

좋은 남편은 아내에게 이렇게 상기시킨다. "나는 당신을 사랑하고, 당신을 위해 옆에 있어." 특히 어려운 때일수록 그것

---

15 기드온이 그 꿈과 해몽하는 말을 듣고 경배하며 이스라엘 진영으로 돌아와 이르되 일어나라 여호와께서 미디안과 그 모든 진영을 너희 손에 넘겨 주셨느니라 하고

을 재확신시켜 주어야 하며 절대로 "당신에게 헌신한다고 결혼식 날 말했잖아. 그러니 내가 당신을 사랑한다는 걸 당연히 알아야지!"라고 하지 말아야 한다. 만일 당신이 누구를 사랑하면, 당신의 사랑을 확신시키려 한다. 하나님도 마찬가지시다.

그러나 유의할 점이 있다. 확신을 얻는 과정 중에 하나님이 우리에게 위험을 감수하라고 하실 수도 있다. 적진으로 들어가는 것은 기드온과 그의 부하에게 위험했다. 그러나 거기서 하나님께서 기드온에게 확신을 주시고 예배하도록 이끄시고 행동하도록 분발시키신다. 하나님이 우리에게 시키신 것을 우리가 할 때, 하나님이 우리에게 필요한 것을 주시는 경우가 많다.

예수님께서 제자들에게 "가서 모든 민족으로 제자를 삼아"(마 28:19)라고 명령하셨다. 그러고 나서 약속하셨다. "내가 너희와 항상 함께하리라" 바울은 그의 교회들을 성숙하게 하려고 열심히 일했다. 바울이 "이를 위하여 수고하며" 열심히 오래 일하고, 자주 고투를 벌일 때, "내 속에서 능력으로 역사하시는 이의 역사"를 발견했다(골 1:29).

우리와 함께하시는 하나님의 임재와 우리를 위한 하나님의 능력에 대하여 확신이 없다면, 위험을 감수하며 하나님께 순종하여 담대한 일을 하지 않았기 때문일 수 있다. 믿음으로 발걸음을 내딛으면 그 자리에서 하나님을 발견하게 되지만, 우리는 잘하지 못한다.

우리도 기드온처럼 반복해서 확신해야 한다. 기드온은 반복되는 교훈 없이는 하나님의 임재, 인도, 능력에 대한 많은 확증 없이는 그의 에너지를 유지할 수 없었다. 기드온의 이야기를 '압축'해 볼 때 드는 인상은 기드온이 매우 약하다는 것이다. 천사가 기드온의 제물을 사르는 것, 두 번의 양털 기적, 미디안 사람의 꿈과 해석이 모두 기드온에게 필요했다. 그제야 그는 공격할 수 있었다!

그러나 우리의 영적 역사도 생각해보면 마찬가지다. 우리는 자주 이렇게 생각한다. '나는 다시는 하나님을 잊거나 의심하지 않을 거야.' 그러나 그러고 나서 곧 다시 무심해지거나 걱정에 빠져든다. 우리는 하나님을 위해 래디컬하게 살기로 얼마나 많이 결심하고서도 지키지 않는가? 우리도 기드온과 하나도 다르지 않다. 우리가 느긋하게 있으면서 하나님을 신뢰하는 경우는 드물다. 하나님이 우리를 위해 어떻게 하시더라도, 우리 마음은 상당히 완고해서 즐겁게 확신하고 신뢰하며 약속에 따라 사는 것이 매우 어렵다.

우리는 하나님이 우리와 함께 하시며 우리를 위하신다는 지속적인 재확인과 일깨움이 필요하다. 하나님은 우리를 어떻게 확신시키시는가? 첫째로, 하나님의 말씀을 통해 우리에게 확신을 주신다. 기드온에게는 직접 말씀하셨고(삿 7:9-11), 우리에게는 하나님의 감동으로 된 성경을 통해 말씀하신다. 하나님의 말씀을 읽을 때, 특히 하나님의 약속을 읽을 때면 성령께서 오셔서 약속들이 우리 마음에 생생하고 친근하게 다가오게 하신다.

둘째로, 하나님은 자주 다른 사람들을 통해서 우리에게 확신을 주신다. 여기서 하나님은 기드온에게 직접 약속을 주시지 않는다. 다른 사람의 입을 통해서 주신다. 그렇게 해 줄 친한 친구들을 두는 것이 중요하다. 그들은 우리가 함께 시간을 보내는 사람들이고, 우리가 하나님의 자녀로서 누구이고, 우리와 우리의 세계가 어디로 향하고 있는지에 대해 우리를 격려하도록 우리가 허락한 사람들이다(히 10:25).

셋째로, 하나님은 종종, 여기서처럼, 삶의 상황들을 통해 우리에게 확신을 주신다. 어떤 면에서, 기드온은 딱 맞는 때에 딱 맞는 장소에 있다가 이 대화를 들었다. 그러나 물론 우연이 아니다. 하나님께서 기드온을 이곳으로 데려오셔서 그 말을 듣고 재확신하게 하신다.

우리가 확신하고 있는지 어떻게 알까? 사사기 7장 15절이 보여 준다. 어느 때든 우리가 진심에서 우러나오는 찬양과 예배를 드리고 래디컬하게 확신하여 순종한다면 그렇다.

---

16 삼백 명을 세 대로 나누어 각 손에 나팔과 빈 항아리를 들리고 항아리 안에는 횃불을 감추게 하고

:: 큰 용사

기드온은 새롭게 발견한 확신으로 전투에 임할 수 있었다. 그는 전투 계획을 세우는데, 그의 작은 군대를 세 그룹으로 나누어 나팔과 항아리를 들게 하고 항아리 안에 횃불을 감추게 했다(16절). 그들은 적의 파수꾼들의 교대 시간에 적의 진영에 이르러(19절), 나팔을 불고, 항아리를 깨서 횃불을 비추며 함성을 질렀다(19-20절).

탁월한 계획이었다. 첫째로, 군대의 규모 차이가 상쇄되었다. 그 광경과 소리는 이스라엘 군대를 실제보다 훨씬 더 크게 보이게 했다.

둘째로, 군사력의 차이를 상쇄했다. 낙타들의 존재를 무의미하게 만들었으며 오히려 낙타들이 적진의 혼란을 가중시켰을 수 있다.

셋째로, 적이 가장 취약할 때를 이용했다. 필시 그때의 하룻밤은 네 시간 단위의 세 부분으로 나눠져서 군대의 3분의 1이 돌아가며 지켰을 것이다. 파수꾼의 교대 때에, 적군의 3분의 1은 진영으로 돌아오고 있었고, 다른 3분의 1은 자고 있었

---

17 그들에게 이르되 너희는 나만 보고 내가 하는 대로 하되 내가 그 진영 근처에 이르러서 내가 하는 대로 너희도 그리하여 18 나와 나를 따르는 자가 다 나팔을 불거든 너희도 모든 진영 주위에서 나팔을 불며 이르기를 여호와를 위하라, 기드온을 위하라 하라 하니라 19 기드온과 그와 함께 한 백 명이 이경 초에 진영 근처에 이른즉 바로 파수꾼들을 교대한 때라 그들이 나팔을 불며 손에 가졌던 항아리를 부수니라 20 세 대가 나팔을 불며 항아리를 부수고 왼손에 횃불을 들고 오른손에 나팔을 들어 불며 외쳐 이르되 여호와와 기드온의 칼이다 하고

을 것이다. 그러다 진영에서 자던 자들이 소리를 듣고 깨어 진영 밖으로 달려 나가 보니 무장 군인들이 다가오고 있는 것을 발견했을 것이다. 그들은 어둠 속에서 그것이 동료 미디안 군대라는 사실을 너무 늦게야 알아차렸을 것이다.

여러 면에서, 그 전략은 기드온의 것이었다. 결국 기드온은 하나님이 말씀하신 대로 정말 "용사"였다(6:12). 그러나 사실 그 전략은 하나님의 것이었다. 하나님이 말씀하지 않으셨다면, 기드온은 32,000명 중에서 300명만 택하지 않았을 것이다. 또 하나님이 적진으로 가 보라고 하지 않으셨다면, 기드온은 많은 미디안 군사들이 겁내고 있다는 것을 절대로 몰랐을 것이다.

하나님께서 우리에게 은사를 주셔서 하나님을 섬기는 데 사용하게 하신다. 전에는 보이지 않았던 기드온의 군사적 천재성이 그렇다. 또 하나님은 우리가 그 은사를 사용할 수 있게 환경을 주신다. 그러므로 우리는 우리의 성공 중에도 성공의 수단과 기회 모두를 우리에게 주시는 하나님을 찬양할 수 있고, 또 찬양해야 한다.

---

21 각기 제자리에 서서 그 진영을 에워싸매 그 온 진영의 군사들이 뛰고 부르짖으며 도망하였는데 22 삼백 명이 나팔을 불 때에 여호와께서 그 온 진영에서 친구끼리 칼로 치게 하시므로 적군이 도망하여 스레라의 벧 싯다에 이르고 또 답밧에 가까운 아벨므홀라의 경계에 이르렀으며 23 이스라엘 사람들은 납달리와 아셀과 온 므낫세에서부터 부름을 받고 미디안을 추격하였더라

:: 승리

전투의 성과는 예견된 결론이었다. 하나님이 결과를 이미 선포하셨기 때문이다(6:16, 7:7). 기드온의 계획이 완벽하게 이루어져서, 이스라엘 사람들이 해야 했던 것은 자기 자리를 지키는 것뿐이었다. "그 온 진영의 군사들이 뛰고 부르짖으며 도망하였는데 삼백 명이 나팔을 불 때에 여호와께서 그 온 진영에서 친구끼리 칼로 치게 하시므로 적군이 도망하여"(21-22절). 결국에는 300명조차 아무 적군도 죽이지 않았다! 그들 중 아무도 자기가 한 일을 노래하며 집으로 돌아갈 수 없었고, 오직 그들이 지켜보는 가운데 여호와께서 하신 일만 노래하며 집으로 돌아갈 수 있었다.

패주하는 미디안을 이스라엘이 추격하여 승리가 완전해 졌다(23절). 이스라엘의 동쪽 국경선으로 도망간 적은 기드온이 에브라임 지파에게 요단강에서 준비시켜 놓은 환영 파티를 만났다(24절).

기드온 이야기의 이 단락에 놀라운 순환성(circularity)이 있다. 처음에 우리가 만난 기드온은 미디안을 피해 포도주 틀에

---

24 기드온이 사자들을 보내서 에브라임 온 산지로 두루 다니게 하여 이르기를 내려와서 미디안을 치고 그들을 앞질러 벧 바라와 요단 강에 이르는 수로를 점령하라 하매 이에 에브라임 사람들이 다 모여 벧 바라와 요단 강에 이르는 수로를 점령하고 25 또 미디안의 두 방백 오렙과 스엡을 사로잡아 오렙은 오렙 바위에서 죽이고 스엡은 스엡 포도주 틀에서 죽이고 미디안을 추격하였고 오렙과 스엡의 머리를 요단 강 건너편에서 기드온에게 가져왔더라

숨어 있었다(6:11). 기드온이 하나님의 임재에 대한 첫 번째 재확신을 받은 것은 여호와의 사자가 기드온의 제물을 사른 바위에서였다. 그리고 이제 하나님께서 기드온을 사용해 물리치신 적의 왕들이 바위와 포도주 틀에서 죽음을 당한다(7:25). 하나님 백성의 적들은 사실 보이는 것만큼 강하지 않다!

# 기드온과 아들 아비멜렉,
# 예배 없는 평화를 추구하다

삿 8:1-10:5

당신과 당신의 아들과
당신의 손자가
우리를 다스리소서

앞의 사사들의 경우에, 하나님이 그의 백성을 우상과 적의 억압으로부터 구해 주신 후에 그 사사의 리더십 하에 누린 평화의 기간에만 기록되었다. 그런데 기드온의 경우에는 그렇게 간단하지 않다. 이스라엘이 전반적 하향 추세에 있다.

기드온의 통치 중에 처음 나타나는 두 가지가 있다. 사사 구원자의 통치 후가 아닌, 통치 중에, 백성의 '퇴보'가 시작된다. 그리고 사사 구원자의 통치에 심각한 결점들이 있다. 그래서 사사기 기록자는 기드온의 승리 후 리더십을 단 한 절로 요약하기보다 거기에 두 장을 할애한다.

:: 한 교훈을 가르침

에브라임은 이스라엘의 힘 있는 부족 중 하나였고, 기드온은 그들을 불러 미디안의 도망가는 잔당을 처치하라고 한다 (7:24-25). 그러나 에브라임 사람들은 기드온에게 불만이었다. "네가 미디안과 싸우러 갈 때에 우리를 부르지 아니하였으니 우리를 이같이 대접함은 어찌 됨이냐"(8:1). 사실은 그들이 기드온의 명령대로 진격했을 리가 만무하다. 그들은 경제적, 군사적으로 강한 부족이었고, 기드온은 므낫세 지파 중에서도 가장 약한 일족이었다(6:15).

그들의 비판은 승리의 영광에 동참하지 못했다는 데서 나오는 좌절감의 표출이었다. 아이러니하게도, 두 가지 사실을 드러낸다. 첫째로, 이스라엘이 하나님을 "거슬러 스스로 자랑하며" 승리의 영광을 자신에게 돌릴 것이라는 하나님의 말씀이 맞았다. 둘째로, 여하튼 에브라임은 하나님이 택하신 사사를 존경하고 공경하여 결정을 맡기지 않았을 것이다.

그들에 대한 기드온의 반응은 예의바르면서도 외교적이었다. 기드온은 에브라임 지파가 자신의 지파보다 얼마나 더 강력한지 일깨운다(8:2). 그리고 에브라임 지파가 기드온과 달리 두 미디안 리더를 이미 붙잡아 죽였음을 일깨운다(3절). 에

---

8:1 에브라임 사람들이 기드온에게 이르되 네가 미디안과 싸우러 갈 때에 우리를 부르지 아니하였으니 우리를 이같이 대접함은 어찌 됨이냐 하고 그와 크게 다투는지라 2 기드온이 그들에게 이르되 내가 이제 행한 일이 너희가 한 것에 비교되겠느냐 에브라임의 끝물 포도가 아비에셀의 맏물 포도보다 낫지 아니하냐

브라임이 자기를 무시하는 것을 꾸짖지 않기가 힘들었겠지만, 기드온은 말을 삼간다. 그렇게 해서, 영광과 칭찬을 받으려는 에브라임의 욕망이 충족된 후에야 "그들의 노여움이 풀렸다"(3절).

우리는 이 시점에서 기드온의 겸손과 평화 지향을 칭찬하고 싶을지 모르지만, 다음 단락은 기드온이 그런 이유로 에브라임에게 외교적으로 처신한 것이 아니라는 것을 보여 준다. 미디안 왕, 세바와 살문나를 추격하느라 지친 기드온은(4절) 숙곳 마을 주민들에게 기드온의 부하들을 위해 음식을 제공해 달라고 부탁한다. 그러나 그들은 돕기를 거절한다(5절). 에브라임과 마찬가지로, 그들은 기드온이 적을 무찌르는 것에 대한 감사가 전혀 없다.

요컨대, 그들은 이렇게 말했다. "미디안 왕들을 이미 네 손에 붙잡았느냐? 아니라고? 그러면 우리에게 도움을 바리지 마!" 그들은 만일 기드온이 미디안의 리더들을 붙잡아 죽이지

---

3 하나님이 미디안의 방백 오렙과 스엡을 너희 손에 넘겨 주셨으니 내가 한 일이 어찌 능히 너희가 한 것에 비교되겠느냐 하니라 기드온이 이 말을 하매 그 때에 그들의 노여움이 풀리니라 4 기드온과 그와 함께 한 자 삼백 명이 요단 강에 이르러 건너고 비록 피곤하나 추격하며 5 그가 숙곳 사람들에게 이르되 나를 따르는 백성이 피곤하니 청하건대 그들에게 떡덩이를 주라 나는 미디안의 왕들인 세바와 살문나의 뒤를 추격하고 있노라 하니 6 숙곳의 방백들이 이르되 세바와 살문나의 손이 지금 네 손 안에 있다는거냐 어찌 우리가 네 군대에게 떡을 주겠느냐 하는지라 7 기드온이 이르되 그러면 여호와께서 세바와 살문나를 내 손에 넘겨 주신 후에 내가 들가시와 찔레로 너희 살을 찢으리라 하고 8 거기서 브누엘로 올라가서 그들에게도 그같이 구한즉 브누엘 사람들의 대답도 숙곳 사람들의 대답과 같은지라

못하면, 미디안이 대열을 정비해 돌아와서 기드온을 도운 모든 마을을 멸할 것이라는 것을 알았다. 에브라임은 기드온이 미리 부르지 않았다고 화를 냈지만, 숙곳은 기드온이 나중에라도 부르지 않기를 바랐다! 기드온은 부하들을 이끌고 전진하다가 브누엘에서도 똑같은 반응을 접했다(8절).

기드온은 에브라임에게와는 매우 다르게 숙곳과 브누엘에 대답했다. "여호와께서 세바와 살문나를 내 손에 넘겨 주신 후에 내가 들가시와 찔레로 너희 살을 찢으리라. … 내가 평안히 돌아올 때에 이 망대를 헐리라"(7, 9절).

이것은 기드온이 에브라임을 외교적으로 대한 것이 그들을 치기 원하지 않아서가 아니라, 칠 수 없었기 때문이라는 것을 드러낸다. 또한 하나님이 너무나 기적적인 승리를 주셨기 때문에 모두가 하나님이 주신 승리임을 알아야 했고, 기드온에 의한 승리가 아님을 알아야 했지만, 기드온 자신마저 '300명의 교훈'을 잊어버렸다는 것을 드러낸다. 기드온은 하나님이 하신 일에 대해 자신이 칭찬과 영광을 받아야 한다고 느낀다. 기드온이 숙곳과 브누엘 사람들에게 화낸 것은 그가 자신

---

9 기드온이 또 브누엘 사람들에게 말하여 이르되 내가 평안히 돌아올 때에 이 망대를 헐리라 하니라 10 이 때에 세바와 살문나가 갈골에 있는데 동방 사람의 모든 군대 중에 칼 든 자 십이만 명이 죽었고 그 남은 만 오천 명 가량은 그들을 따라와서 거기에 있더라 11 적군이 안심하고 있는 중에 기드온이 노바와 욕브하 동쪽 장막에 거주하는 자의 길로 올라가서 그 적진을 치니 12 세바와 살문나가 도망하는지라 기드온이 그들의 뒤를 추격하여 미디안의 두 왕 세바와 살문나를 사로잡고 그 온 진영을 격파하니라

의 업적에 대해 영광 받기를 기대한다는 것을 보여 준다. 사실 하나님의 성취임을 기드온은 잊고 있다.

숙곳과 브누엘 사람들이 기드온이 미디안을 이길 것이라고 믿지 못했을 때, 기드온은 그들에게 이렇게 말하지 않는다. "맞아요, 우리가 그들을 이길 수 있다고 믿기 어렵다는 걸 알아요. 그러나 하나님께서 은혜로 우리를 사용하셔서 전투에 이기게 하고 계세요. 그러니 저의 힘을 믿지 말고, 하나님의 힘을 믿으세요." 그는 그 대신 이렇게 말한다. "감히 나를 의심해? 돌아올 때 내 힘을 보여 주마. 나를 우러러봐야 한다는 걸 배우게 될 거야."

그래서 300명의 군사로 훨씬 더 강한 군대를 물리치고 세바와 살문나를 잡아 돌아올 때(10-12절), 기드온은 그 말을 지킨다. 기드온은 자기 민족인 이스라엘 사람 한 명을 붙잡아서(14절) 숙곳의 장로들의 이름을 알아낸 후, "너희가 전에 나를 희롱했다"(15절)고 일깨우고 나서, "들가시와 찔레로 숙곳 사람들을 징벌했다"(16절). 브누엘에서는 설상가상이었다. 기드온은 "망대를 헐며 그 성읍 사람들을 죽였다"(17절).

---

13 요아스의 아들 기드온이 헤레스 비탈 전장에서 돌아오다가 14 숙곳 사람 중 한 소년을 잡아 그를 심문하매 그가 숙곳의 방백들과 장로들 칠십칠 명을 그에게 적어 준지라 15 기드온이 숙곳 사람들에게 이르러 말하되 너희가 전에 나를 희롱하여 이르기를 세바와 살문나의 손이 지금 네 손 안에 있다는거냐 어찌 우리가 네 피곤한 사람들에게 떡을 주겠느냐 한 그 세바와 살문나를 보라 하고 16 그 성읍의 장로들을 붙잡아 들가시와 찔레로 숙곳 사람들을 징벌하고 17 브누엘 망대를 헐며 그 성읍 사람들을 죽이니라

18-19절은 이야기에 구체적인 면을 더해 준다. 미디안 왕들이 기드온의 친 형제들을 죽였고, 그들의 죽음 때문에 기드온이 그렇게 절실히 그들을 붙잡으려고 했던 것이다. 기드온의 단호한 추격은 하나님의 백성의 해방을 완전하게 하려는 갈망보다 개인적 복수를 위한 것이었다. 자기 가문의 명예를 위한 것이었다. 그래서 기드온은 "그의 맏아들 여델에게 이르되 일어나 그들을 죽이라 하였다"(20절). 기드온은 그 왕들이 겨우 소년에게 죽음을 당하는 수치를 맛보게 하려고 했다. 그러나 결국, 기드온이 직접 그들을 처형한다(21절). 그들의 죽음으로 승리가 완전해진다. 그러나 그 승리 방식은 기드온의 영도 하의 미래가 진정한 평화 속에 순탄하지 않을 것을 보여 준다.

:: 성공의 위험성

기드온은 존경과 영광에 대한 욕구, 그리고 자신이 받아

---

18 이에 그가 세바와 살문나에게 말하되 너희가 다볼에서 죽인 자들은 어떠한 사람들이더냐 하니 대답하되 그들이 너와 같아서 하나 같이 왕자들의 모습과 같더라 하니라 19 그가 이르되 그들은 내 형제들이며 내 어머니의 아들들이니라 여호와께서 살아 계심을 두고 맹세하노니 너희가 만일 그들을 살렸더라면 나도 너희를 죽이지 아니하였으리라 하고 20 그의 맏아들 여델에게 이르되 일어나 그들을 죽이라 하였으나 그 소년이 그의 칼을 빼지 못하였으니 이는 아직 어려서 두려워함이었더라 21 세바와 살문나가 이르되 네가 일어나 우리를 치라 사람이 어떠하면 그의 힘도 그러하니라 하니 기드온이 일어나 세바와 살문나를 죽이고 그들의 낙타 목에 있던 초승달 장식들을 떼어서 가지니라

마땅하다고 생각하는 것을 받지 못하자 폭력적이고 매서운 분노를 드러냈다. 이는 기드온의 전투 승리가 기드온에게 일어난 최악의 일임을 보여 준다. 기드온은 성공에 중독되었고 성공에 의존적이 되었다.

어떤 축복이든 축복을 받는 것에는 무서운 영적 위험이 도사리고 있다. 성공은 쉽게 우리로 하여금 하나님의 은혜를 잊어버리게 한다. 왜냐하면 우리 마음은 우리가 우리 자신을 구원할 수 있다고 믿기를 절박하게 원하기 때문이다. 하나님이 주신 승리도 그런 믿음을 굳히는 데 쉽게 사용될 수 있다. 우리 스스로 축복을 획득했고, 우리가 그 성공에 대한 칭찬과 영광을 받아야 한다는 믿음이다.

예를 들어, 경제적 성공을 통해 자신의 가치를 입증하려고 극도로 열심히 일하는 한 사람을 상상해 보자. 그에게 일어날 수 있는 최악의 일은 무엇일까? 직업의 실패라고 대답할 것이다. 물론, 행복과 정체성의 기반을 일에 두는 사람이라면 직업의 실패에 무너질 것이다.

그러나 최소한, 그 실패를 통해, 그는 직업적 성취를 우상시하던 것을 멈출 수 있다. 그는 신분과 돈이 자신을 성취시켜 주지 못한다는 걸 깨달을 수도 있다.

사실 그에게 일어날 수 있는 최악의 일은 직업적 성공이다. 성공은 자신이 스스로 성취할 수 있고 자기의 삶을 지배할 수 있다는 그의 믿음을 공고히 할 뿐이다. 그는 실패했을 때보다 성공했을 때 더 성공과 돈의 노예가 될 것이다. 그는 교만하며 남들보다 우월하다고 느낄 것이다. 그는 남들이 복종하며 "엎드려 절하기를" 바랄 것이다.

앞의 7장 15절에서는 기드온이 자신의 약점을 알았고 승리는 오직 은혜로 이뤄짐을 이해했으며, 하나님을 예배하고 공경했다. 그러나 그게 마지막이 되고 말았다. 이제 기드온은 성공과 성공이 가져올 명예를 숭배했다. 기드온은 그를 부르시고 무장시키시고 확신을 주시고 그를 위해 전투를 이기신 분이 누구신지 완전히 잊었다.

우리도 우리의 구원과 우리의 선행의 모든 것이 은혜의 선물이며, 우리 자신의 성공이 아님을 잊기가 너무 쉽다. "너희는 그 은혜에 의하여 믿음으로 말미암아 구원을 받았으니 이것은 너희에게서 난 것이 아니요 하나님의 선물이라. 행위에서 난 것이 아니니 이는 누구든지 자랑하지 못하게 함이라. 우리는 그가 만드신 바라. 그리스도 예수 안에서 선한 일을 위하여 지으심을 받은 자니 이 일은 하나님이 전에 예비하사 우리로 그 가운데서 행하게 하려 하심이니라"(엡 2:8-10)는 사실을 잊기가 너무 쉽다. 우리가 실패할 때, 우리가 은혜로 구원받았음을 기억해야 한다. 그러나 우리가 성공할 때는 이를 훨씬 더 많이 기억해야 한다.

:: 기드온 왕?

이제 이스라엘이 기드온에게 왕이 되어 달라고 한다. "당신이 우리를 미디안의 손에서 구원하셨으니 당신과 당신의 아들과 당신의 손자가 우리를 다스리소서"(삿 8:22). 미디안을 이기게 하신 것이 누구인지 기드온이 잊기 시작했듯이, 나머지 이스라엘 사람들도 그랬다. "기드온 당신이 미디안을 무찔렀으니 우리의 왕이 되어야 하오"라는 것이 그들의 논리였다.

이스라엘은 하나님이 하나님의 백성을 다스리시는 방법을 거절하려고 했다. 사사는 하나님께 기름 부음을 받아서, 당면한 위기를 해결하고, 백성을 다시 하나님의 통치 아래로 이끌어 가는 사람이었다. 그러나 만일 기드온이 "예"라고 하면, 이스라엘은 인간이 임명한 왕을 갖게 될 것이고, 그 통치가 다른 사람들에게로 자동적으로 이어져 내려갈 것이다.

기드온은 백성이 왕을 구하는 저변의 동기를 분별했다. 그들은 하나님이 아닌, 사람의 통치를 원했다(23절). 왕이 있으면, 하나님의 구원을 바라볼 필요도 없고, 하나님이 구원자를 보내 주시기를 기다릴 필요도 없다. 왕에 대한 갈망은 사실 자기 자신이 스스로를 구원하려는 자기 구원의 한 방편일 뿐이

---

22 그 때에 이스라엘 사람들이 기드온에게 이르되 당신이 우리를 미디안의 손에서 구원하셨으니 당신과 당신의 아들과 당신의 손자가 우리를 다스리소서 하는지라 23 기드온이 그들에게 이르되 내가 너희를 다스리지 아니하겠고 나의 아들도 너희를 다스리지 아니할 것이요 여호와께서 너희를 다스리시리라 하니라

었다.

기드온은 그들의 요청을 거절했다. "내가 너희를 다스리지 아니하겠고 … 여호와께서 너희를 다스리시리라"(23절). 그들은 인간 왕을 세워서 순종할 필요가 없다. 그들은 이미 계신 왕이신 하나님께 순종해야 한다!

23절에서 기드온은 하나님이 누구시고 자신이 누구인지 마지막으로 기억한다. 아이러니와 비극은, 기드온이 거의 즉각적으로 자신이 한 말에 어긋나게 행동했다는 것이다. 기드온은 백성의 왕이 되길 거절했다. 왜냐하면 그 자리와 영예는 오직 하나님께만 속하기 때문이다. 그러나 그러고 나서 기드온은 왕이 받아야 할 영예를 요구하기 시작한다. 기드온은 백성을 해방시킨 금전적 보상을 요구한다(24절). 그래서 매우 부자가 된다(25-26절, 이스라엘이 약속의 땅으로 가는 길에 시내산 밑에서 금송아지를 만들어 예배한 사건을 떠오르게 한다. 출 32:1-4 참조). 그러고 나서 "기드온이 그 금으로 에봇 하나를 만들어 자기의 성읍 오브라에 두었다"(삿 8:27).

---

24 기드온이 또 그들에게 이르되 내가 너희에게 요청할 일이 있으니 너희는 각기 탈취한 귀고리를 내게 줄지니라 하였으니 이는 그들이 이스마엘 사람들이므로 금 귀고리가 있었음이라 25 무리가 대답하되 우리가 즐거이 드리리이다 하고 겉옷을 펴고 각기 탈취한 귀고리를 그 가운데에 던지니 26 기드온이 요청한 금 귀고리의 무게가 금 천칠백 세겔이요 그 외에 또 초승달 장식들과 패물과 미디안 왕들이 입었던 자색 의복과 또 그 외에 그들의 낙타 목에 둘렀던 사슬이 있었더라 27 기드온이 그 금으로 에봇 하나를 만들어 자기의 성읍 오브라에 두었더니 온 이스라엘이 그것을 음란하게 위하므로 그것이 기드온과 그의 집에 올무가 되니라

도대체 여기 무슨 일이 일어나고 있는 것인가? 에봇은 대제사장이 성막에서 입는 것이었다. 성막은 하나님이 하나님의 백성 중에 임재하시는 장막이었고, 그때 성막은 실로에 있었다(18:31). 에봇의 앞부분에 우림과 둠밈이 있었다. 하나님께로부터 "그렇다" 혹은 "아니다" 응답을 받는 데 사용되는 돌이었다(동전 같이 뒤집어지는 것이었을 수 있다. 가령 둘 다 윗면이 나오면 "그렇다"이고, 둘 다 밑면이 나오면 "아니다"이며, 하나씩 나오면 '무응답'이었을 수 있다). 에봇은 하나님이 거하시는 참 장소를 나타냈고, 위기 때에 하나님의 뜻을 분별하는 방법이었다.

그런데 기드온이 자기의 에봇을 만든 것은 결국 자기 동네를 실로와 경쟁하는 예배 장소로 만든 것이었다. 기드온은 사람들이 그에게 와서 지도를 받고, 자기 동네를 하나님을 찾을 수 있는 곳으로 보기를 바랐다. 기드온은 하나님을 이용해 자기 지위를 강화시켰다. 기드온은 자기의 지위를 하나님을 섬기고 하나님께 쓰임 받는 데 사용하지 않았다.

결국 어떤 영향을 미쳤는가? "온 이스라엘이 그것을 음란하게 위했다"(8:27). 사사는 사람들을 신실하지 못함에서 돌이켜 참 하나님께로 이끌어야 했다. 그런데 기드온은 오히려 사람들을 신실하지 못하도록 이끌었다.

겨우 이 시점에서야 이 말이 나온다. "기드온이 사는 사

---

28 미디안이 이스라엘 자손 앞에 복종하여 다시는 그 머리를 들지 못하였으므로 기드온이 사는 사십 년 동안 그 땅이 평온하였더라

십 년 동안 그 땅이 평온하였더라"(28절). 그러나 우리는 온전하지 못한 평화라는 것을 안다. 예배 없는 평화였고, 순종 없는 평화였다.

기드온은 점점 더 왕처럼 행동한다. 그의 가족 구성을 보면, 그는 많은 아내들로부터 칠십 명의 아들을 뒀고, 첩이 나은 아들도 하나 있었다(29-31절). 많은 아들을 두는 그런 가족 구성은 왕이 되려고 하는 사람의 것이었다. 심지어 기드온은 서자를 "아비멜렉"이라고 부르기까지 한다(31절). 이말은 '나의 아버지는 왕이시다!'라는 의미이다. 기드온은 왕이 되는 것을 명목상으로는 거절했지만, 현실에서 실행했다.

이 모든 일은 기드온이 "여호와께서 너희를 다스릴 것이다"라고 하면서 왕의 자리를 거절하고 나서 불과 몇 구절 만에 일어났다! 어떻게 기드온은 하나님이 진정한 왕이시라는 것을 알기 때문에 왕이 되기를 거절해 놓고서, 왕처럼 행동할 수 있는가? 간단히 말해서, 지적으로는 알았지만, 마음이 완전히 사로잡히지 않았기 때문이다. 그는 하나님의 은혜와 통치에 대한 교리를 지적으로 알았고, 어떤 상황들에서는 올바른 대답을 할 수도 있었다. 그러나 그의 마음은 이 진리가 어떻게 삶 전체에서 실행될 수 있는지 정말로 이해하지 못했다. 그가 머

---

29 요아스의 아들 여룹바알이 돌아가서 자기 집에 거주하였는데 30 기드온이 아내가 많으므로 그의 몸에서 낳은 아들이 칠십 명이었고 31 세겜에 있는 그의 첩도 아들을 낳았으므로 그 이름을 아비멜렉이라 하였더라

릿속에서 하나님에 대해 믿는 것, 그리고 그의 마음의 동기와 그의 손의 행동 사이에 큰 간격이 있었고, 그 간격은 점점 더 커져만 가고 있었다.

기드온의 잘못은 진리라고 아는 것을 삶 속에 실행하지 않은 것이었다. 바울은 갈라디아서 2장 14절에서 (말 그대로) "복음의 진리를 따라 바르게 행하지 아니함"이라고 부른다.

19세기의 설교자 C. H. 스펄전이 젊은 그리스도인들에게 한 번 경고했다. "자신의 영혼을 구원하려면, 목회에 뛰어들지 말라." 그는 알았다. 우리는 교회 리더십의 자리를 이용해 하나님을 섬기고 공경하는 것이 아니라, 우리 자신이 영향력과 영예를 얻으려고 하기가 매우 쉽다. 물론 기드온처럼, 우리는 하나님이 왕이시라고 여전히 말은 하지만, 사람들이 우리에게서 지도, 응답, 구원을 찾기를 바란다. 우리는 필요한 존재가 되려고 한다. 우리는 스스로 에봇을 만들어서 입는다. 얼마나 교묘한가. 얼마나 치명적인가.

모든 사사의 원형이신 분, 그가 그의 지위를 어떻게 사용하셨는지 보면, 얼마나 좋은지 모른다. 기드온과 달리, 그는 진정한 왕으로서 모든 봉사를 받으실 권리가 있으셨다. 기드온과 달리, 그는 성막이시며 이 땅 위의 하나님의 궁극적 처소이셨다. 그러나 예수님은 권력으로 나라들을 지배하려는 유혹을 거부하셨다(눅 4:5-8). 왜냐하면 그가 "온 것은 섬김을 받으려함이 아니라 도리어 섬기려 하고 자기 목숨을 많은 사람의 대속물로 주려" 함이기 때문이다(막 10:45). 그는 성공에 대한 반응으로 자기를 높이는 것, 그리고 실패에 대한 반응으로 자기를 미워하는 것으로부터 우리를 구속하셨다. 그는 하나님의 아들의 지위를 사용하셔서 우리를 존경에 대한 욕구나 존경받지 않아서 무너지는 것으로부터 자유케 하셨다. 기드온의 에봇과 달리, 여기 이분은 우리가 마땅히 와서 예배해야 할 분이다.

## :: 기드온의 아들

지금까지는 익숙한 사건들이 순서대로 이어졌다. 죄, 억압, 부르짖음, 사사의 등장, 승리, 평화 … 그러나 이제 그 순서와 완전히 달라진다. 이스라엘 역사 속의 끔찍한 일화이다.

아비멜렉은 기드온의 첩이 낳은 아들로써, 세겜에 살았다(8:31). 그것은 그가 출생 시부터 가정에서 소외된 자였다는 것을 의미한다. 기드온의 다른 아들 70명과 달리, 그는 서자였다. 그는 상속받을 입지가 없었다. 이 이야기 속에서 드러나는 것이 있다. 그는 삶에서 수중에 넣을 수 있는 모든 것을 자신

---

32 요아스의 아들 기드온이 나이가 많아 죽으매 아비에셀 사람의 오브라에 있는 그의 아버지 요아스의 묘실에 장사되었더라 33 기드온이 이미 죽으매 이스라엘 자손이 돌아서서 바알들을 따라가 음행하였으며 또 바알브릿을 자기들의 신으로 삼고 34 이스라엘 자손이 주위의 모든 원수들의 손에서 자기들을 건져내신 여호와 자기들의 하나님을 기억하지 아니하며 35 또 여룹바알이라 하는 기드온이 이스라엘에 베푼 모든 은혜를 따라 그의 집을 후대하지도 아니하였더라

을 위해 수중에 넣고, 가질 수만 있다면 뭐든 가지려는 의지가 확고했다.

대부분의 활동이 이뤄진 장소도 중요하다. 게티스버그와 몽고메리가 미국인들에게 역사적, 국가적으로 의미심장한 장소인 것처럼, 세겜은 이스라엘에게 엄청난 중요성을 갖는 장소였다. 그곳은 하나님이 아브람에게 나타나셔서 하나님이 아브람에게 주겠다고 약속하신 땅이라고 말씀하신 곳이다. 그래서 약속의 땅에서 여호와를 예배하는 단을 쌓은 첫 번째 장소였다(창 12:6-7). 또 아브람의 후손들이 여호수아의 영도 하에 요단강을 건너 그 땅에 들어간 후 여호와를 예배하려고 모인 첫 번째 장소였다(수 8:30-35, 세겜은 여기서 언급되는 두 산 밑에 있다). 그래서 역사적으로 이스라엘의 영적 중심지이자 이스라엘의 영적 상태를 나타내는 영적 온도계였다.

그러므로 사사기 9장에서 세겜에서 일어난 일은 가령 미국인들이 게티스버그에서 노예제도를 복구했다거나, 몽고메리에서 인종차별을 복구하기로 결정했다는 것과 유사할 것이다.


:: 장악력

사사기의 다른 모든 리더들은 사사 역할을 구하지 않았지만, 하나님께서 그들을 부르셨다. 그러나 아비멜렉은 스스로 움켜쥐었다. 그는 세겜에 있는 어머니의 형제들에게 가서(삿 9:1), 자기의 아버지가 왕과 같은데, 자기가 그 아들이며, 그리고 그들의 친척이라는 점을 부각시켰다(2절). 그의 주장은 이랬다. "통치자가 한 명인 게 낫지 않겠는가? 우리 중 한 명을 통치자로 하는 게 좋지 않겠는가? 그러니 내가 너희의 왕이라면 좋지 않겠는가?"

세겜 사람들은 동의했다(3절). 그래서 그들이 "바알브릿 신전에서 은 칠십 개를 내어 그에게 주매 아비멜렉이 그것으로 방탕하고 경박한 사람들을 사서 자기를 따르게 했다"(4절). 그가 권력을 붙잡은 것은 여호와께 순종해서가 아니라, 우상의 자금에 의해서였다. 그리고 또한 그의 권력은 그가 "한 바위 위에서"(5절) 냉혈하게 죽인 70명의 이복형제들의 피 위에 기반을 뒀다. 기드온은 동족 이스라엘 사람들을 죽였는데, 이제 아비멜렉은 한 수 더 떠서 자기 가족을 살해했다.

사사기의 다른 리더들은 어느 정도 하나님의 계시를 기

---

9:1 여룹바알의 아들 아비멜렉이 세겜에 가서 그의 어머니의 형제에게 이르러 그들과 그의 외조부의 집의 온 가족에게 말하여 이르되 2 청하노니 너희는 세겜의 모든 사람들의 귀에 말하라 여룹바알의 아들 칠십 명이 다 너희를 다스림과 한 사람이 너희를 다스림이 어느 것이 너희에게 나으냐 또 나는 너희와 골육임을 기억하라 하니 3 그의 어머니의 형제들이 그를 위하여 이 모든 말을 세겜의 모든 사람들의 귀에 말하매 그들의 마음이 아비멜렉에게로 기울어서 이르기를 그는 우리 형제라 하고 4 바알브릿 신전에서 은 칠십 개를 내어 그에게 주매 아비멜렉이 그것으로 방탕하고 경박한 사람들을 사서 자기를 따르게 하고 5 오브라에 있는 그의 아버지의 집으로 가서 여룹바알의 아들 곧 자기 형제 칠십 명을 한 바위 위에서 죽였으되 다만 여룹바알의 막내 아들 요담은 스스로 숨었으므로 남으니라

반으로 하여 통치했다. 그러나 여기서 권력은 사사 활동이나 해방을 위해 사용되지 않았고, 벌거벗은 권력(피통치자의 동의나 묵인을 수반하지 않는 폭력행사의 형태인 권력-옮긴이)의 자행이었다. 아버지 기드온과 달리, 아비멜렉은 왕이 되지 않으려는 척조차 하지 않았고(6절), 하나님께 순종하여 다스리는 척조차 하지 않았다.

여기서 리더 선택의 좋은 교훈이 있다. 우리는 하나님께서 중요시하지 않는 자질들에 너무 쉽게 매료된다. 더 나아가, 우리는 실용적 주장에 너무 쉽게 휘둘린다. 하나님은 인기, 유머, 학업성적, 외향성 등등을 귀하게 여기시지 않는다. 하나님은 하나님의 진리를 고수하고, 가정을 올바로 이끌려 하고, 인내하며 자제하는 사람들을 찾으신다(딤전 3:1-7, 딛 1:6-9). 하나님은 매너 좋고, 옷을 잘 입는 21세기의 아비멜렉을 원하지 않으신다. 그들은 잘못된 이유와 잘못된 기준의 자질들 때문에 선택된다.


:: 가시나무 왕

단 한 명의 이복형제, 요담이 피신했다. 아비멜렉은 "나의 아버지는 왕이다"를 의미한 반면에, 요담이라는 이름은 "야

---

6 세겜의 모든 사람과 밀로 모든 족속이 모여서 세겜에 있는 상수리나무 기둥 곁에서 아비멜렉을 왕으로 삼으니라

훼(주 여호와)는 완전하고 흠이 없으시다"를 의미했다. 요담이 세겜 사람들을 불러 말한다. 여기서 인간 자신을 의지하는 힘 (아비멜렉)과 여호와를 의지하고 예배하는 것(요담)에 관해 사람들의 마음과 생각에 호소한다.

요담이 사사기 9장 8-14절에서 하는 이야기는 아비멜렉을 왕으로 선택한 것이 얼마나 황당무계한 일인지 보여 준다. 감람나무(8-9절), 무화과나무(10-11절), 포도나무(12-13절)는 귀했고, 이스라엘 농업 경제의 주산물을 생산했다. 그러나 그들은 왕이 되기를 사양했다. "이에 모든 나무가 가시나무에게 이르되 너는 와서 우리 위에 왕이 되라 했다"(14절). 가시나무는 전혀 가치 있는 식물이 아니었다. 키가 작고 잎이 엉성해서 열기를 막아 줄 그늘을 만들지 못했고, 불이 잘 붙어서 주변 나무들에 번지면 귀중한 나무들을 파괴했다. 가시나무는 왕이 되기를 수락하면서 그 점을 밝히고(15절), 30-60센티미터밖에

---

7 사람들이 요담에게 그 일을 알리매 요담이 그리심 산 꼭대기로 가서 서서 그의 목소리를 높여 그들에게 외쳐 이르되 세겜 사람들아 내 말을 들으라 그리하여야 하나님이 너희의 말을 들으시리라 8 하루는 나무들이 나가서 기름을 부어 자신들 위에 왕으로 삼으려 하여 감람나무에게 이르되 너는 우리 위에 왕이 되라 하매 9 감람나무가 그들에게 이르되 내게 있는 나의 기름은 하나님과 사람을 영화롭게 하나니 내가 어찌 그것을 버리고 가서 나무들 위에 우쭐대리요 한지라 10 나무들이 또 무화과나무에게 이르되 너는 와서 우리 위에 왕이 되라 하매 11 무화과나무가 그들에게 이르되 나의 단 것과 나의 아름다운 열매를 내가 어찌 버리고 가서 나무들 위에 우쭐대리요 한지라 12 나무들이 또 포도나무에게 이르되 너는 와서 우리 위에 왕이 되라 하매 13 포도나무가 그들에게 이르되 하나님과 사람을 기쁘게 하는 내 포도주를 내가 어찌 버리고 가서 나무들 위에 우쭐대리요 한지라 14 이에 모든 나무가 가시나무에게 이르되 너는 와서 우리 위에 왕이 되라 하매

자라지 않는다는 점을 감안할 때 터무니없는 주장을 한다. 가시나무는 다른 나무들더러 "와서 내 그늘에 피하라"고 했다.

　요담이 들려준 이야기의 요지는 무엇인가? 16-20절이 설명해 준다. 요컨대 이런 말이다. "만일 너희가 아비멜렉을 너희 왕으로 삼은 것이 기드온의 가족에게 잘한 것이라면(사실을 인정하자. 너희는 잘하지 않았다. 그러나 만일 너희가 잘했다면), 너희가 아비멜렉 왕의 통치로 큰 복을 받기를 바란다. 그러나 만일 너희가 잘하지 않은 것이라면(사실을 인정하자. 너희는 잘하지 않았다), 그렇다면 너희와 아비멜렉이 마땅한 보응을 받기를 바란다. 너희는 그에 의해 불탈 것이요, 그는 너희에 의해 불탈 것이다."

## :: 가시나무 불

　이어지는 이야기는 정말로 엄청나게 큰 불이다. 세겜 시

---

15 가시나무가 나무들에게 이르되 만일 너희가 참으로 내게 기름을 부어 너희 위에 왕으로 삼겠거든 와서 내 그늘에 피하라 그리지 아니하면 불이 가시나무에서 나와서 레바논의 백향목을 사를 것이니라 하였느니라 16 이제 너희가 아비멜렉을 세워 왕으로 삼았으니 너희가 행한 것이 과연 진실하고 의로우냐 이것이 여룹바알과 그의 집을 선대함이냐 이것이 그의 손이 행한 대로 그에게 보답함이냐 17 우리 아버지가 전에 죽음을 무릅쓰고 너희를 위하여 싸워 미디안의 손에서 너희를 건져냈거늘 18 너희가 오늘 일어나 우리 아버지의 집을 쳐서 그의 아들 칠십 명을 한 바위 위에서 죽이고 그의 여종의 아들 아비멜렉이 너희 형제가 된다고 그를 세워 세겜 사람들 위에 왕으로 삼았도다 19 만일 너희가 오늘 여룹바알과 그의 집을 대접한 것이 진실하고 의로운 일이면 너희가 아비멜렉으로 말미암아 기뻐할 것이요 아비멜렉도 너희로 말미암아 기뻐하려니와 20 그렇지 아니하면 아비멜렉에게서 불이 나와서 세겜 사람들과 밀로의 집을 사를 것이요 세겜 사람들과 밀로의 집에서도 불이 나와 아비멜렉을 사를 것이니라 하고

민들이 충성의 대상을 잘 바꾼다는 사실은 이미 입증되었다. 그런 후에 "에벳의 아들 가알"이 세겜으로 이사 오자 "세겜 사람들이 그를 신뢰했다"(26절). 여기서 큰 아이러니는 가알이 우상의 신전에서 예배했는데, 아비멜렉은 그 신전의 돈을 사용했었다는 것이다(27절, 참조 4절). 그리고 가알은 아비멜렉이 했던 것과 똑같은 주장을 펼쳤다(28-29절, 참조 2절).

아비멜렉은 세겜 사람들과 달리, 자기 자신의 명분에 대해 맹렬히 충성스러웠다. 아비멜렉의 아버지, 기드온은 개인적 복수심과 자신이 받아야 마땅하다고 생각한 명예의 추구에 몰두하는 것으로 끝났다. 그러나 그 아들은 그 추구를 한층 더 높은 차원으로 했다. 그는 가알과 싸우고(30-41절), 세겜을 정복하고(42-44절), 그러고 나서 "거기 있는 백성을 죽였다"(45절). 아

---

21 요담이 그의 형제 아비멜렉 앞에서 도망하여 피해서 브엘로 가서 거기에 거주하니라 22 아비멜렉이 이스라엘을 다스린 지 삼 년에 23 하나님이 아비멜렉과 세겜 사람들 사이에 악한 영을 보내시매 세겜 사람들이 아비멜렉을 배반하였으니 24 이는 여룹바알의 아들 칠십 명에게 저지른 포학한 일을 갚되 그들을 죽여 피 흘린 죄를 그들의 형제 아비멜렉과 아비멜렉의 손을 도와 그의 형제들을 죽이게 한 세겜 사람들에게로 돌아가게 하심이라 25 세겜 사람들이 산들의 꼭대기에 사람을 매복시켜 아비멜렉을 엿보게 하고 그 길로 지나는 모든 자를 다 강탈하게 하니 어떤 사람이 그것을 아비멜렉에게 알리니라 26 에벳의 아들 가알이 그의 형제와 더불어 세겜에 이르니 세겜 사람들이 그를 신뢰하니라 27 그들이 밭에 가서 포도를 거두어다가 밟아 짜서 연회를 베풀고 그들의 신당에 들어가서 먹고 마시며 아비멜렉을 저주하니 28 에벳의 아들 가알이 이르되 아비멜렉은 누구며 세겜은 누구기에 우리가 아비멜렉을 섬기리요 그가 여룹바알의 아들이 아니냐 그의 신복은 스불이 아니냐 차라리 세겜의 아버지 하몰의 후손을 섬길 것이라 우리가 어찌 아비멜렉을 섬기리요 29 이 백성이 내 수하에 있었더라면 내가 아비멜렉을 제거하였으리라 하고 아비멜렉에게 이르되 네 군대를 증원해서 나오라 하니라

브람이 여호와를 예배했던 곳, 그리고 여호수아와 모든 백성이 여호와를 예배했던 곳이 결국 황량해지고 소금이 뿌려져서 농사도 지을 수 없이 되었다(45절).

천 명이 넘는 세겜 사람들이 그들 우상의 신전인 보루로 도피했다(46절). 그래도 아비멜렉의 복수심은 사그라질 줄 몰랐다. 그는 군사를 이끌고 보루를 불태워 무너뜨렸다(48-49절). 그래서 "세겜 망대에 있는 사람들이 다 죽었으니 남녀가 약 천 명이었다"(49절). 데베스의 망대도 같은 운명을 맞이할 것으로

---

30 그 성읍의 방백 스불이 에벳의 아들 가알의 말을 듣고 노하여 31 사자들을 아비멜렉에게 가만히 보내어 이르되 보소서 에벳의 아들 가알과 그의 형제들이 세겜에 이르러 그 성읍이 당신을 대적하게 하니 32 당신은 당신과 함께 있는 백성과 더불어 밤에 일어나 밭에 매복하였다가 33 아침 해 뜰 때에 당신이 일찍 일어나 이 성읍을 엄습하면 가알 및 그와 함께 있는 백성이 나와서 당신을 대적하리니 당신은 기회를 보아 그에게 행하소서 하니 34 아비멜렉과 그와 함께 있는 모든 백성이 밤에 일어나 네 떼로 나누어 세겜에 맞서 매복하였더니 35 에벳의 아들 가알이 나와서 성읍 문 입구에 설 때에 아비멜렉과 그와 함께 있는 백성이 매복하였던 곳에서 일어난지라 36 가알이 그 백성을 보고 스불에게 이르되 보라 백성이 산 꼭대기에서부터 내려오는도다 하니 스불이 그에게 이르되 네가 산 그림자를 사람으로 보았느니라 하는지라 37 가알이 다시 말하여 이르되 보라 백성이 밭 가운데를 따라 내려오고 또 한 떼는 므오느님 상수리나무 길을 따라 오는도다 하니 38 스불이 그에게 이르되 네가 전에 말하기를 아비멜렉이 누구이기에 우리가 그를 섬기리요 하던 그 입이 이제 어디 있느냐 이들이 네가 업신여기던 그 백성이 아니냐 청하노니 이제 나가서 그들과 싸우라 하니 39 가알이 세겜 사람들보다 앞에 서서 나가 아비멜렉과 싸우다가 40 아비멜렉이 그를 추격하니 그 앞에서 도망하였고 부상하여 엎드러진 자가 많아 성문 입구까지 이르렀더라 41 아비멜렉은 아루마에 거주하고 스불은 가알과 그의 형제들을 쫓아내어 세겜에 거주하지 못하게 하더니 42 이튿날 백성이 밭으로 나오매 사람들이 그것을 아비멜렉에게 알리니라 43 아비멜렉이 자기 백성을 세 무리로 나누어 밭에 매복시켰더니 백성이 성에서 나오는 것을 보고 일어나 그들을 치되 44 아비멜렉과 그 떼는 돌격하여 성문 입구에 서고 두 무리는 밭에 있는 자들에게 돌격하여 그들을 죽이니 45 아비멜렉이 그 날 종일토록 그 성을 쳐서 마침내는 점령하고 거기 있는 백성을 죽이며 그 성을 헐고 소금을 뿌리니라

171

보였다(50-52절). 그러나 "아비멜렉이 망대 앞에 이르러 공격하며 망대의 문에 가까이 나아가서 그것을 불사르려 하더니 한 여인이 맷돌 위짝을 아비멜렉의 머리 위에 내려 던져 그의 두개골을 깨뜨렸다"(52-53절). 치명상을 입은 아비멜렉은 (항상 그렇듯이 자신의 명예에 집착하여) 부하를 시켜 자기를 찌르게 하여, 여자의 손에 죽었다는 소리를 듣지 않으려 했다(54절).


:: 하나님은 부재하시는가?

8장 34절부터 10장 6절에서 하나님이 하나님의 개인적 언약 이름, 여호와로 전혀 언급되지 않는다. 이것은 하나님을 완전히 그림에서 배제하여, 하나님을 예배하지도, 고려하지도 않으려 하는 사회와 통치자의 모습이다.

그렇다면 하나님은 부재하시는가? 세겜 사람들이 우상

---

46 세겜 망대의 모든 사람들이 이를 듣고 엘브릿 신전의 보루로 들어갔더니 47 세겜 망대의 모든 사람들이 모인 것이 아비멜렉에게 알려지매 48 아비멜렉 및 그와 함께 있는 모든 백성이 살몬 산에 오르고 아비멜렉이 손에 도끼를 들고 나뭇가지를 찍어 그것을 들어올려 자기 어깨에 메고 그와 함께 있는 백성에게 이르되 너희는 내가 행하는 것을 보나니 빨리 나와 같이 행하라 하니 49 모든 백성들도 각각 나뭇가지를 찍어서 아비멜렉을 따라 보루 위에 놓고 그것들이 얹혀 있는 보루에 불을 놓으매 세겜 망대에 있는 사람들이 다 죽었으니 남녀가 약 천 명이었더라 50 아비멜렉이 데베스에 가서 데베스에 맞서 진 치고 그것을 점령하였더니 51 성읍 중에 견고한 망대가 있으므로 그 성읍 백성의 남녀가 모두 그리로 도망하여 들어가서 문을 잠그고 망대 꼭대기로 올라간지라 52 아비멜렉이 망대 앞에 이르러 공격하며 망대의 문에 가까이 나아가서 그것을 불사르려 하더니 53 한 여인이 맷돌 위짝을 아비멜렉의 머리 위에 내려 던져 그의 두개골을 깨뜨리니

의 돈으로 대학살의 자금을 대고, 아비멜렉이 이스라엘에 피비린내 나는 살육을 행할 때, 하나님은 부재하시는 것 같아 보인다. 그래서 요담이 브엘에 앉아 "그의 형제 아비멜렉 앞에서 도망하여 피하고" 있을 때(9:21), 16-20절에서 자신이 한 저주가 틀린 것이었는지 의심했다고 해도 용서할 수 있다. 9장 끝에서 세겜 사람들과 아비멜렉이 쓰러졌을 때도, 앙심을 품은 다툼 중에 한 여자가 맷돌을 던진 것이 운 좋게 맞은 결과뿐인 것으로 보였다. 정말로 하나님은 부재하시는 것 같았다.

그러나 23-24절과 56-57절에서, 저자는 인간사의 커튼을 걷고 하나님이 하고 계시는 일의 일면을 잠시 보여 준다. "하나님이 아비멜렉과 세겜 사람들 사이에 악한 영을 보내시매 … 이는 여룹바알의 아들 칠십 명에게 저지른 포학한 일을 갚으려는 것이었다"(23-24절). 아비멜렉이 죽고 나자, 저자가 또 논평한다. "아비멜렉이 … 행한 악행을 하나님이 이같이 갚으셨고 또 세겜 사람들의 모든 악행을 하나님이 그들의 머리에 갚으셨다"(56-57절).

하나님은 침묵하셨을지 몰라도, 부재하진 않으셨다. 자연스러운 사건의 진행 같아 보이는 것 속에서, 하나님이 심판을 행하고 계셨다. 하늘에서 벼락이 떨어지진 않았지만 … 정

---

54 아비멜렉이 자기의 무기를 든 청년을 급히 불러 그에게 이르되 너는 칼을 빼어 나를 죽이라 사람들이 나를 가리켜 이르기를 여자가 그를 죽였다 할까 하노라 하니 그 청년이 그를 찌르매 그가 죽은지라

의가 실현되었다. 바울이 로마서 1장 18절에서 말한 것과 같다. "하나님의 진노가 불의로 진리를 막는 사람들의 모든 경건하지 않음과 불의에 대하여 하늘로부터 나타나나니." 하나님의 심판은 미래의 어느 날을 위해 유보된 것만이 아니라, 오늘날에도 현존하는 실체이다.

사사기의 이 무서운 이야기는 하나님의 현재적 심판에 대한 세 가지 진리를 우리에게 일깨워 준다.

- 심판은 보이지 않게 다가온다. 하나님이 세겜 사람들의 마음속의 악을 하나님의 정당한 목적을 위해 사용하려고 보내신 영을 그 시대의 사람들은 보지 못했을 것이다. 우리 시대에도, 하나님이 어디서, 언제, 어떻게 사람들을 심판하고 계신지 커튼을 젖히고 말해 줄 신성한 영감을 받은 저자는 없다. 우리는 그 일이 일어나고 있다는 것을 알긴 하지만, 우리는 절대로 어느 한 사건을 가리키며, "하나님이 당신이 저지른 이 특정한 죄 때문에 당신을 심판하고 있소"라고 말할 수 없다.
- 심판은 기다림 후에 임한다. 요담이 심판과 심판의 도

---

55 이스라엘 사람들이 아비멜렉이 죽은 것을 보고 각각 자기 처소로 떠나갔더라 56 아비멜렉이 그의 형제 칠십 명을 죽여 자기 아버지에게 행한 악행을 하나님이 이같이 갚으셨고 57 또 세겜 사람들의 모든 악행을 하나님이 그들의 머리에 갚으셨으니 여룹바알의 아들 요담의 저주가 그들에게 응하니라

래에 대해 경고한 후 3년이 지났다(22-23절). 그 3년 동
안 아비멜렉이 다스렸고, 아비멜렉의 죗값은 치러진
것으로 보였다. 그 기다림은 이야기 속에서 단 한 절
에 나온다. 그러나 요담에게는 그 3년이 상당히 길게
느껴졌을 것이 분명하다! 그 기간 동안, 요담은 인내
와 신뢰를 배워야 했다.

• 심판은 인간의 죄의 결과를 통해 임한다. 세겜은 불충
성 때문에 파괴되었다. 세겜의 가장 큰 죄가 결국 몰
락의 원인이 되었다. 아비멜렉은 어떤 인간적 값을 치
르더라도 자신의 지위를 지키려는 욕망 때문에 멸망
했다. 아비멜렉의 가장 큰 죄가 역시 그의 몰락의 이
유가 되었다. 하나님이 반역자를 심판하실 때, 다른
인간 반역자를 도구로 사용하신다.


:: 공포를 능가하는 은혜

아비멜렉의 통치 하에서, 이스라엘은 이전보다 더 깊이
범죄했다. 그러나 "아비멜렉의 뒤를 이어서" 더 임할 하나님의
은혜가 있었다(삿 10:1). "돌라가 일어나서 이스라엘을 구원했
다"(1절). 그는 "이스라엘의 사사가 된 지 이십삼 년 만에 죽었
다"(2절). 최고의 사사 중 한 명인 드보라에 대해 사용된 표현과
같다. 드보라와 같은 식으로 이스라엘을 구원하고 이끌 사람

을 하나님이 일으키셨다. 그 다음에는 야일의 영도 하에서, 이스라엘은 또 22년 동안 평화를 누렸다(3절).

순전히 하나님의 은혜였다. 백성은 하나님을 완전히 버렸다. 그들은 하나님이 택하신 것이 아니라, 스스로 나선 사람을 택했다. 하나님의 거룩한 위임으로 추천받은 자가 아니라, 자기 힘으로 나선 사람에 의해 인도를 받는 것을 택했다. 이스라엘은 깊이 타락했고, 회개하며 부르짖지 않았지만, 하나님이 그들에게 돌라와 야일을 보내셔서 그들이 구하지도 않은 사사 구원자가 되게 하셨다.

그러나 사이클 패턴을 따르지 않는 앞의 사사, 삼갈(3:31)과 달리, 여기서는 적의 이름이 언급되지 않는다. 돌라는 이스라엘을 누구로부터 구하려고 일어났는가? 9장에 답이 있다! 돌라는 이스라엘을 이스라엘 자신으로부터 구했다. 궁극적으로 하나님의 백성은 우리를 우리 자신으로부터 구해 줄 리더가 필요하다. 우리 마음의 실패와 야심으로부터, 우리 중의 분열과 반목으로부터 우리를 구해 줄 리더가 필요하다. 이는 교회의 최대 문제는 교회라는 것을 우리에게 일깨워 준다!

---

10:1 아비멜렉의 뒤를 이어서 잇사갈 사람 도도의 손자 부아의 아들 돌라가 일어나서 이스라엘을 구원하니라 그가 에브라임 산지 사밀에 거주하면서 2 이스라엘의 사사가 된 지 이십삼 년 만에 죽으매 사밀에 장사되었더라 3 그 후에 길르앗 사람 야일이 일어나서 이십이 년 동안 이스라엘의 사사가 되니라 4 그에게 아들 삼십 명이 있어 어린 나귀 삼십을 탔고 성읍 삼십을 가졌는데 그 성읍들은 길르앗 땅에 있고 오늘까지 하봇야일이라 부르더라 5 야일이 죽으매 가몬에 장사되었더라

만일 교회가 경건하고 겸손한 리더십 하에서, 복음 중심으로 연합하고, 평화, 정의, 사랑을 누리고 추구하고 나누는 것을 우리가 본다면, 우리는 기드온이나 아비멜렉과 달리, 하나님께 감사를 드려야 한다. 하나님이 그의 은혜로 우리에게 성령을 주셔서 우리 마음을 변화시키고 우리의 관계를 회복시키신다.

●

# 입다, 추방자가 사사 되다

삿 10:6-12:7

●

내가 여호와를 향하여
입을 열었으니
능히 돌이키지 못하리로다

아비멜렉은 우상을 숭배하는 동족 이스라엘을 압제했다.
그때 돌라와 야일이 이스라엘을 이스라엘 자신으로부터 구하
기 위해 일어났다. 그러나 이제 익숙하고도 암담한 사이클이
다시 한 번 시작된다. 이스라엘이 '다시' 우상을 숭배한다. "바
알들과 아스다롯과 아람의 신들과 시돈의 신들과 모압의 신들
과 암몬 자손의 신들과 블레셋 사람들의 신들"(10:6)을 섬기기
시작한 것이다.

바알과 아스다롯은 가나안 '원주민'의 신들이었다. 그러
나 아람(북서쪽)과 시돈(북쪽), 혹은 암몬과 모압(동쪽), 블레셋(남
쪽)의 신들은 가나안 외부에 살면서 가나안에 자주 와서 이스
라엘 사람들을 억압한 민족들의 신이었다. 옷니엘이 아람 왕
에 대항해 이스라엘을 구했고(3:10), 에훗이 모압과 암몬(3:12-

13)에 대항했고, 삼갈이 블레셋(3:31)에 대항했고, 드보라가 가나안에 대항해(5:19) 이스라엘을 구했다.

다시 말해서, 이스라엘이 어느 나라의 우상을 숭배할 때마다 그 나라가 결국 이스라엘을 압제하게 되었다. 이번에는 이스라엘이 암몬과 블레셋의 신들을 우상숭배에 더했다. 그 결과, 이스라엘은 암몬인들과 블레셋인들에게 억압을 당하도록 넘겨졌다(10:7). 우상숭배는 예속으로 이어진다.

주목할 흥미로운 점은 우상숭배가 종살이로 이어질 뿐 아니라, 종살이도 우상숭배로 이어진다는 것이다. 어느 나라가 이스라엘을 억압하고 압제하면, 이스라엘이 그 나라의 신들을 당연히 미워하리라 생각할 것이다! 그러나 3장 13절에서 암몬 사람들이 이스라엘을 압제했지만, 이스라엘은 그들의 신들을 섬겼고, 다시 이스라엘의 암몬 자손들에 대한 종속으로 이어졌다. 이스라엘은 우상들로 말미암은 고통과 비극에도 불구하고, 그 억압과 문제를 초래한 우상들을 숭배했다.

우리는 다른 시대와 문화 속에 있기 때문에 이스라엘만의 문제라고 보기 쉽다. 그러나 인간의 마음은 바뀌지 않았다. 지금도 여전히 우리는 우상으로 말미암아 압제에 빠지면, 우

---

6 이스라엘 자손이 다시 여호와의 목전에 악을 행하여 바알들과 아스다롯과 아람의 신들과 시돈의 신들과 모압의 신들과 암몬 자손의 신들과 블레셋 사람들의 신들을 섬기고 여호와를 버리고 그를 섬기지 아니하므로 7 여호와께서 이스라엘에게 진노하사 블레셋 사람들의 손과 암몬 자손의 손에 그들을 파시매

상을 더 숭배해야 한다고 느낀다.

만일 어떤 사람이 가치와 목적을 사람과의 관계에서 찾는다고 하자. 예를 들어, 결혼생활을 위해 모든 것을 희생하다가, 결혼 생활이 실패한다고 하자. 그러면 자연히 생각하기를, '다른 사람을 찾아야 해. 더 좋은 배우자가 필요해'라고 한다. 우리는 우리의 문제를 우상숭배가 아니라, 우상을 충분히 숭배하지 않은 것이라고 본다.


:: 이스라엘이 팔리다

하나님께서 우상숭배에 진노하셔서 적들의 "손에 그들을 파셨다"(10:7). 강경한 구절이다. 여기서뿐 아니라, 사사기 2장 14절, 3장 8절, 4장 2절에서도 하나님이 하신 일에 대해, 이 구절이 사용되었다. 하나님이 전에 이스라엘을 '파신' 경우를 보면, 하나님이 이스라엘을 버리셨다거나 이스라엘에게 하신 약속을 무효화하셨다는 것이 아니다. 다만 어떤 식으로 그들을 보호하기를 멈추셨다는 것이다. 하나님께서는 이스라엘이 섬기는 것들이 이스라엘을 지배하고 '소유'하게 놔두신다.

로마서 1장 23-25절은 놀라운 유사 구절이다. 거기서 바울이 우상숭배에 대해 말한다. 바울은 "하나님의 영광을 썩어질 사람과 새와 짐승과 기어 다니는 동물 모양의 우상으로 바꾼"(23절) 것에 대해 말한다. 그 결과는 무엇인가? "그러므로 하나님께서 그들을 마음의 정욕대로 더러움에 내버려 두셨다"(24절). '정욕'이라는 단어는 헬라어로 에피투미아(epithumia)로 압도적인 충동, 우리를 노예처럼 사로잡는, 통제할 수 없는 욕망을 의미한다. '내버려 두다'는 하나님이 우리 삶을 다스리는 힘이 되시지 않고, 우리가 바라는 대로 되도록 허락하신다는 것이다. 하나님이 그들이 우상숭배를 하도록 내버려 두시자, 그들은 "피조물을 조물주보다 더 경배하고 섬겼다"(25절). 우상숭배에 대한 심판은 … 우상숭배다.

우상숭배와 노예생활은 병행된다. 우상숭배는 노예생활로 이어지고, 노예생활은 우상숭배로 이어진다. 돈을 숭배하는 사람에게 하나님이 말씀하신다. "네가 나를 위해 사는 대신에, 돈을 위해 살기를 원한다면, 돈이 네 삶을 지배할 것이다. 돈이 네 마음과 감정을 통제할 것이다. 네가 나를 위해 사는 대신에, 인기를 위해 살기 원한다면, 인기 있는 대중적 주장이 너를 다스리고 통제할 것이다. 네가 나 외에 다른 신을 원한다면, 그렇게 하려무나. 그 신이 네게 얼마나 자비를 베푸는지 보자꾸나. 그 신이 너를 얼마나 잘 구하고 인도하고 깨우치는지 보자꾸나."


:: 나는 더 이상 너를 구원하지 않을 것이다

이스라엘이 당한 압제는 최악이었고 총체적이었다. 적들이 그들을 "쳤다"(삿 10:8). 압제 기간이 길었다(18년, 8절). 압제는 전반적이었다. 즉 요단강 양안의 이스라엘 전부를 포함했다 (8-9절). 그래서 이스라엘 백성은 여호와께 부르짖으며 "우리가 우리 하나님을 버리고 바알들을 섬김으로 주께 범죄하였나이다"(10절)라고 고백했다.

하나님은 그들을 당장 용서하시고 기도에 응답하지 않으셨다. 6장 7-10절에도 나타난다. 백성이 하나님께 부르짖자, 하나님께서 그 응답으로 엄중히 경고하셨다. 여기서 하나님의 응답은 더욱 더 놀라울 정도로 가혹하다. 하나님은 그들을 거듭거듭 구하셨다(10:11-12). 그리고 거듭거듭 그들은 "[하나님을] 버리고 다른 신들을 섬겼다." 그래서 하나님이 통렬하게 백성에게 말씀하신다. "내가 다시는 너희를 구원하지 아니하리라"(13절). 하나님은 그들에게 응답하지 않으실 것이다. 그들은 그들이 숭배해 온 신들에게 부르짖어야 할 것이다(14절).

마이클 윌콕이 그 이유를 이렇게 설명한다.

여호와께서 말씀하신다. "나는 너희의 이 부르짖음이 뭔

---

8 그 해에 그들이 요단 강 저쪽 길르앗에 있는 아모리 족속의 땅에 있는 모든 이스라엘 자손을 쳤으며 열여덟 해 동안 억압하였더라 9 암몬 자손이 또 요단을 건너서 유다와 베냐민과 에브라임 족속과 싸우므로 이스라엘의 곤고가 심하였더라 10 이스라엘 자손이 여호와께 부르짖어 이르되 우리가 우리 하나님을 버리고 바알들을 섬김으로 주께 범죄하였나이다 하니 11 여호와께서 이스라엘 자손에게 이르시되 내가 애굽 사람과 아모리 사람과 암몬 자손과 블레셋 사람에게서 너희를 구원하지 아니하였느냐 12 또 시돈 사람과 아말렉 사람과 마온 사람이 너희를 압제할 때에 너희가 내게 부르짖으므로 내가 너희를 그들의 손에서 구원하였거늘 13 너희가 나를 버리고 다른 신들을 섬기니 그러므로 내가 다시는 너희를 구원하지 아니하리라

지 안다. 너희는 그저 바알에게든 나에게든 도와 달라는 것이다." -《사사기의 메시지》

하나님의 "가서 너희가 택한 신들에게 부르짖으라"(14절)는 말씀은 그들의 요구가 단지 약자가 강자에게 고통을 덜어 달라고 하는 탄원일 뿐이라는 의미이다. 그들의 말은 이런 것이다. "좋아요. 우리는 궁지에 몰렸어요! 우리가 당신의 규칙을 어겼기 때문에 문제에 빠졌어요! 이제 제발 저희를 도와서 이 문제에서 벗어나게 해 주세요." 그러나 진정한 회개는 일어난 일에 대해 마음에서 우러나오는 각성과 미움이다. 그것이 문제를 일으켰든 아니든 말이다.

다시 말해서, 그들은 그들의 죄의 결과에 대해 유감이었던 것이지, 죄에 대해 정말 유감은 아니었다. 우상숭배에서 돌아서는 방식조차 우상숭배스러울 수 있다. 그들이 하는 것이 그랬다. 그들은 하나님을 우상 중의 하나처럼 대했다. 그들은 정확한 버튼을 누르고, 정확한 제물을 바쳐서 하나님이 그들을 위해 능력을 나타내시도록 만들려고 했다.

그러다 마침내 이스라엘 백성은 그 핵심을 이해했다. 15절에서 그들의 요구는 10절의 요구와 달랐다. 그들은 이렇게 말

---

14 가서 너희가 택한 신들에게 부르짖어 너희의 환난 때에 그들이 너희를 구원하게 하라 하신지라

한다. "하나님이 원하시는 대로 하나님의 처분에 맡기지만, 여전히 자비를 간구합니다." 그들 마음의 변화를 보여 준다. 그전에는 자신들의 상태와 안위에만 완전히 초점을 맞췄다. 그들은 말했었다. "우리가 깨졌으니 고쳐 주세요!" 그러나 이제 그들은 하나님이 그들을 고쳐 주시고 그들의 문제를 제거해 주실 의무가 없으시다는 것을 인정한다. 즉 그들은 이렇게 말한다. "우리가 계속 고난을 당해야 하더라도 우리는 하나님을 원합니다"(물론 우리는 고난당하지 않기를 원하지만요).

왜 그것이 진정한 믿음의 징표인가? 만일 우리가 하나님께 "나는 하나님을 원해요. 왜냐하면 나는 하나님이 내게 주실 'X'를 원하기/필요로 하기 때문이에요"라고 한다면, 'X'가 우리의 진짜 궁극적 신이라는 것을 드러낸다. 그러나 만일 우리가 "당신이 X, Y, Z를 주시든 안 주시든 상관없이 나는 당신을 원해요"라고 한다면, 참 하나님을 다시 우리 하나님으로 모시고 있는 것이다.

둘째로, 그들이 "이방 신들을 제하여 버린"(16절) 것이 증거다. 그들은 표면적 수준보다 더 깊이 들어가서 마음을 바꾸었으며, 단지 피상적 행동만 바꾼 것이 아니었다. 이스라엘 백

---

15 이스라엘 자손이 여호와께 여쭈되 우리가 범죄하였사오니 주께서 보시기에 좋은 대로 우리에게 행하시려니와 오직 주께 구하옵나니 오늘 우리를 건져내옵소서 하고 16 자기 가운데에서 이방 신들을 제하여 버리고 여호와를 섬기매 여호와께서 이스라엘의 곤고로 말미암아 마음에 근심하시니라

성은 자주 여호와의 환심을 사려고 행동을 바꾸면서도, 우상을 집에 '보험'으로 놔뒀던 것을 사사기는 보여 준다. 그러나 회개는 표면 밑으로 더 깊이 들어간다. 회개는 단지 행동만이 아니라, 동기에 초점을 맞춘다.

진정한 회개의 두 가지 징표는 다음과 같다.

- 단지 결과만이 아니라, 죄에 대한 슬픔
- 단지 행동 변화만이 아니라, 우상숭배적 동기에 대한 슬픔

그러자 하나님이 압제 속에서 회개하는 백성에게 자비로 응답하신다. "여호와께서 이스라엘의 곤고로 말미암아 마음에 근심하시니라"(16절). "내가 다시는 너희를 구원하지 아니하리라"(13절)고 말씀하셨었지만, 하나님은 이스라엘을 구원하려고 역사하실 것이다. 다시, 우리는 하나님의 거룩함과 자비, 그리고 하나님이 백성에게 하신 약속의 조건성과 무조건성 사이의 긴장을 본다. 그 긴장은 오직 십자가에서만 완전히 해소된다.

:: 위대한 구원자의 희미한 그림자, 입다

암몬과 이스라엘 진영이 전투에 나설 차비를 하고(17절), 길르앗 사람들이 전투와 그 이후를 이끌 사람을 찾음으로써(18

절), 하나님의 해방자가 등장할 배경이 조성된다.

놀랍지 않기도 하고 놀랍기도 한 선택이었다(11:1)! 입다는 기드온처럼 "큰 용사"였고, 기드온의 아들 아비멜렉과 비슷하게 "기생이 길르앗에게서 낳은 아들이었다." 세상의 눈으로 보기에, 리더는 아이비리그나 옥스퍼드나 케임브리지 학위가 있고, 좋은 집안 출신에(그래서 정서적으로 건강하고), 전과가 없는 사람이다! 그러나 입다는 그런 것에 하나도 해당되지 않는 사람이었다. 입다는 창녀가 낳은 서자로서 집에서 쫓겨났다. 필시 매우 어린 나이에 이복형제들에게 쫓겨났을 것이다(2절). 한마디로 입다는 매우 역기능적 가정 출신이었다. 입다가 광야에 있을 때 '잡류, 무법자' 무리가 입다에게 모여들었다. 그들은 도둑질해서 생활하는 사람들이었다(3절, NRSV). 입다는 범죄 조직에 속해 있었다. 그는 지하 세계의 보스와 같았고 더 낭만적으로 말하자면 해적 같았다. 그는 완전한 추방자에, 콩가루 집안 출신의 범죄자였다.

그러나 하나님이 입다를 구원자로 일으켜 세우신다. 암

---

17 그 때에 암몬 자손이 모여서 길르앗에 진을 쳤으므로 이스라엘 자손도 모여서 미스바에 진을 치고 18 길르앗 백성과 방백들이 서로 이르되 누가 먼저 나가서 암몬 자손과 싸움을 시작하랴 그가 길르앗 모든 주민의 머리가 되리라 하니라 11:1 길르앗 사람 입다는 큰 용사였으니 기생이 길르앗에게서 낳은 아들이었고 2 길르앗의 아내도 그의 아들들을 낳았더라 그 아내의 아들들이 자라매 입다를 쫓아내며 그에게 이르되 너는 다른 여인의 자식이니 우리 아버지의 집에서 기업을 잇지 못하리라 한지라 3 이에 입다가 그의 형제들을 피하여 돕 땅에 거주하매 잡류가 그에게로 모여 와서 그와 함께 출입하였더라

몬 자손이 "이스라엘을 치자"(4절), 길르앗 리더들은 "입다를 데려오려고 … 가서" 군대를 통솔해 적과 싸워 달라고 했다(5-6절). 그러나 입다는 쉽게 응하지 않는다. "너희가 전에 나를 미워하여 내 아버지 집에서 쫓아내지 아니하였느냐"라고 지적한다(7절). "너희가 나를 원하는 것은 너희 문제 때문일 뿐이야"라는 말이었다.

길르앗 사람들은 입다에게 그렇게 잘못해 놓고 구해 달라고 이용만 할 수는 없었다. 입다를 머리, 즉 그들의 사사로 세워서 입다에게 순종해야 한다는 것을 그들은 깨달았다(8절). 경험은 조심하게 한다. 그래서 입다는 그들의 말이 진심인지 거듭 확인한다(9절)! 재차 다짐을 받고서야(10절), 입다는 사사직을 받아들이고 "백성이 그를 자기들의 머리와 장관을 삼았다"(11절).

많은 사람들이 10장 10-16절의 이스라엘 백성과 하나님의 대화, 그리고 여기 이스라엘 백성과 입다의 대화 사이의 유사성에 주목한다. 길르앗 사람들은 입다가 도와줄 것이라고

---

4 얼마 후에 암몬 자손이 이스라엘을 치려 하니라 5 암몬 자손이 이스라엘을 치려 할 때에 길르앗 장로들이 입다를 데려오려고 돕 땅에 가서 6 입다에게 이르되 우리가 암몬 자손과 싸우려 하니 당신은 와서 우리의 장관이 되라 하니 7 입다가 길르앗 장로들에게 이르되 너희가 전에 나를 미워하여 내 아버지 집에서 쫓아내지 아니하였느냐 이제 너희가 환난을 당하였다고 어찌하여 내게 왔느냐 하니라 8 그러므로 길르앗 장로들이 입다에게 이르되 이제 우리가 당신을 찾아온 것은 우리와 함께 가서 암몬 자손과 싸우게 하려 함이니 그리하면 당신이 우리 길르앗 모든 주민의 머리가 되리라 하매

생각했다. 그러나 입다는 그들이 다시 부탁하게 만들었다. 더 겸손하게 부탁하게 만들었고, 구원과 더불어 통치를 받아들이게 했다.

하나님과 이스라엘 사이에 오간 것과 똑같았다! 하나님의 사람들이 하나님의 사사를 어떻게 대우하는가는 사실 하나님을 어떻게 대우하는가와 마찬가지라는 것을 우리는 보고 있다. 하나님의 리더들은 가장 큰 사사, 즉 주 예수를 가리키는 '예표'다. 사람들이 예수님을 대하는 방식은 사실 하나님을 대하는 방식이다. 예수님의 통치권을 인정하지 않고서는 하나님을 공경하거나 진실하게 회개할 수 없다. 예수님의 통치를 받아들이지 않고서는 예수님의 구원을 받을 수 없다.

그러나 입다가 거절과 고난에도 불구하고 사사직에 오른 측면만 있는 것은 아니다. 입다는 그의 배경을 통해 그의 역할에 적합해졌다. 우리가 보았듯이, 입다는 극도로 영리한 협상가이다. 그리고 우리가 앞으로 보겠지만, 위대한 투사다. 만일 입다가 편안함과 안락함 속에서 자랐다면, 결코 이런 사람이 되지 못했을 것이다. 삶은 그를 인간 구원자가 되도록 준비시

---

9 입다가 길르앗 장로들에게 이르되 너희가 나를 데리고 고향으로 돌아가서 암몬 자손과 싸우게 할 때에 만일 여호와께서 그들을 내게 넘겨 주시면 내가 과연 너희의 머리가 되겠느냐 하니

10 길르앗 장로들이 입다에게 이르되 여호와는 우리 사이의 증인이시니 당신의 말대로 우리가 그렇게 행하리이다 하니라

11 이에 입다가 길르앗 장로들과 함께 가니 백성이 그를 자기들의 머리와 장관을 삼은지라 입다가 미스바에서 자기의 말을 다 여호와 앞에 아뢰니라

키고 자질을 갖추게 했다. 그런 면에서, 그는 더 위대한 구원자의 희미한 그림자를 우리에게 다시 한 번 제시한다. 예수님이 "자기 땅에 오매 자기 백성이 영접하지 아니하였다"(요 1:11). 예수님은 광야에서 시간을 보내셨고 "모든 일에 … 시험을 받으신 이로되 죄는 없으셨다"(히 4:15). 예수님의 삶은 거절당했지만 입다와 달리 온전히 의로우셔서 궁극적 연약함의 행위, 즉 범죄자의 죽음을 감당할 준비가 되셨고, 가장 위대한 승리를 이룰 자격을 갖추셨다. 그 가장 위대한 승리는 죽음으로 죄를 감당하셔서 그의 백성에게 그의 의를 주시고 그들을 평화 속으로 인도하시는 것이었다.

:: 부당한 비난에 대한 입다의 세 가지 반박

입다는 당장 전쟁을 벌이지 않는다. 먼저, 입다는 평화적 해법을 도모한다. "네가 나와 무슨 상관이 있기에 내 땅을 치러 내게 왔느냐"(삿 11:12). 암몬 왕은 지금 이스라엘이 살고 있는 땅의 일부가 암몬 족속의 것이었다는 주장으로 공격의 명분을 삼는다(13절).

---

12 입다가 암몬 자손의 왕에게 사자들을 보내 이르되 네가 나와 무슨 상관이 있기에 내 땅을 치러 내게 왔느냐 하니 13 암몬 자손의 왕이 입다의 사자들에게 대답하되 이스라엘이 애굽에서 올라올 때에 아르논에서부터 얍복과 요단까지 내 땅을 점령했기 때문이니 이제 그것을 평화롭게 돌려 달라 하니라

이에 입다는 세 가지 논증으로 반박한다.

- 역사적 논증(15-22절). 입다는 사실을 바로잡는다. 이스라엘이 애굽에서 나왔을 때, 에돔과 모압이 아르논 남쪽 땅에 살았다. 이스라엘은 그 땅을 통과하게 해달라고 그 두 족속에게 요청했지만 거절당했다(16-18절). 그러고 나서 이스라엘은 문제의 땅인 아르논 북쪽, 얍복강 남쪽을 향해 갔다. 거기에 아모리 족속이 시혼 왕의 통치 아래 살고 있었다(19절). 시혼이 그들을 공격했다(20절). 이스라엘이 전투에 이겨서, 정복자의 권리로 그 땅을 차지했다(21절). 그때 그 땅은 암몬 족속의 것이 아니었다. 암몬 족속은 얍복강 북쪽에 살

---

14 입다가 암몬 자손의 왕에게 다시 사자들을 보내 15 그에게 이르되 입다가 이같이 말하노라 이스라엘이 모압 땅과 암몬 자손의 땅을 점령하지 아니하였느니라 16 이스라엘이 애굽에서 올라올 때에 광야로 행하여 홍해에 이르고 가데스에 이르러서는 17 이스라엘이 사자들을 에돔 왕에게 보내어 이르기를 청하건대 나를 네 땅 가운데로 지나게 하라 하였으나 에돔 왕이 이를 듣지 아니하였고 또 그와 같이 사람을 모압 왕에게도 보냈으나 그도 허락하지 아니하므로 이스라엘이 가데스에 머물렀더니 18 그 후에 광야를 지나 에돔 땅과 모압 땅을 돌아서 모압 땅의 해 뜨는 쪽으로 들어가 아르논 저쪽에 진 쳤고 아르논은 모압의 경계이므로 모압 지역 안에는 들어가지 아니하였으며 19 이스라엘이 헤스본 왕 곧 아모리 족속의 왕 시혼에게 사자들을 보내어 그에게 이르되 청하건대 우리를 당신의 땅으로 지나 우리의 곳에 이르게 하라 하였으나 20 시혼이 이스라엘을 믿지 아니하여 그의 지역으로 지나지 못하게 할 뿐 아니라 그의 모든 백성을 모아 야하스에 진 치고 이스라엘을 치므로 21 이스라엘의 하나님 여호와께서 시혼과 그의 모든 백성을 이스라엘의 손에 넘겨 주시매 이스라엘이 그들을 쳐서 그 땅 주민 아모리 족속의 온 땅을 점령하되 22 아르논에서부터 얍복까지와 광야에서부터 요단까지 아모리 족속의 온 지역을 점령하였느니라

았다. 이스라엘은 그 땅을 아모리 족속으로부터 정당하게 쟁취했다.

- 신학적 논증(23-24절). 입다는 그 시대, 그 지역의 모든 민족들이 공유하는 가정을 사용했다. 이스라엘의 하나님 여호와께서 이스라엘이 시혼을 물리치게 하심으로써 아모리 족속의 땅을 명백하게 이스라엘에게 주셨다(23절). 암몬 족속도 만일 그들의 신, 그모스가 승리를 준다면, 그렇게 할 것이다(24절). 입다는 그들의 종교적 가정을 사용함으로써, 여호와 이스라엘의 하나님께서 그 땅을 주셨다고 논증한다. 입다의 이 말을 해석하는 두 가지 방법이 있다. 하나는 조금 긍정적으로 보는 방법으로서 입다가 암몬 족속의 세계관, 즉 각 나라의 신이 그 나라에 땅을 '준다는' 세계관을 차용하고 있다는 것이다. 사실 입다 자신은 이스라엘 사람으로서 그것이 잘못된 관점이며, 여호와만이 모든 나라들을 다스리시는 유일한 하나님이시라는 것을 알았다는 것이다. 다른 더 부정적인 견해는 입다 자신이 그 세계관을 가졌다는 것이다. 즉 입다가 이스

---

23 이스라엘의 하나님 여호와께서 이같이 아모리 족속을 자기 백성 이스라엘 앞에서 쫓아내셨거늘 네가 그 땅을 얻고자 하는 것이 옳으냐 24 네 신 그모스가 네게 주어 차지하게 한 것을 네가 차지하지 아니하겠느냐 우리 하나님 여호와께서 우리 앞에서 어떤 사람이든지 쫓아내시면 그것을 우리가 차지하리라

라엘의 하나님에 대해 잘 몰라서, 이스라엘의 하나님을 많은 신들 중의 하나로 보았다는 것이다. 나는 첫 번째 견해를 채택한다. 그러나 이후의 내용을 보면, 입다가 하나님과의 관계에 대한 어떤 이교적 개념들을 가졌다는 것은 분명하다.

• 법적 선례(25-27절). 입다는 과거에 모압 왕도 아르논 북쪽 땅에 있는 이스라엘을 공격해야 한다고 생각하지 않았다는 것을 상기시킨다. 그는 그 땅에 대한 이스라엘의 권리에 도전하지 않았다. 암몬 족속의 조상들도 그러지 않았다. 그런데 왜 이제 와서 암몬 족속이 그러는가?

세 가지 논증 모두 하나님의 백성이 아니라 암몬 족속이 잘못이라는 것을 입증한다. 그러나 "암몬 자손의 왕이 입다가 사람을 보내어 말한 것을 듣지 아니하였다"(28절). 그는 대답하지도 않고 퇴각하지도 않는다. 우리는 진실을 말하고, 평화를 추구해야 한다. 하지만, 그렇다고 해서 항상 우리 뜻대로 되는

---

25 이제 네가 모압 왕 십볼의 아들 발락보다 더 나은 것이 있느냐 그가 이스라엘과 더불어 다툰 일이 있었느냐 싸운 일이 있었느냐 26 이스라엘이 헤스본과 그 마을들과 아로엘과 그 마을들과 아르논 강 가에 있는 모든 성읍에 거주한 지 삼백 년이거늘 그 동안에 너희가 어찌하여 도로 찾지 아니하였느냐 27 내가 네게 죄를 짓지 아니하였거늘 네가 나를 쳐서 내게 악을 행하고자 하는도다 원하건대 심판하시는 여호와께서 오늘 이스라엘 자손과 암몬 자손 사이에 판결하시옵소서 하였으나

것은 아니다.

요컨대, 주 예수님께서도 "죄를 범하지 아니하시고 그 입에 거짓도 없으시며 욕을 당하시되 맞대어 욕하지 아니하시고 고난을 당하시되 위협하지 아니하시고 [삿 11:27의 입다처럼] 오직 공의로 심판하시는 이에게 부탁하셨다"(벧전 2:22-23). 우리가 따르는 구원자의 진리가 조롱당했고, 그의 의가 무시당했지만, 그는 그 두 가지에 대해 타협하지 않으셨다. 부당한 비난에 어떻게 대답할지의 모범을 입다는 부분적으로 보여 주었고, 그리스도께서는 최고의 경지로 보여 주셨다(21절).

:: 최악의 서원

외교로 안 되자, 전쟁이 불가피해졌다. "이에 여호와의 영이 입다에게 임하셨다"(삿 11:29). 사실상 이때부터 결과는 분명했다. 그러나 입다는 적을 맞으러 나아가다가(29절) "여호와께 서원했다." 만일 하나님이 승리를 내려 주시면, 승리하고 돌아올 때 그의 집에서 처음 나오는 것을 하나님께 희생 제물로 바치겠다고 했다(30-31절). 우리는 입다가 승리할 것을 이미 안다. 입다도 이미 알았어야 했다.

---

28 암몬 자손의 왕이 입다가 사람을 보내어 말한 것을 듣지 아니하였더라 29 이에 여호와의 영이 입다에게 임하시니 입다가 길르앗과 므낫세를 지나서 길르앗의 미스베에 이르고 길르앗의 미스베에서부터 암몬 자손에게로 나아갈 때에

"입다가 암몬 자손에게 이르러 그들과 싸웠다." 여호와께서 그에게 전면적 승리를 주셨다(32-33절). 그래서 그는 "미스바에 있는 자기 집에 이르렀고"(34절), 이스라엘의 승전 사사가 되었다. 이제 평화가 이어져야 하지만….

그의 집 문에서 처음 나온 것은 그의 외동딸이었다(34절). 입다는 황망한 가운데 절반은 딸을 탓했고, 절반은 현실을 통탄했다. "내가 여호와를 향하여 입을 열었으니 능히 돌이키지 못하리로다"(35절). 그의 딸은 놀랍게도 아버지에게 약속을 지키라고 한다(36절). 그리고 그녀가 살아가지 못할 삶에 대해 두 달 동안 애곡한 후(37-38절), "두 달 만에 그의 아버지에게로 돌아온지라 그는 자기가 서원한 대로 딸에게 행했다"(39절).

끔찍한 이야기이다. 이스라엘의 상태가 점점 심해지는 중에서도 최악인 것 같다. 여기서 세 가지 질문을 던져 보자.

입다가 하나님께 약속한 것은 정확히 무엇인가? 많은 사람들은 입다가 동물 제사를 하나님께 약속한 것으로 해석해

---

30 그가 여호와께 서원하여 이르되 주께서 과연 암몬 자손을 내 손에 넘겨 주시면 31 내가 암몬 자손에게서 평안히 돌아올 때에 누구든지 내 집 문에서 나와서 나를 영접하는 그는 여호와께 돌릴 것이니 내가 그를 번제물로 드리겠나이다 하니라 32 이에 입다가 암몬 자손에게 이르러 그들과 싸우더니 여호와께서 그들을 그의 손에 넘겨 주시매 33 아로엘에서부터 민닛에 이르기까지 이십 성읍을 치고 또 아벨 그라밈까지 매우 크게 무찌르니 이에 암몬 자손이 이스라엘 자손 앞에 항복하였더라 34 입다가 미스바에 있는 자기 집에 이를 때에 보라 그의 딸이 소고를 잡고 춤추며 나와서 영접하니 이는 그의 무남독녀라 35 입다가 이를 보고 자기 옷을 찢으며 이르되 어찌할꼬 내 딸이여 너는 나를 참담하게 하는 자요 너는 나를 괴롭게 하는 자 중의 하나로다 내가 여호와를 향하여 입을 열었으니 능히 돌이키지 못하리로다 하니

195

왔다. 그가 돌아왔을 때 동물 한 마리가 나와서 그를 맞이하면, 그 동물을 제물로 바칠 계획이었다는 것이다. 그러나 그 해석이 옳지 않은 세 가지 이유가 있다.

첫째로, "내 집 문에서 나와서"(31절)라고 했는데, 가정집 안에 동물이 있을 리가 없다. 둘째로, 만일 동물을 의도했다면, '중성적' 대상에 적합한 다른 형태의 명사를 썼을 것이다. 그러나 그러지 않았다. 셋째로, 만일 입다가 하나님께 동물을 약속했다면, 딸이 문으로 나왔을 때, 그 약속이 딸에게 해당된다고 생각하지 않았을 것이다.

다른 몇 명의 선의의 해석자들은 딸이 결혼하지 못할 것을 애곡했다는 것이라고 해석한다(37-38절). 그들은 입다의 서원이 딸을 평생 숫처녀로 바친다는 의미였다고 제안한다. 그러나 약속의 실행 전에 두 달의 유예를 요청한 것은(37절) 입다가 딸을 정말 제물로 바치지 않았다면 말이 되지 않는다. 요컨대, 입다는 하나님이 승리를 주시면 인간 제물을 바치겠다고

---

36 딸이 그에게 이르되 나의 아버지여 아버지께서 여호와를 향하여 입을 여셨으니 아버지의 입에서 낸 말씀대로 내게 행하소서 이는 여호와께서 아버지를 위하여 아버지의 대적 암몬 자손에게 원수를 갚으셨음이니이다 하니라 37 또 그의 아버지에게 이르되 이 일만 내게 허락하사 나를 두 달만 버려 두소서 내가 내 여자 친구들과 산에 가서 나의 처녀로 죽음을 인하여 애곡하겠나이다 하니 38 그가 이르되 가라 하고 두 달을 기한하고 그를 보내니 그가 그 여자 친구들과 가서 산 위에서 처녀로 죽음을 인하여 애곡하고 39 두 달 만에 그의 아버지에게로 돌아온지라 그는 자기가 서원한 대로 딸에게 행하니 딸이 남자를 알지 못하였더라 이것이 이스라엘에 관습이 되어 40 이스라엘의 딸들이 해마다 가서 길르앗 사람 입다의 딸을 위하여 나흘씩 애곡하더라

약속했던 것이다. 그러나 외동딸이 아닌, 종이나 다른 사람일 것으로 예상했던 건 분명하다. 여하튼 입다는 하나님께 인간 제물을 바치겠다고 약속했다.

왜 입다는 그런 약속을 했는가? 신명기 12장 31절에서 인신 제사는 "여호와께서 꺼리시며 가증히 여기시는 일"이라고 말한다. 이 사안에 대한 하나님의 뜻은 틀림없다. 그런데 왜 입다가 그런 서원을 했는가?

첫째로, 입다는 주변 이교 문화의 잔혹함 때문에 폭력에 무뎌진 것이 분명하다. 신자들이 하나님에 대한 믿음을 고백하고 일부 진리를 고수하더라도, 세상이 신자들을 압박해 세상의 행태에 동조하게 만들 수 있다는 것을 보여 주는 생생하고도 끔찍한 예다(롬 12:2, 엡 4:22-24 참조). 폭력적인 주변 문화 속에서, 입다는 세상적 폭력이 자기 안에 들어와서 그의 참된 다른 믿음들 곁에 나란히 공존하도록 허락하고 있었다. 오늘날에는, 성이나 돈에 대한 세상적인 태도들이 우리 안에 들어와서 다른 참된 믿음과 나란히 공존하게 하기 쉽다. 바울은 말한다. "너희는 이 세대를 본받지 말고 오직 마음을 새롭게 함으로 변화를 받으라"(롬 12:2).

둘째로, 입다는 이교의 도덕 기준에 감염되었을 뿐 아니라, 하나님의 성품을 행위에 의한 의로 이해하는 이교의 관점에도 오염되었다. 인신 제사는 이교에서 신을 '매수'하는 방법이었다. 이교 예배자는 인간을 희생 제물로 바쳐 "내가 당신의 능력에 얼마나 감탄하고 경탄하는지 보여 주겠습니다"라고 말한다.

그러나 성경의 하나님은 오직 단 한 종류의 인간 제물을 원하신다. 우리 삶의 모든 영역의 주권을 하나님께 바치는 자기희생이다. 그렇게 함으로써 하나님의 은총을 확보하려는 것이 아니라, 하나님의 은총을 이미 받은 것에 대한 반응일 뿐이다. "내가 하나님의 모든 자비하심으로 너희를 권하노니 너희 몸을 하나님이 기뻐하시는 거룩한 산 제물로 드리라. 이는 너희가 드릴 영적 예배니라"(롬 12:1).

입다는 크나큰 '선물'로 여호와께 잘 보이고, 여호와를 매수하고, 통제해야 한다고 생각했다. 하나님은 이미 하나님의 죄악된 백성을 구하기로 작정하셨고(10:16), 그렇게 하는 데 입다를 사용하기로 결정하셨는데도(11:29) 입다가 그것을 깨닫지 못했다니 참으로 비극이다.

그러고 나서도 왜 또 입다는 서원을 지켰는가? 가장 대답하기 어려운 질문이다. 최선의 대답은 애초에 입다가 서원한 이유의 연장선상에 있다. 입다는 은혜의 하나님에 대한 개념이 없었던 것 같다. 그는 하나님을 기본적으로 이교의 신들처럼, 아첨과 거창한 희생 제물로 환심을 사야 하는 존재로 봤다.

경솔한 서원으로 덫에 걸려들었음을 뚜렷이 깨닫고 나서(35절), 왜 그는 그저 그 서원의 죄악된 어리석음을 자백하고

198

그 서원을 깨뜨려 딸을 구하지 않았는가? 대답은 그가 하나님을 신뢰하지 않았다는 것이다. 그는 하나님에 대한 불신의 덫에 걸려 있었다. 그는 서원을 지키지 않으면, 하나님이 그를 치실 것이라고 믿은 것으로 보인다. 애초에 그가 그런 서원을 했던 것도 마찬가지 이유다. 그는 행위로 의를 얻는다고 생각했고, 이는 하나님에 대한 이교적 개념이었다.

:: 입다의 비극이 주는 교훈들

분명히 이 이야기는 말에 주의해야 한다고 가르친다. 우리는 시편 기자와 더불어 하나님께 "내 입에 파수꾼을 세우소서"(시 14:3)라고 기도해야 한다. 하나님은 구부러진 연필로도 똑바로 쓰실 수 있다.

하나님이 우리를 통해 역사하신다고 해서, 우리 안에 하나님의 역사가 완료되었다는 증거는 아니다. 우리가 훌륭한 설교자, 리더, 교사라고 해서, 그리고 하나님이 우리를 사용하신다고 해서, 우리의 심령 상태가 하나님을 기쁘시게 하고 있다는 의미는 아니다.

더 깊은 두 가지 교훈이 있다. 첫째로, 우리는 성경보다 우리의 문화로부터 훨씬 더 큰 영향을 받는다. 우리가 생각하는 것 이상으로 우리는 문화로부터 영향을 받는다. 우리는 다음의 사실을 쉽게 간파할 수 있다. 입다는 하나님이 누구시며,

인간의 생명이 얼마나 성스러운 것인지에 대하여 성경(모세오경)이 그에게 말한 바를 무시했다. 대신 그는 하나님과 생명에 대해 이교 문화가 하는 말에 귀 기울였다. 다른 시대와 장소의 많은 사람들은 (예를 들어) 서구 문화권의 그리스도인들이 그들 자신을 위해 얼마나 많은 돈을 쓰는지 보고 놀랄 것이다.

입다는 우리 자신을 살펴보며 질문하게 한다. "내가 못 보고 있는 나의 큰 맹점은 무엇인가?" 그 질문에 대한 답을 정말로 알고 싶다면, 우리는 성경을 꾸준히 겸손하게 읽어야 한다.

둘째로, 하나님의 백성은 하나님의 은혜를 잘 믿지 못한다. 에덴 동산에서 뱀이 첫 번째로 한 거짓말은 하나님이 인간의 최선의 유익을 생각하신다는 것을 불신하게 하려는 것이었다(창 3:1-5). 그때 이후로, 우리는 항상 하나님을 통제해야 하고, 하나님을 매수해야 하고, 하나님 앞에서 우리의 행위로 합

---

12:1 에브라임 사람들이 모여 북쪽으로 가서 입다에게 이르되 네가 암몬 자손과 싸우러 건너갈 때에 어찌하여 우리를 불러 너와 함께 가게 하지 아니하였느냐 우리가 반드시 너와 네 집을 불사르리라 하니 2 입다가 그들에게 이르되 나와 내 백성이 암몬 자손과 크게 싸울 때에 내가 너희를 부르되 너희가 나를 그들의 손에서 구원하지 아니한 고로 3 나는 너희가 도와 주지 아니하는 것을 보고 내 목숨을 돌보지 아니하고 건너가서 암몬 자손을 쳤더니 여호와께서 그들을 내 손에 넘겨 주셨거늘 너희가 어찌하여 오늘 내게 올라와서 나와 더불어 싸우고자 하느냐 하니라 4 입다가 길르앗 사람을 다 모으고 에브라임과 싸웠으며 길르앗 사람들이 에브라임을 쳐서 무찔렀으니 이는 에브라임의 말이 너희 길르앗 사람은 본래 에브라임에서 도망한 자로서 에브라임과 므낫세 중에 있다 하였음이라

당해져야 한다고 느껴 왔다. 우리는 하나님이 우리를 사랑하시고 축복하신다는 것을 그냥 신뢰할 수 없다고 느껴 왔다.

그래서 다음 질문을 할 가치가 있다. "하나님이 나를 사랑하시고 축복하시고 나에게 최선을 이루시는 데 완전히 전념하신다고 내가 정말로 믿는다면, 나는 어떤 식으로 다르게 살 것인가? 더 급진적으로 살게 될까, 아니면 더 안식을 누리며 살게 될까?"

:: 이스라엘 내부 전쟁

기드온의 때처럼, 이번에도 에브라임 사람들이 승리의 영광에 동참하지 못해서 화가 났다. 이번에는 불평에 그치지 않고, 사사의 생명을 위협하고 나섰다(삿 12:1).

그 반응으로, 입다는 자신의 지위를 정당화한다(2-3절). 암몬 족속의 왕에게 한 것과 같았지만(11:15-27), 이번에는 대답을 기다리지 않는다. "입다가 길르앗 사람을 다 모으고 에

---

5 길르앗 사람이 에브라임 사람보다 앞서 요단 강 나루턱을 장악하고 에브라임 사람의 도망하는 자가 말하기를 청하건대 나를 건너가게 하라 하면 길르앗 사람이 그에게 묻기를 네가 에브라임 사람이냐 하여 그가 만일 아니라 하면 6 그에게 이르기를 쉽볼렛이라 발음하라 하여 에브라임 사람이 그렇게 바로 말하지 못하고 십볼렛이라 발음하면 길르앗 사람이 곧 그를 잡아서 요단 강 나루턱에서 죽였더라 그 때에 에브라임 사람의 죽은 자가 사만 이천 명이었더라 7 입다가 이스라엘의 사사가 된 지 육 년이라 길르앗 사람 입다가 죽으매 길르앗에 있는 그의 성읍에 장사되었더라

브라임과 싸웠으며 길르앗 사람들이 에브라임을 쳐서 무찔렀다"(12:4). 그들에게 모욕을 당했기 때문이다. 에브라임 사람들이 이스라엘의 대적에 대항해 요단강에서 싸웠었다(3:27-29, 7:24-25). 이제 입다가 요단강에서 에브라임 사람들과 싸웠다. 42,000명의 하나님의 백성이 다른 하나님의 백성의 손에 죽었다(6절).

저자는 입다가 6년 동안 사사직에 있었다고 기록한다. 그러나 지금까지의 다른 모든 사사들과 달리, 입다가 평화를 가져왔다고 기록하지 않았는데, 당연하다(7절). 요단강에서 흘린 에브라임 사람들의 피가 평화를 깨뜨렸다.

입다는 자신의 위치가 위태로울 때는 주의하여 외교적이고 평화적으로 처신했다(11:4-11). 하나님 백성의 대적들에 직면했을 때도 그랬다(12-28절). 그러나 여기서, 입다는 하나님의 백성 중에서 그를 대적하는 사람들을 치는 걸 주저하지 않았다. 입다는 자기 자신이나 세상을 대할 때보다, 하나님의 백성을 훨씬 더 가혹하게 대했다.

만일 우리가 세상과 좋은 관계로 있으려고 노력하는 것만큼, 교회 안에서 연합을 더 추구하고 받은 모욕을 그냥 간과하고 넘어간다면, 우리의 공동체들이 훨씬 덜 분열되고 훨씬 더 사랑이 넘칠 것이다.

우리는 질문해 봐야 한다. "나는 어떤 면에서 동료 그리스도인들을 너무 빨리 판단하는가? 나는 기독교 내부의 어떤 차이점들을 가지고 다른 사람들을 무시할 기회로 사용하는가? 나는 누구를 용서하기를 거부하고, 회피하길 좋아하는가?" 다시 말하지만, 우리는 이런 일을 너무 자주 본다. 교회의 최대 문제는 교회다!

# 삼손, 잉태되기도 전에 선택되다

삿 12:8-13:25

그 낳을 아이에게
어떻게 행할지를
우리에게 가르치게 하소서

삼손은 사사기에서 하나님이 임명하신 리더들의 끝부분에 속한다. 삼손의 몰락이기도 하고, 삼손의 최대 업적을 향해 길을 깔아 놓기도 한 사건으로 삼손은 유명하다. 바로 삼손의 아내 들릴라가 삼손의 머리카락을 자른 사건이다. 그러나 삼손의 이야기는 그보다 훨씬 더 풍부하다. 삼손의 이야기에서, 우리는 여호수아 시대와 하나님이 주시는 왕정 시대 사이 사람들의 결점을 본다. 사실은 에덴 동산과 새 예루살렘 사이 모든 시대도 마찬가지다. 그러나 또한 우리는 삼손의 이야기에서, 오실 완전한 사사이자 구원자이신 분에 대한 놀라운 힌트를 본다. 그 힌트는 삼손이 태어나기 전부터 시작된다.

## :: 끝부분의 소 사사들

사사기 12장 8절부터 13장 25절은 '비 사이클' 사사들의 마지막 무리를 기록한다. 대 사사들이 옷니엘이라는 이상적인 사사로부터 점점 멀어져서, 백성을 위해 더 미진한 평화를 성취했던 것처럼, 이 소 사사들도 이상적인 소 사사 삼갈에 훨씬 못 미친다(3:31).

입산은 그의 위치를 이용한 결혼 동맹을 통해 가족 권력 기반을 구축한다(12:9). 엘론의 리더십 후(10절), 압돈이 아들 40명과 손자 30명을 둔 것은 (14절) 그가 왕처럼 후궁들을 거느리고 살았다는 것을 나타낸다(기드온이 그렇게 했다. 8:29-31 참조). 그들이 나귀(왕족이 타는 동물, 왕상 1:38-39, 슥 9:9 참조)를 탔다는 것은 그가 왕조를 세우려 했다는 인상을 강화시킨다. 대 사사들의 결점과 실패가 이러한 마지막 부분의 비 사이클 사사들에게도 반영된다. 이들 중 아무도 "이스라엘을 구원했다"고 기록되지 않는다.

---

8 그 뒤를 이어 베들레헴의 입산이 이스라엘의 사사가 되었더라 9 그가 아들 삼십 명과 딸 삼십 명을 두었더니 그가 딸들을 밖으로 시집 보냈고 아들들을 위하여는 밖에서 여자 삼십 명을 데려왔더라 그가 이스라엘의 사사가 된 지 칠 년이라 10 입산이 죽으매 베들레헴에 장사되었더라 11 그 뒤를 이어 스불론 사람 엘론이 이스라엘의 사사가 되어 십 년 동안 이스라엘을 다스렸더라 12 스불론 사람 엘론이 죽으매 스불론 땅 아얄론에 장사되었더라 13 그 뒤를 이어 비라돈 사람 힐렐의 아들 압돈이 이스라엘의 사사가 되었더라 14 그에게 아들 사십 명과 손자 삼십 명이 있어 어린 나귀 칠십 마리를 탔더라 압돈이 이스라엘의 사사가 된 지 팔 년이라 15 비라돈 사람 힐렐의 아들 압돈이 죽으매 에브라임 땅 아말렉 사람의 산지 비라돈에 장사되었더라

:: 누구의 눈이 중요한가?

마지막 사이클의 시작과 더불어, 다른 때와 마찬가지로 "이스라엘 자손이 다시 여호와의 목전에 악을 행하였으므로" 비슷한 결과가 이어졌으니, 하나님이 그들을 대적의 손에 넘겨주신 것이다. 이번에는 블레셋이었다(13:1).

"여호와의 목전에 악을 행하였다"라는 문장이 사사기에서 후렴처럼 반복되었다(2:11, 3:7, 12, 4:1, 6:1, 10:6). 그러나 사사기의 이중 결론에 두 번 등장하는 문장이 있다. 동일한 사실을 다른 식으로 표현한 문장이다. "그때에는 … 사람마다 자기 소견에 옳은 대로 행하였더라"(17:6, 21:25).

저자의 요점은 이스라엘 사람들이 한 많은 일들이 "자기들이 보기에는" 악하지 않았다는 것이다. 다시 말해서, 그들이 인식하기로는, 그들 행위의 대부분이나 전부가 완전히 받아들일 수 있는 것이었다. 그들은 '이것이 악하다는 걸 알아. 하지만 어쨌든 할 거야'라고 생각한 것이 아니었다. 그러나 어쨌든 "하나님이 보시기에" 그 행위는 악했다.

여기서 죄에 대한 두 가지 진리를 배울 수 있다. 첫째로, 죄의 정의이다. "여호와의 눈에"라는 용어와 우리 "자신의 눈"에가 대조되어 우리를 가르친다. 죄는 궁극적으로 우리 자신의 양심을 어기는 것이 아니고, 우리 개인의 기준을 어기는 것

---

13:1 이스라엘 자손이 다시 여호와의 목전에 악을 행하였으므로 여호와께서 그들을 사십 년 동안 블레셋 사람의 손에 넘겨 주시니라

이 아니고, 공동체의 기준을 어기는 것이 아니고, 우리에 대한 하나님의 뜻을 어기는 것이다.

물론 현대의 사고방식과 전면 배치되는 정의다. 무수한 포럼과 강연에서 끊임없이 주장한다. "오직 당신 자신만이 당신을 위해 무엇이 옳고 그른지 정의할 수 있다." 다시 말해서 '나 자신의 눈', 내 마음의 감정과 내 생각의 인식이 옳고 그름을 결정하는 유일한 방법이라는 것이다.

그러나 설령 성경이 없다 하더라도, 이는 상식과도 배치된다. 만일 우리 자신의 눈으로만 악이 결정된다면, 나치의 유대인 대학살이 잘못이었다고 어떻게 말할 수 있는가? 그들은 인류에게 좋은 일을 하는 것이라고 생각했고, 심지어 그들이 상상하는 과거 역사의 '잘못'을 그들이 정당하게 응징하는 것이라고까지 생각했다. 일단 '우리 자신의 눈'은 죄를 정의하기에 부족하다고 인정하고 나면, 그렇다면 누구의 눈으로 봐야 하는가? 전문가의 눈이 악을 정의하는가? 다수의 눈인가? 이 관점들로도 대학살을 거부할 수 없다.

성경의 답이 옳다. 죄는 하나님과의 관계를 깨뜨리는 것, 우리에 대한 하나님의 뜻을 어기는 것으로 정의된다. 우리가 어떻게 느끼고, 전문가가 어떻게 말하고, 문화가 동의하는가에 상관없이, 하나님이 죄라고 보시면 죄다.

둘째로, 이 구절들은 죄의 속이는 성향을 우리에게 보여준다. 이 구절들은 우리가 얼마나 쉽게 자기 기만에 빠지는지 일깨워 준다. 이스라엘 사람들은 그들의 죄를 심리적, 문화적으로 합리화하고 지원하는 일종의 '집단 부정' 상태에 있었다. 그들의 '눈'이나 인식으로는 그들이 하는 일에 아무 잘못이 없었다. 그들은 하나님과 단절된 자신들의 상태를 마음 깊은 곳에서 알고, 그 인식을 억누르며, 하나님의 뜻을 거절하고 있었지만(롬 1:18), 의식 수준에서는 뚜렷한 죄책감이 없었고, 자신들의 생활방식에 대해 여러 가지로 변명을 늘어놓고 있었다.

그 변명들이 뭐였는지 모르지만, 그들의 죄와 우리의 죄의 핵심은 우상숭배라는 것을 기억해야 한다. 우상은 항상 나쁜 것들은 아니다. 좋은 것을 궁극적 희망과 목표로 삼는 것이 우상이다. 가령 근면성실과 일의 우상화, 혹은 가정을 사랑하는 것과 가정을 우상으로 삼는 것의 구분은 미묘하다. 우상은 본질적으로 속인다. 우상은 우리가 그렇게 열심히 일하는 것이 합리적이고 신중하고 지혜로운 것이라고 말한다. 심지어 우리가 이타적인 것이라고 말할 수도 있다. 그러나 사실 우리 마음속의 하나님의 자리에 다른 것을 두는 것이다. 따라서 온 우주에서 유일하게 정말 중요한 눈으로 보기에 우리는 악을 행하고 있는 것이다.

그래서 우리는 성경 묵상과 다른 사람들과의 상호 점검을 통해서 항상 우리 자신을 평가해 보도록 주의해야 한다. 우리는 물질주의, 걱정, 원망, 교만 등의 죄를 합리화할 방법을 항상 찾는다. 그런 것들이 '우리 눈'에는 나빠 보이지 않는다.

17세기 청교도 저자, 토마스 브룩스가 한 말과 같다. "사탄은 죄의 그림을 덕목의 색으로 칠한다."


:: 네가 아들을 낳으리라

사사기 13장 2-3절에서, 우리는 단 지파 마노아와 그의 아내를 만난다. 그의 아내는 이름이 없지만, 본 장의 진정한 영웅이다. "여호와의 사자가 그 여인에게 나타났다"(3절). 하나님이 그 백성을 구원하시려고 역사하기 시작하셨다.

삼손은 태어나기 전, 심지어 잉태되기도 전에 선택된 유일한 사사다. 마노아의 아내는 "임신하지 못하므로 출산하지 못했다(2절). 그러나 여호와의 사자가 말했다. "이제 임신하여 아들을 낳을 것이다"(3절). 그녀는 술을 마시거나 어떤 부정한 것을 먹지 말아야 했다(4절). 혹은 아이의 머리를 자르지 말아야 했다. 왜냐하면 이 아들은 "태에서 나옴으로부터 하나님께 바쳐진 나실인이 됨이라. 그가 블레셋 사람의 손에서 이스라엘을 구원하기 시작하리라"(5절)는 것이었다.

천사가 언급한 나실인의 서원은 민수기 6장 1-12절에서

---

2 소라 땅에 단 지파의 가족 중에 마노아라 이름하는 자가 있더라 그의 아내가 임신하지 못하므로 출산하지 못하더니 3 여호와의 사자가 그 여인에게 나타나서 그에게 이르시되 보라 네가 본래 임신하지 못하므로 출산하지 못하였으나 이제 임신하여 아들을 낳으리니

발견되며, 세 가지 기본 규정을 갖는다. 나실인은 서원한 기간 동안 머리를 자르지 말아야 했고, 술이든 아니든, 포도나무에서 나오는 어떤 것도 마시지 말아야 했고, 사체와 접촉하지 말아야 했다.

나실인 서원의 목적은 중차대한 시기에 하나님의 특별한 도움을 구하는 것이었다. 하나님을 열심히 간절히 바라본다는 징표였다. 머리를 자르지 않고 포도나무 열매를 삼가는 것은 어떤 목표를 향해 '근신 중'이라는 것을 보여 주는 방법들이었다. 사체에 접촉하지 않는 것은 제사장의 정결례의 엄격한 규칙을 채택한 것이었다. 제사장은 하나님의 집(역사의 이 시점에서는 성막)에서 매일 일하기 때문에 어떤 사체도 만질 수 없었다.

민수기 6장에 분명히 나오듯, 나실인의 서원은 자발적이고 한시적이었다. 그러나 삼손은 비자발적 나실인으로 태어났다. 그의 부모가 삼손을 위해 서원했다. 그리고 삼손은 평생 나실인이어야 했다. 그의 어머니는 포도주를 마시거나 부정한 음식을 먹지 말아야 했다. 왜냐하면 삼손이 태중에 있을 때부터 당장 나실인의 서원이 시작되었기 때문이다! 어머니가 먹고 마시는 것을 삼손이 태중에서 먹고 마셨다. 삼손이 태어나기 전부터 하나님이 삼손을 그 '규칙' 아래 두셨다. 정말로 삼

---

4 그러므로 너는 삼가 포도주와 독주를 마시지 말며 어떤 부정한 것도 먹지 말지니라 5 보라 네가 임신하여 아들을 낳으리니 그의 머리 위에 삭도를 대지 말라 이 아이는 태에서 나옴으로부터 하나님께 바쳐진 나실인이 됨이라 그가 블레셋 사람의 손에서 이스라엘을 구원하기 시작하리라 하시니

손은 "태에서 나옴으로부터 [그리고 그 전부터] 하나님께 바쳐졌다"(삿 13:5).

## :: 불가능을 행하시는 하나님

물론 이 특별한 탄생은 천 년 후에 있을 가장 특별한 탄생을 가리킨다. 그러나 삼손이 우리에게 상기시키는 것은 예수님의 수태만이 아니다. 하나님은 종종 인간적으로는 존재할 수 없는 아이를 통해 이 세상에 역사하셨다.

이삭은 하나님이 아브람에게 약속하신 아들이었고, 세상이 그를 통해 축복을 받을 것이었다(창 12:1-3). 그런 이삭은 불임 여성 사라에게서 태어났다(11:30, 21:1-3). 사무엘은 하나님의 백성을 위해 선택된 처음 두 왕에게 기름 붓도록 하나님이 사용하실 텐데, 자녀를 낳지 못했던 여자 한나에게서 태어났다(삼상 1:5-7, 19-20). 세례 요한은 주의 오심을 선포할 텐데, "잉태를 못하고 … 나이가 많은"(눅 1:7) 엘리사벳에게서 태어났다. 마리아의 임신은 다른 이유로 불가능했다. 그녀는 처녀였다(눅 1:26-27, 34). 예수님의 탄생에서는 기적의 정도가 한계를 초월한다. 다른 모든 아기들은 하나님의 능력이 여자의 태를 열어 자연적으로 임신되었지만, 마리아의 경우에는 인간 아버지 없이 마리아를 임신하게 하셨다.

그리고 한나의 경우 외에는, 하나님이 천사를 사용하셔

서 임신을 약속하신다. 그 모든 출생들은 어머니가 인간적으로 할 수 없는 것이었다. 즉 하나님께서는 하나님의 구원 약속 실현이 인간은 아무도 할 수 없는 것이며, 오직 하나님만이 "죽은 자를 살리시며 없는 것을 있는 것으로 부르시는" 분이심을 보여 준다(롬 4:17).

삼손의 탄생과 이삭, 사무엘, 요한의 탄생은 예수님의 탄생과 두 가지가 다르다. 첫째, 다른 탄생들은 불명예의 그림자를 떨치고 일어났다. 고대에 여성의 출산은 여성의 명예와 존엄성을 이루는 중요한 부분이었다. 그리고 이스라엘 여성들은 하나님께서 하와에게 약속하신 대로 구원자가 탄생하여 마귀를 물리치고 죄의 결과를 제거하실 것을 기억하면서, 그 약속의 성취에 잠재적으로 참여하기를 고대했을 것이다.

그러므로 자녀를 낳을 수 없는 여성은 부끄러움의 구름 아래서 실망감을 가지고 살았다(오늘날 우리의 문화 속의 많은 자녀가 없는 여성들도 그런 것을 마음 아프게 느끼고 있다). 그러나 하나님께서 자비로 임하셔서 그 수치와 불명예를 걷어 주시고, 존귀와 기쁨을 주신다.

그러나 예수님의 탄생은 어머니와 아들에게 불명예를 줬다. 우리는 우리의 구원자가 스캔들과 의혹 속에 탄생하셨음을 결코 잊지 말아야 한다. 다른 '구원자들'은 그들의 일을 하기 위해 명예와 영광을 얻었지만, 예수님은 그의 일을 하시기 위해 그의 모든 명예와 영광을 잃으셨다.

둘째, 삼손이 가져올 구원은 불완전할 것이다. 삼손은 "블레셋 사람의 손에서 이스라엘을 구원하기 시작"만 할 뿐이다(삿 13:5). 삼손은 마지막 사사이지만, 자신 너머를 가리킨다. 사사기 후, 블레셋에 대한 승리를 완수할 자를 가리킨다. 그 자는 사무엘이 기름 부을 하나님의 왕, 다윗 왕이다(삼상 16:1-13). 그러나 다윗의 구원도 불완전했다. 왜냐하면 그는 백성을 대적들로부터 안식하게 해 줬지만, 그의 백성의 마음의 죄는 말할 것도 없고, 자신의 마음의 죄에 대해서도 승리하지 못했기 때문이다. 오직 예수님의 구원만 완전한 구원이다. 그런 의미에서, 오직 예수님만 일을 완수하셨다. 천사가 마리아의 약혼자, 요셉에게 말한 대로 "그가 자기 백성을 그들의 죄에서 구원할 것이다"(마 1:21). 삼손은 우리에게 다윗을 가리키며, 다윗을 넘어서서 더 위대한 다윗, 예수님을 가리킨다.


:: 믿음과 순종

사라는 자신이 불임이지만 임신할 것이라는 말을 듣고서 믿지 못해 웃었다(창 18:9-15). 천사가 세례 요한의 아버지에게 아들을 가질 것이라고 말했을 때, 세례 요한의 아버지는 믿을 수 없었다(눅 1:13-20). 그러나 삼손의 어머니는 불가능을 행하시는 여호와의 능력에 대한 완전한 믿음을 보여 줬다. "이에 그 여인이 가서 그의 남편에게 말하여 이르되 하나님의 사람이 내게 오셨는데 그의 모습이 하나님의 사자의 용모 같아서 심히 두려우므로 … 그가 내게 이르기를 보라 네가 임신하여 아들을 낳으리니"(삿 13:6-7).

그녀는 하나님의 사자가 전달한, 하나님으로부터 온 말씀을 믿었고, 그것은 1,200년 후의 다른 한 여성과 같았다. "말씀대로 내게 이루어지이다"(눅 1:38).

더 나아가, 삼손의 어머니는 하나님으로부터 온 말씀에 순종했다. 그녀는 하나님을 섬기는 데 사용될 아들을 갖기 위해서 나실인의 행동 지침을 자신에게 적용할 필요성을 받아들였다(삿 13:7). 또 다른 여성이 1,200년 후에 "주의 여종이오니"(눅 1:38)라고 하며, 자신을 온전히 하나님의 처분에 맡긴 것과 똑같았다.

마노아의 아내와 마리아 모두 하나님이 계획하시고 약속하신 대로 하실 것을 신뢰했고, 자신이 기꺼이 그 값을 치르려 하여 그 계획에 순종했다. 삼손의 어머니는 나실인의 서원을 지켰고, 예수님의 어머니는 수치와 불명예를 견뎠다. 이것이 믿음이다.

---

6 이에 그 여인이 가서 그의 남편에게 말하여 이르되 하나님의 사람이 내게 오셨는데 그의 모습이 하나님의 사자의 용모 같아서 심히 두려우므로 어디서부터 왔는지를 내가 묻지 못하였고 그도 자기 이름을 내게 이르지 아니하였으며 7 그가 내게 이르기를 보라 네가 임신하여 아들을 낳으리니 이제 포도주와 독주를 마시지 말며 어떤 부정한 것도 먹지 말라 이 아이는 태에서부터 그가 죽는 날까지 하나님께 바쳐진 나실인이 됨이라 하더이다 하니라

삼손의 아버지도 믿음을 보여 준다. 그는 하나님께 "주께서 보내셨던 하나님의 사람을"(삿 13:8) 다시 보내 달라고 구한다. 왜? "우리가 그 낳을 아이에게 어떻게 행할지를" 가르치도록 하려는 것이다. 어떤 사람들은 이 요청을 하나님에 대한 믿음의 결여라고 간주한다. 그러나 마노아는 약속이 실현될 것이라고 생각한다. 즉 남자 아이가 태어날 것이라고 생각한다. 그의 요청은 아들을 가질 것에 대한 증거를 달라는 것이 아니라, 아들을 어떻게 키워야 할지 알려 달라는 것이었다.

여호와께서 너그러이 그 천사를 다시 보내신다(9절). 다시 천사가 부인에게 나타나고, 이번에는 그녀가 남편을 데려온다(10-11절). 그는 이 아이를 어떻게 양육하기를 하나님이 원하시는지 더 자세한 정보를 달라는 요청을 반복한다(12절).

그러나 천사는 더 자세한 정보를 주지 않는다. 그들의 아들은 구별될 것이며, 마노아의 아내는 "내가 여인에게 말한 것들을 그가 다 삼가야"(13절) 했다. 그러나 천사는 더 이상의 규

---

8 마노아가 여호와께 기도하여 이르되 주여 구하옵나니 주께서 보내셨던 하나님의 사람을 우리에게 다시 오게 하사 우리가 그 낳을 아이에게 어떻게 행할지를 우리에게 가르치게 하소서 하니 9 하나님이 마노아의 목소리를 들으시니라 여인이 밭에 앉았을 때에 하나님의 사자가 다시 그에게 임하였으나 그의 남편 마노아는 함께 있지 아니한지라 10 여인이 급히 달려가서 그의 남편에게 알리어 이르되 보소서 전일에 내게 오셨던 그 사람이 내게 나타났나이다 하매 11 마노아가 일어나 아내를 따라가서 그 사람에게 이르러 그에게 묻되 당신이 이 여인에게 말씀하신 그 사람이니이까 하니 이르되 내가 그로다 하니라

칙은 주지 않는다.

　마노아는 인간 선지자가 아니라 하늘의 천사라는 것을 인식하지 못한 채(16절) 사자에게 음식을 제공한다(15절). 여기에 이방 종교의 요소가 있을 수 있다. 그 문화에서는 누군가(신이나 사람)에게 음식을 먹이면 그들이 당신에게 뭔가 해 줘야 할 의무가 있다. 마찬가지로, 어떤 사람의 이름을 아는 것(17절)은 그들의 인격을 아는 것이었다. 이는 관계를 형성시켰고, 양측의 의무가 생기게 했다. 마노아는 여전히 어떤 규칙으로 아들을 길러야 할지 천사가 말하도록 만들려고 했다.

　이 구절은 왜 천사가 그와 먹지 않으려고 하며(16절 다른 곳에서는 천사가 사람들과 함께 먹는다, 창 18:1-8 참조), 왜 천사가 이름을 묻자 질문으로 대답하는지 설명해 준다(삿 13:18). 천사는 마노아에게 빚지지 않았고, 마노아가 필요하다고 생각하는 정보를 주지도 않을 것이다.

---

12 마노아가 이르되 이제 당신의 말씀대로 되기를 원하나이다 이 아이를 어떻게 기르며 우리가 그에게 어떻게 행하리이까 13 여호와의 사자가 마노아에게 이르되 내가 여인에게 말한 것들을 그가 다 삼가서 14 포도나무의 소산을 먹지 말며 포도주와 독주를 마시지 말며 어떤 부정한 것도 먹지 말고 내가 그에게 명령한 것은 다 지킬 것이니라 하니라 15 마노아가 여호와의 사자에게 말하되 구하옵나니 당신은 우리에게 머물러서 우리가 당신을 위하여 염소 새끼 하나를 준비하게 하소서 하니 16 여호와의 사자가 마노아에게 이르되 네가 비록 나를 머물게 하나 내가 네 음식을 먹지 아니하리라 번제를 준비하려거든 마땅히 여호와께 드릴지니라 하니 이는 그가 여호와의 사자인 줄을 마노아가 알지 못함이었더라 17 마노아가 또 여호와의 사자에게 말하되 당신의 이름이 무엇이니이까 당신의 말씀이 이루어질 때에 우리가 당신을 존귀히 여기리이다 하니

여호와의 사자가 새로운 정보를 주지 않을 것이라면, 왜 다시 왔을까? 마노아는 도움을 구했고, 분명히 거절당했다. 그러나 사실 마노아는 필요한 도움을 받았다. 다만 그가 구한 형태로 받지는 않았다. 마노아는 "아이의 삶과 일을 위한 규칙이 무엇인지"(12절) 알기 원했다. 즉 더 많은 규정을 갖기를 원했다.

그러나 그 대신 하나님께서는 마노아에게 하나님이 누구신지 계시하신다. 우리가 앞에서 살펴보았듯이, 이 여호와의 사자는 하나님의 아들인 것 같다(34-75쪽 참조). 그의 이름은 "기묘자(이해를 초월함)"(18절)이다. 즉 너무 놀라워서 인간이 온전히 파악할 수 없다. 이로써 마노아는 그 천사의 영광을 알게 된다. 그러고 나서 '여호와'께서 친히 "이적을 행하셨다 … 불꽃이 제단에서부터 하늘로 올라가는 동시에 여호와의 사자가 제단 불꽃에 휩싸여 올라갔다"(19-20절). 덕분에 그들의 마음속에 그의 위대하심이 지워지지 않도록 각인되었다.

마침내 마노아는 "그가 여호와의 사자인 줄 알고 그의 아내에게 이르되 우리가 하나님을 보았으니 반드시 죽으리로다 했다"(21-22절). 그는 아무도 하나님의 얼굴을 보고 살 수 없다

---

18 여호와의 사자가 그에게 이르되 어찌하여 내 이름을 묻느냐 내 이름은 기묘자라 하니라 19 이에 마노아가 염소 새끼와 소제물을 가져다가 바위 위에서 여호와께 드리매 이적이 일어난지라 마노아와 그의 아내가 본즉 20 불꽃이 제단에서부터 하늘로 올라가는 동시에 여호와의 사자가 제단 불꽃에 휩싸여 올라간지라 마노아와 그의 아내가 그것을 보고 그들의 얼굴을 땅에 대고 엎드리니라

는 것을 그의 백성의 역사를 통해 충분히 잘 알았다(출 33:20).
그는 겁에 질리지만, 그의 아내는 평정을 지켰다. "여호와께
서 우리를 죽이려 하셨더라면 우리 손에서 번제와 소제를 받
지 아니하셨을 것이요 이 모든 일을 보이지 아니하셨을 것이
다"(삿 13:23).

분명히, 그들은 죽지 않았다! 흥미롭게도, 믿음은 생각
없음이 아니라는 것을 우리에게 상기시킨다. 믿음은 하나님의
말씀과 약속을 기반으로 생각하고 행동하는 것이다.

그들은 죄악된 인간들이지만, 하나님이 그들 가까이 오
신 것은 그들을 멸하기 위해서가 아니었다. 이로써 하나님은
그분의 선하심을 보여 주신다.

하나님이 주신 아들을 어떻게 하나님의 계획대로 양육할
것인가, 어떻게 하나님의 뜻대로 살고 하나님을 기쁘시게 하
도록 양육할 것인가의 질문에 대한 대답으로 여호와께서 말씀
하신다. "너는 더 많은 정보보다 나와 나의 성품을 훨씬 더 많
이 알아야 한다. 이 세상의 모든 규칙들도 네가 너의 아들에
대해 해야 할 무수한 결정과 선택에 대해 다 지시해 줄 수 없
다. 오직 내가 누구인지에 대한 깊은 이해만이 네게 필요한 것

---

21 여호와의 사자가 마노아와 그의 아내에게 다시 나타나지 아니하니 마노아가 그제
야 그가 여호와의 사자인 줄 알고 22 그의 아내에게 이르되 우리가 하나님을 보았으
니 반드시 죽으리로다 하니 23 그의 아내가 그에게 이르되 여호와께서 우리를 죽이려
하셨더라면 우리 손에서 번제와 소제를 받지 아니하셨을 것이요 이 모든 일을 보이지
아니하셨을 것이며 이제 이런 말씀도 우리에게 이르지 아니하셨으리이다 하였더라

을 안내해 줄 것이다."

우리가 앞으로 살펴보겠지만, 삼손의 삶의 이야기는 마노아가 천사를 조종하려 시도했던 것과 더불어, 그의 부모의 자녀 양육이 미흡했고, 그의 부모가 하나님의 본질을 아들에게 보여 주고 설명해 주는 데 실패했음을 나타낸다.

하나님이 그들에게 주시는 메시지는 우리 모두에게 주시는 메시지이다. 우리는 규칙이 필요하다고 생각하지만, 사실 우리는 하나님을 알아야 한다. 하나님은 우리 삶 속의 모든 굴곡과 반전, 모든 의심과 결정에 대한 가이드북을 주시지 않는다. 그보다 훨씬 더 나은 것을 주신다. 하나님 자신을 주신다.

## :: 무조건 따를 것인가, 변화될 것인가?

이 부분을 조금 더 살펴볼 가치가 있다. 일반적으로, 부모는 아이가 자랄수록 덜 자세히 지시한다. 자녀가 매우 어릴 때는 따라다니며 말해야 한다. "이것을 만지지 마. 여기 가지 마." 한 걸음, 한 걸음 따라다녀야 한다! 아이는 벽의 전원에 손가락을 넣지 말아야 한다거나, 흙을 먹지 말아야 한다는 것을 모른다. 그래서 아이들은 당신의 명령에 무조건 따라야 한다.

그러나 아이가 자라면, 당신은 아이가 부모의 가치, 생각, 지혜를 마음에 받아들여서 항상 자세히 지시하지 않아도 되기를 바란다. 자녀가 성숙해지도록 이끌려면, 부모는 많은 외부

규칙들을 제시하는 것으로부터 내면의 올바른 동기들과 지혜의 원리들을 심어 주는 것으로 점점 옮겨 가야 한다.

마찬가지로, 신약의 그리스도인들은 구약의 신자들보다 훨씬 더 적은 규칙과 규정을 받는다. 구약에서는 무엇을 입을 수 있고 무엇을 먹을 수 있는지의 많은 부분들이 규정되었다. 그리고 나서도 제사장의 에봇에 우림과 둠밈이 있어서 하나님께 질문한 것에 대해 '예스' 혹은 '노'로 대답했다! 그들은 엄청난 양의 지침과 그에 따른 확실성을 가질 수 있었다! 많은 그리스도인들이 이것을 오늘날 우리가 받는 인도보다 더 높은 수준의 인도로 생각한다. 즉 마노아처럼, 우리도 더 많은 규칙을 갖고 싶어 한다.

그러나 외부적 규칙을 성숙한 관계로 오해하기 때문이다. 바울은 그리스도인이 "본받지(따르지 conform) 말고 마음을 새롭게 함으로 변화를 받아야 한다고"(롬 12:2) 말한다. 우리는 많은 지시사항을 받지 않는다. 그러나 우리는 성령으로 말미암아 하나님을 받고 "그리스도의 마음"(고전 2:16)을 아는 즐거움을 누린다. 우리는 십자가에서 그의 구원과 그의 승리의 부활을 보면서 하나님의 성품을 구약의 어느 영웅보다 더 분명히 본다. 성령을 통해 하나님을 알면, 하나님이 주시는 외적 기준들을 통해 하나님에 대해 알 필요가 없다. 우리는 마노아가 배운 교훈을 기억할 필요가 있다!

:: 이름이 무엇을 나타내는가?

이 모든 일이 삼손이 태어나기도 전에 일어났다! 그의 탄생은 의심되지 않는다. 왜냐하면 하나님이 약속하셨기 때문이다. 그래서 "그 여인이 아들을 낳으매 그의 이름을 삼손이라 하였다"(삿 13:24). 그 이름의 의미는 '작은 태양'이다. 태양은 많은 가나안인들에게 신으로 여겨졌으므로, 이것은 이스라엘이 여호와를 완전히 거부하지 않지만, 다른 나라들의 신들을 예배하는 동시에 건성으로 여호와를 예배했다는 단서다. 이스라엘의 미래의 사사, 하나님의 아들의 예표인 자가 이교의 신을 따라 이름이 지어져서 '태양의 아들'로 불렸다는 것은 우려되는 일이다.

그럼에도 불구하고, 흠이 있는 백성을 위해서, 흠이 있는 백성을 통해서 하나님이 역사하신다. 삼손이 자람에 따라 하나님의 축복을 받고(24절), 하나님의 성령께서 그의 안에서 역사하시기 시작하신다(25절). 이 아이는 기적적으로 잉태되었고, 하나님께 선택되었고, 하나님을 섬기도록 구별되었고, 하나님의 축복을 받고, 성령으로 인격이 구비되어 간다. 삼손은 모든 영적 혜택을 가졌다. 그는 이 책의 마지막 사사이며, 이스라엘의 마지막 큰 희망이었다. 우리는 그가 어떻게 하나님께 순종

---

24 그 여인이 아들을 낳으매 그의 이름을 삼손이라 하니라 그 아이가 자라매 여호와께서 그에게 복을 주시더니 25 소라와 에스다올 사이 마하네단에서 여호와의 영이 그를 움직이기 시작하셨더라

하여 하나님의 백성을 구조하고 다스리는지 볼 것이다.

그러나 거의 모든 면에서, 우리는 실망할 것이다. 삼손의 결점들은 그의 탄생만큼이나, 하나님의 백성에게 다른 더 위대한 해방자가 필요함을 상기시킬 것이다.

# 삼손, 바람둥이가 되다

삿 14:1-15:20

# 그 여자와 말하니
# 그 여자가 삼손의 눈에
# 들었더라

삼손의 이야기는 섹스, 폭력, 죽음, 권력이 강력하게 결합된 것으로 유명하다. 요즘 여름 액션 영화에 등장할 법한 것들이다! 그러나 사사기 전체 이야기의 맥락 속에서 읽으면, 최소한 당황스럽고 필시 괴로울 것이다. 이스라엘의 영적 상태가 점점 악화됨에 따라, 아마도 가장 위대한 리더가 등장해야 할 타이밍이다. 13장의 수태고지와 더불어, 우리는 훌륭하고 강력한 해방자를 기대한다.

그러나 그 대신, 우리는 사사기에서 가장 흠이 많은 인물을 발견한다. 그는 폭력적이고 충동적이고 성 중독자이고 정서적으로 미성숙하고 이기적인 남자다. 그런데 가장 괴로운 것은 '하나님의 성령'이 그의 화, 교만, 성격의 폭발에 기름 부으셔서 사용하시는 것 같다는 것이다.

:: 블레셋 여자

삼손은 이제 장성하여 여호와의 영이 그를 움직이기 시작하셨다(13:25). 그러나 14장 서두와 그의 생애 전체를 통해서 그는 훨씬 더 세속적인 충동에 의해 움직였다. 어느 날, 그가 "딤나에 내려가서 거기서 블레셋 사람의 딸들 중에서 한 여자를 보았다"(14:1). 집으로 돌아와서, 그는 부모에게 말했다. "내가 딤나에서 블레셋 사람의 딸들 중에서 한 여자를 보았사오니 이제 그를 맞이하여 내 아내로 삼게 하소서"(2절).

당연히 그의 부모는 삼손이 이스라엘을 블레셋으로부터 해방시킬 것이라는 천사의 예견을 기억한다. 이는 잊어버릴 사안이 아니다! 그러니 삼손이 집에 와서, 이스라엘의 대적과 싸우는 대신, 그중의 한 사람과 결혼한다고 했을 때, 그들이 얼마나 괴로워했을지 상상해 보라!

그들은 친척 중에나, 혹은 이스라엘 전체 중에 그가 결혼할 사람이 있을 거라고 말한다(3절). "네가 할례 받지 아니한 블레셋 사람에게 가서 아내를 맞으려 하느냐." 여기서 "할례 받지 아니한"이 관건이다. 할례는 한 가문이 하나님의 백성의 일

14:1 삼손이 딤나에 내려가서 거기서 블레셋 사람의 딸들 중에서 한 여자를 보고 2 올라와서 자기 부모에게 말하여 이르되 내가 딤나에서 블레셋 사람의 딸들 중에서 한 여자를 보았사오니 이제 그를 맞이하여 내 아내로 삼게 하소서 하매 3 그의 부모가 그에게 이르되 네 형제들의 딸들 중에나 내 백성 중에 어찌 여자가 없어서 네가 할례 받지 아니한 블레셋 사람에게 가서 아내를 맞으려 하느냐 하니 삼손이 그의 아버지에게 이르되 내가 그 여자를 좋아하오니 나를 위하여 그 여자를 데려오소서 하니라

부로서, 하나님과 개인적 언약 관계를 맺고 있다는 징표였다. 단순한 인종 문제(내 아들은 절대 블레셋 여자와 결혼하지 못해!)가 아니었다. 여호와의 언약 밖에 있는 사람과의 결혼 문제였다. 하나님의 금지(출 34:15-16)는 인종 간 결혼에 대한 것이 아니었고, 믿음이 다른 사람과의 결혼에 대한 것이었다. 예를 들어, 모세는 이스라엘 사람이 아닌 십보라와 결혼했지만, 십보라는 하나님의 언약을 인식하는 사람이었다(출 4:24-26 참조).

그러나 삼손은 듣지 않으려 한다. 삼손은 "나를 위하여 그 여자를 데려오소서"라고 무례히 고집한다(삿 14:3). 그리고 나서 그는 (정말 이렇게) 말한다. "그 여자가 내 눈에 맞습니다." 이는 지금까지 살펴보았듯이 이스라엘 전체가 가진 삶과 도덕에 대한 접근법이었다. 즉 그들은 자기 눈에 옳기 때문에 하나님 눈에 악한 것을 행했다(13:1, 17:6). 삼손은 이스라엘의 진짜 영적 상태를 반영하는 리더였다. 삼손은 하나님의 백성을 위한 하나님의 이상형이 아니었다. 여기서 우리는 이스라엘의 축소판인 한 남자의 삶을 본다. 17-21장에서는 동일한 충동과 영적 부패가 더 크게, 더 무섭게 나타나는 것을 볼 것이다.

첫째로, 삼손은 충동적이다. 그는 완전히 관능적인 사람이다. 그의 감각이 그를 지배한다. 그는 심사숙고 없이, 보고 느끼는 대로 반응한다. 그는 눈에 보이는 것을 가졌다. 이러한 전반적 충동성이 이야기 전개와 더불어 우리가 보게 될 구체적인 약점으로 이어졌다. 즉 삼손은 성적 통제력이 전혀 없었다.

둘째로, 삼손은 가르침을 받지 않는다. 그는 부모의 조언
과 권위를 거부한다. 잠언은 남들의 조언을 경청하지 않는 것
이 얼마나 교만하고 어리석은 것인지 설명한다. 그 당시의 문
화 배경으로 보자면, 삼손의 교만은 더 극심했다. 우리 시대에
는 아들이 부모에게 말대꾸하는 것이 더 일반적이지만, 고대
이스라엘에서는 그렇지 않았다. 아더 컨덜(Arthur E. Cundall)이
말한다.

> 이스라엘 사회에서는 아버지가 가장으로서 며느리 선택
> 을 포함하여 집안일을 다스렸다(창 24:4, 38:6 참조). 아들이
> 이런 … 영역에서 부모의 바람을 거스르는 것은 예외적
> 이었다(창 26:34-35). 씨족이 사회의 단위였고, 개인의 취
> 향을 지배했기 때문이다. -《사사기와 룻기》

충동적이고 말을 듣지 않는다. 그것이 이스라엘 전체의
상태를 잘 요약해 줬다!

:: 믿지 않는 자와의 멍에

여기서 왜 성경이 그리스도인에게 믿지 않는 자와 결혼
하지 말라고 하는지 잠깐 생각해 보자. 출애굽기 34장 15-16

절에서 이스라엘에게 "그 땅의 주민(즉 여호와를 모르는 사람들)과" 언약을 세우지 말고 "그들의 딸들을 네 아들들의 아내로 삼지" 말라고 한다. 왜 그런가? 그러한 구속력 있는 파트너십은 국가적으로나 가족적으로나, 동맹국이나 아내가 "그들의 신들을 음란하게 섬기는 데" 이스라엘을 동참시킬 것이기 때문이다(16절).

고린도후서 6장 14-16절에서 사도 바울은 하나님을 예배하지 않는 사람들과 구속력 있는 파트너십을 갖지 말라고 신자들에게 다시 한 번 호소한다. ('멍에'라는 단어는 필시 여러 가지 구속력 있는 관계를 의미할 테지만, 그중에 결혼은 당연히 포함된다. 왜냐하면 결혼은 모든 인간관계 중에서 가장 구속력 있는 관계이기 때문이다.) 출애굽기에서와 마찬가지로, 여기서 주안점은 그런 결혼이 하나님께 대한 그리스도인의 충성을 약화시킨다는 것이다. "하나님의 성전과 우상이 어찌 일치가 되리요"(16절).

바울의 말을 피상적으로만 읽으면, 성경이 우려하는 바는 불신 배우자가 그리스도인의 마음을 돌이키는 것이라고 결론지을 수 있다. 그래서 어떤 사람들은 말한다. "내겐 문제가 안 돼요. 나는 X와 결혼해도 돼요. 왜냐하면 그 사람은 나의 믿음을 완전히 존중해 주기 때문에 내 신앙생활의 자유를 완전히 인정해 줄 거니까요."

그러나 기억하라. 이 본문들의 문맥은 다른 공식적 종교들에 대한 것이 아니라, 우상숭배에 대한 것이다. 우상숭배는 좋은 피조물들을 하나님보다 중시하여 하나님 대신으로 삼는 것이다. 만일 배우자가 당신의 믿음을 공유하지 않으면, 하나님을 당신의 삶의 주변부로 밀어내고, 거기에 동조하라는 압력이 거세다. 당신이 하는 모든 것의 원천과 동기가 무엇이어야 하는지를 이해하지 못하는 사람과 친밀한 관계를 갖는 것과 같다. 그런 상황 속에서 자연적으로 나타나는 반응은 하나님을 모든 것에서 덜 중심에 두는 것이다.

그렇게 하지 않으면, 항상 당신의 짝이 당신을 의아한 눈으로 바라볼 것이다. 당신은 다른 것을 예배하라는 무언의 압력을 매일 받을 것이다. 그 다른 것은 당신의 배우자 자신이나 그들이 자기도 모르는 사이 결혼생활에 가져오는 다른 우상들이다.

그래서 성경은 그리스도인들에게 알면서 불신자와 결혼하지 말라고 권한다. 그러나 한편 우리가 기억할 것은 바울이 그리스도인이 비 그리스도인과 이미 결혼했으면, 이혼하려 하지 말고 부부 사이를 적극적으로 좋게 하라고 주장한다는 것이다(고전 7:12-15).

:: 이스라엘이 하지 않은 것

우리는 삼손이 우리가 바라던 사사가 되지 않을 것을 이미 알아볼 수 있다! 첫 사사였던 옷니엘은 이스라엘의 대적들과 싸웠고 악사와 결혼했는데, 그녀는 경건하고 신실하고 믿음이 좋은 이스라엘 사람이었다(삿 1:12-13). 그런데 마지막 사사 삼손은 이스라엘의 대적들 중에 가서 하나님을 모르는 무명의 블레셋 사람과 결혼한다. 중요한 것은 그가 그녀를 딤나에서 발견했다는 것이다. 그곳은 이스라엘 영토 한가운데이다. 그리고 그는 블레셋 사람들 중에 자유롭게 다녔다. 블레셋 사람들이 이스라엘 안에 정착해 일상적으로 살아가고 있었다. 그들이 이스라엘을 "지배했지만"(13:1, 14:4), 그들의 '점령'은 완전히 평화로워 보인다. 그래서 삼손은 그들 중의 한 명과 결혼할 생각까지 했다.

이 사사기 사이클에 뭔가 빠진 것이 있다는 말이다. 이스라엘은 압제에서 구해 달라고 부르짖지 않았다. 그들은 예속 생활에 대한 저항이 없다. 나중의 이야기에서, 유다 사람들(땅을 위해 싸우러 올라간 첫 번째 사람들, 1:2)은 "블레셋 사람이 우리를 다스리는" 것을 현실로 받아들인다(15:11).

간단히 말해서, 블레셋에 대한 이스라엘의 굴복은 이전의 어느 예속상태보다 더 철저했다. 과거에, 이스라엘은 이방 권력의 점령 하에 신음하고 괴로워했다. 왜냐하면 그들의 지배는 군사적, 정치적인 것이었기 때문이다. 그러나 이제 사람들은 사실상 자신들의 예속 상태를 의식하지 않는다. 왜냐하면 문화적 예속이었기 때문이다.

이제 이스라엘 사람들은 신음하거나 그들의 '포획자들'

에게 저항하지 않는다. 왜냐하면 블레셋의 가치, 풍습, 우상들을 완전히 받아들이고 순응했기 때문이다. 삼손과 마찬가지로, 이스라엘 사람들도 블레셋 사회와 결혼하기를 갈망했다. 필시 그것은 문화적 '상향 이동'의 방편이었을 것이다. 이스라엘 백성은 더 이상 그들만의 고유한 문화가 없었다. 여호와를 섬기는 것에 기반을 둔 고유문화가 없었다.

이는 이스라엘에게 얼마나 위험한지 아무리 강조해도 지나치지 않다. 이스라엘은 멸종 위기에 있었다. 두 세대만 지나면 블레셋 나라에 완전히 흡수될 수 있었다. 마이클 윌콕이 이렇게 말한다.

세상과 교회 사이에 평화로운 공존이란 있을 수 없다. 갈등이 없다면 세상이 정복한 것이다. -《사사기의 메시지》

교회가 세상과의 갈등을 피하려고 하다가, 이제는 사실상 세상에 항복한 세 가지 예가 있다.

• 20세기 전반부에, 주류 개신교는 초자연을 믿지 않는 현대인들에게 '시의적절해지려고' 매우 대담한 행동을 취했다. 대 신학자인 루돌프 불트만이 말했다. "현대 첨단기술을 사용하는 사람은 아무도 영과 기적의 고대 세계를 믿을 수 없다." 현대인은 초자연적 세계에 대한 모

든 믿음을 완전히 잃을 것으로 여겨졌다. 그래서 많은 교회들이 기독교 메시지의 '탈 초자연화' 프로젝트를 시작했다. 성경은 더 이상 불오한 하나님의 계시가 아니라, 흠이 있지만 감동적인 고대 이야기로 여겨졌다. '회심'과 '새로운 탄생'의 개념은 탈락되었다. 이제 '그리스도인이 되는 것'은 자비와 정의를 실행하는 선한 삶을 사는 것을 의미했다. 이로써 기적이나 하나님이 계시하신 성경, 혹은 육체의 부활을 믿지 못하는 사람들과 기독교 간의 '갈등'을 제거됐다. 그러나 이는 과학적 합리주의가 이제 진짜 '지배자'가 되었다는 것을 의미했다.

• 우리가 편의상 '자유주의적'이라고 부를 수 있는 교회들은 현대 문화 중에서 (최소한) 세 가지 우상을 가진 영역에 어필한다. (1) 개인의 선택과 자유, (2) 절대 관용, 배타적 진리와 개인의 책임을 거절함, (3) 직업적 전문성과 지위. 그런 교회들은 그 문화에 속한 사람들을 끌어모으고 갈등을 피하려고 자신을 맞춰 왔다. 그들은 현대의 성윤리를 받아들이고, 교회 안에서 징계를 하지 않고, 그리스도를 유일한 구원의 길로 설교하지 않는다. 그들의 사역은 사람들을 지지하기만 하고 치유 대상으로만(therapeutic) 보며, 아무에게도 하나님의 심판의 위험성에 대해 경고하지 않는다. 교회는 전문가들이 운영하며, 평신도를 사역하도록 구비시키고 권한을 부여하지 않는다. 전반적으

로, 현대 문화의 인기 있는 의견들을 채택하고 권장한다. 만일 교회가 심판, 상호 점검, 도덕적 가치를 설교한다면 (예수님이 그렇게 하셨다), 세상과 갈등이 있을 것이다!

• '보수적인' 교회들은 다음과 같은 것들을 우상으로 삼는 사람들에게 어필한다. (1) 이상적으로 꾸며진 과거, (2) 핵가족, (3) 자신의 인종과 전통 문화, (4) 권위. 자유주의 문화는 상대주의적인 반면에, 보수적인 문화는 도덕주의적이고 '선'과 존경받을 만한 것을 우상의 수준으로 만들어 버린다. 보수 문화는 종종 리더에게 아무 질문 없이 복종하는 것을 가치 있게 여기고, '지나간 좋은 시절'을 이상화하는 경향이 있으며, 자신의 문화에 대해 우월감을 갖는 경향이 있고, 가족생활을 너무 강조하여 독신자와 독신 부모를 이류시민으로 느끼게 한다. 만일 교회가 인종차별주의에 대해 설교하고, 가난한 사람들에게 정의를 베풀어야 한다고 설교하고, 사회적, 도덕적으로 존중받지 못하는 사람들을 포용하라고 도전한다면(예수님이 그렇게 하셨다), 충돌이 있을 것이다!

삼손 시대의 이스라엘에서, 하나님은 그의 백성이 문화적으로 차이가 없어지는 것을 막기로 하셨다. 그래서 영적으로 구별되게 하려 하셨다. 하나님은 삼손을 통해, 그리고 삼손에도 불구하고 그렇게 하기로 하셨다. 그래서 충돌이 생길 것이다!


:: 죄악 속의 백성에게 역사하시는 하나님

하나님의 백성이 단지 세상에 맞추는 정도가 아니라, 세상에 흡수될 때, 하나님은 어떻게 하시는가? 14장 4절은 삼손 이야기에서 중요한 구절이며, 전체 이야기 이해의 열쇠이고, 그 질문에 대한 대답이다. "삼손이 틈을 타서 블레셋 사람을 치려 함이었으나 그의 부모는 [삼손이 블레셋인과 결혼하려고 하는 걷잡을 수 없는 욕망의] 이 일이 여호와께로부터 나온 것인 줄은 알지 못하였더라."

하나님이 삼손의 약점들을 사용하실 것이다. 삼손과 블레셋 사람들 사이의 '친분', 삼손의 성적 취향, 복수심과 혈기를 사용하셔서 두 나라를 대립하게 하실 것이다. 삼손의 약점들 때문에 '피를 부르는 반목'이 초래될 것이고 이는 점점 더 큰 갈등으로 이어져서 마침내 두 나라가 분리될 것인데, 이는 사실상 절실히 필요한 것이었다.

마이클 윌콕이 이렇게 말한다.

---

4 그때에 블레셋 사람이 이스라엘을 다스린 까닭에 삼손이 틈을 타서 블레셋 사람을 치려 함이었으나 그의 부모는 이 일이 여호와께로부터 나온 것인 줄은 알지 못하였더라

14장 4절의 요점은 두 공동체가 매우 결속되어 있어서 여호와 하나님이시라도 비집고 들어갈 틈을 찾을 수 없었다는 것이다. 그래서 주께서 삼손의 약점을 이용하셔서 매력적인 여자와 관계를 형성하게 하시고, 그 관계로부터 양측 간에 악감정이 발생하게 된다. -《사사기의 메시지》

이 이야기가 진행됨에 따라, 모든 사람들이 불경건한 인격으로 행동하는 것을 보게 된다. 그들은 모두 자기 행동에 대한 책임이 있다. 그러나 또한 하나님은 그것을 사용하셔서 두 나라가 서로 등 돌리게 하신다. 그렇게 되지 않도록 삼손과 유다 백성이 최선의 노력을 기울였음에도 불구하고 그렇게 된다. 그래서 하나님의 백성이 구별됨을 완전히 잃지 않게 하신다.

하나님은 항상 하나님의 언약 약속들에 무조건적으로 헌신하신다. 하나님은 그들을 사랑하시고, 그들에게 유업을 주시고, 그렇게 하시겠다는 서약을 절대 깨뜨리지 않겠다고 약속하셨다(2:1). 여기서, 하나님은 하나님의 약속들에 신실하셔서 그들의 죄에도 불구하고 약속들을 지키실 뿐 아니라, 심지어 그들의 죄를 통해서도 약속들을 지키신다. 하나님은 그들의 죄성을 사용하셔서 해방시키신다.

최고의 예는 사도행전 2장 23절이다. 예수님을 죽이는 인간의 악한 자유 선택을 하나님이 사용하셔서 세상을 그 악한 자유 선택으로부터 구속하신다! 예수님을 죽인 사람들이 너무나 악하게 행동하고 있었지만, 하나님이 조정하셔서 그들의 악함이 오로지 구속의 목적만을 성취하게 하셨다.

그래서 이상하게 보이지만, 하나님이 자비로 하나님 백성의 연약함을 사용하셔서 그들과 주변 문화 사이에 평화가 없게 하셨다. 하나님의 사람들은 그때나 지금이나 세상과 평화롭지 말아야 한다. 왜냐하면 "세상과 벗이 되고자 하는 자는 스스로 하나님과 원수 되는 것"이기 때문이다(약 4:4). 왜 그런가? 만일 우리가 세상과 같아지면, 우상들을 사랑할 것이고 하나님을 버릴 것이기 때문이다.

그래서 우리는 야고보서의 말대로, '간음하는 사람들'이 될 것이다. 세상이 교회를 사랑하는 일이 오래 지속되지 않게 하는 것은 하나님의 자비다. 우리가 세상의 일부분이 아님을 하나님의 사람들이 억지로라도 깨닫게 하고야 만다. 즉 우리는 다른 주와 구원자를 갖는다는 것을 일깨운다. 그리고 마침내 우리를 우리 자신들로부터 구해 주시고 우리 자신들의 어떠함에도 불구하고 우리를 다스려 달라고 부르짖게 한다.

:: 사자, 내기, 여자

본 장에서 지금까지 네 개의 구절을 주로 다루었다. 이제 우리는 14, 15장의 나머지 부분을 몇 페이지에서 다루려고 한다! 이 두 장은 삼손이 어떤 사람인가(충동적이고 가르침을 받지 않는다), 이스라엘이 누구인가(실질적으로 주변 나라들과 구별되지 않는다), 하나님이 무엇을 하고 계신가의 결과이다. 하나님은 물리적, 영적 주인들인 블레셋과 이스라엘 사이에 갈등을 일으켜서, 하나님의 백성을 구조하신다.

첫 번째와 세 번째 주제는 14장 5절부터 15장 8절에 초점을 맞춘다. 삼손은 나실인의 서원을 멸시하기 시작한다. "젊은 사자가 그를 보고 소리 지르는지라 … 그가 손에 아무것도 없이 그 사자를 … 찢었으나"(14:5-6). 삼손은 나실인이기 때문에 죽은 동물을 만져선 안 되고, 만졌다면 곧바로 성막으로 가서 정결함을 받아야 했다. 그러나 삼손은 그러고 나서 자기가 원하는 여자를 보러 갔다. 그의 정욕이 그의 서원을 압도한 것이 뚜렷하다. 삼손은 부모에게 말하지 않고(6절) "내려가서 그 여자와 말했다"(7절). 그리고 나서 나중에 죽은 동물을 또 만져서, 이번에는 그의 부모마저 모르는 사이에 부정해지게 한다(8-9절).

---

5 삼손이 그의 부모와 함께 딤나에 내려가 딤나의 포도원에 이른즉 젊은 사자가 그를 보고 소리 지르는지라 6 여호와의 영이 삼손에게 강하게 임하니 그가 손에 아무것도 없이 그 사자를 염소 새끼를 찢는 것 같이 찢었으나 그는 자기가 행한 일을 부모에게 알리지 아니하였더라 7 그가 내려가서 그 여자와 말하니 그 여자가 삼손의 눈에 들었더라 8 얼마 후에 삼손이 그 여자를 맞이하려고 다시 가다가 돌이켜 그 사자의 주검을 본즉 사자의 몸에 벌 떼와 꿀이 있는지라 9 손으로 그 꿀을 떠서 걸어가며 먹고 그의 부모에게 이르러 그들에게 그것을 드려서 먹게 하였으나 그 꿀을 사자의 몸에서 떠왔다고는 알리지 아니하였더라

삼손은 신부와 결혼할 준비를 하면서(10-11절) 한마디로 말해서, 그의 블레셋 "친구들"(12-14절)과 도박을 했다. 삼손은 그들이 그의 수수께끼를 풀지 못해서 자신이 부를 얻게 될 줄 알았다. 그러나 블레셋 사람들은 그의 아내를 이용했다. 이때 삼손과 맺어졌지만, 아직 결혼식은 올리지 않았다. 삼손이 좋아하는 외모의 여성 앞에서는 이성적으로 생각하지 못한다는 것을 다시 한 번 여실히 드러낸 순간이었다. 삼손은 그녀에게 답을 말했고, 그녀는 블레셋 사람들에게 전달한다(15-18절). 이

---

10 삼손의 아버지가 여자에게로 내려가매 삼손이 거기서 잔치를 베풀었으니 청년들은 이렇게 행하는 풍속이 있음이더라 11 무리가 삼손을 보고 삼십 명을 데려와서 친구를 삼아 그와 함께 하게 한지라 12 삼손이 그들에게 이르되 이제 내가 너희에게 수수께끼를 내리니 잔치하는 이레 동안에 너희가 그것을 풀어 내게 말하면 내가 베옷 삼십 벌과 겉옷 삼십 벌을 너희에게 주리라 13 그러나 그것을 능히 내게 말하지 못하면 너희가 내게 베옷 삼십 벌과 겉옷 삼십 벌을 줄지니라 하니 그들이 이르되 네가 수수께끼를 내면 우리가 그것을 들으리라 하매 14 삼손이 그들에게 이르되 먹는 자에게서 먹는 것이 나오고 강한 자에게서 단 것이 나왔느니라 하니라 그들이 사흘이 되도록 수수께끼를 풀지 못하였더라 15 일곱째 날에 이르러 그들이 삼손의 아내에게 이르되 너는 네 남편을 꾀어 그 수수께끼를 우리에게 알려 달라 하라 그렇지 아니하면 너와 네 아버지의 집을 불사르리라 너희가 우리의 소유를 빼앗고자 하여 우리를 청한 것이 아니냐 그렇지 아니하냐 하니 16 삼손의 아내가 그의 앞에서 울며 이르되 당신이 나를 미워할 뿐이요 사랑하지 아니하는도다 우리 민족에게 수수께끼를 말하고 그 뜻을 내게 알려 주지 아니하도다 하는지라 삼손이 그에게 이르되 보라 내가 그것을 나의 부모에게도 알려 주지 아니하였거든 어찌 그대에게 알게 하리요 하였으나 17 칠 일 동안 그들이 잔치할 때 그의 아내가 그 앞에서 울며 그에게 강요함으로 일곱째 날에는 그가 그의 아내에게 수수께끼를 알려 주매 그의 아내가 그것을 자기 백성들에게 알려 주었더라 18 일곱째 날 해 지기 전에 성읍 사람들이 삼손에게 이르되 무엇이 꿀보다 달겠으며 무엇이 사자보다 강하겠느냐 한지라 삼손이 그들에게 이르되 너희가 내 암송아지로 밭 갈지 아니하였더라면 내 수수께끼를 능히 풀지 못하였으리라 하니라 19 여호와의 영이 삼손에게 갑자기 임하시매 삼손이 아스글론에 내려가서 그 곳 사람 삼십 명을 쳐죽이고 노략하여 수수께끼 푼 자들에게 옷을 주고 심히 노하여 그의 아버지의 집으로 올라갔고

제 우리는 삼손이 폭력으로 보복하는 것을 본다(19절).

삼손은 자신의 감정이나 성질을 통제하지 못한다. 그는 서른 명의 블레셋 사람들을 쳐 죽였다. 이스라엘을 구원하려는 갈망에서가 아니라, 복수하고 빚을 갚기 위해서였다.

삼손이 그의 부모의 집으로 돌아갔기 때문에 그의 아내는 "삼손의 친구였던 그의 친구에게 준 바 되었다"(20절). 즉 블레셋 사람에게 준 바 되었다. 그러나 삼손은 이것을 알 리가 없다. 그래서 "얼마 후 … 그의 아내에게로 찾아 갔다"(15:1). 느낌에 이끌리는 그가 더 어리고 예쁜 여동생을 받아들일 거라고 예상할 수도 있겠지만(2절), 어떻게 해야 좋은지 삼손에게 말해 주는 사람이 없다!

그래서 삼손은 "내가 블레셋 사람들을 해할지라도 그들에게 대하여 내게 허물이 없을 것이니라"(3절)라고 한다. 이번에 그의 폭력적 분노의 결과는 블레셋의 곡식밭을 불태운 것이었다(4-5절). 삼손의 보복에 대한 보복으로 블레셋 사람들은

20 삼손의 아내는 삼손의 친구였던 그의 친구에게 준 바 되었더라 15:1 얼마 후 밀 거둘 때에 삼손이 염소 새끼를 가지고 그의 아내에게로 찾아 가서 이르되 내가 방에 들어가 내 아내를 보고자 하노라 하니 장인이 들어오지 못하게 하고 2 이르되 네가 그를 심히 미워하는 줄 알고 그를 네 친구에게 주었노라 그의 동생이 그보다 더 아름답지 아니하냐 청하노니 너는 그를 대신하여 동생을 아내로 맞이하라 하니 3 삼손이 그들에게 이르되 이번은 내가 블레셋 사람들을 해할지라도 그들에게 대하여 내게 허물이 없을 것이니라 하고 4 삼손이 가서 여우 삼백 마리를 붙들어서 그 꼬리와 꼬리를 매고 홰를 가지고 그 두 꼬리 사이에 한 홰를 달고 5 홰에 불을 붙이고 그것을 블레셋 사람들의 곡식 밭으로 몰아 들여서 곡식 단과 아직 베지 아니한 곡식과 포도원과 감람나무들을 사른지라

"그 여인(삼손의 아내)과 그의 아버지를 불살랐다"(6절). 우리가 예상할 수 있듯이, 삼손은 이 문제를 가볍게 여기지 않고, 복수하겠다고 맹세했고(7절) "크게 쳐서 죽였다"(8절).

이 이야기 속에서 올바로 행동하는 사람은 아무도 없다. 삼손은 하나님이 주신 그의 역할에 주의를 기울이지 않고 잔인할 정도로 폭력적이다. 그러나 블레셋 사람들도 마찬가지다. 그중에서도 한 사람은 두 딸을 그런 불한당에게 내주려 했고, 그 다음에는 동족에게 불태워져 죽음을 당했다. 블레셋 사람들 역시 나쁘다. 그리고 삼손은 하나님의 원수들과 똑같다. 우리가 이미 말했듯이, 다른 문화 속에서 하나님의 백성 한 사람이 주변 문화에 어떻게 '휩쓸리는지' 보기는 쉽지만, 우리 자신도 그럴 수 있다는 것을 직시하긴 훨씬 더 어렵다.

:: 여호와의 영

그러나 이 모든 것 중에, 하나님이 역사하고 계신다. 왜 삼손이 사자를 죽일 수 있었는가? "여호와의 영이 삼손에게 강하게 임했기 때문이다"(14:6). 왜 삼손이 블레셋 사람 삼십 명을

6 블레셋 사람들이 이르되 누가 이 일을 행하였느냐 하니 사람들이 대답하되 딤나 사람의 사위 삼손이니 장인이 삼손의 아내를 빼앗아 그의 친구에게 준 까닭이라 하였더라 블레셋 사람들이 올라가서 그 여인과 그의 아버지를 불사르니라 7 삼손이 그들에게 이르되 너희가 이같이 행하였은즉 내가 너희에게 원수를 갚고야 말리라 하고 8 블레셋 사람들의 정강이와 넓적다리를 크게 쳐서 죽이고 내려가서 에담 바위 틈에 머물렀더라

쳐 죽이고 옷을 빼앗을 수 있었나? "여호와의 영이 삼손에게 갑자기 임하셨기 때문이다"(19절).

하나님이 삼손에게 초인적 힘을 주신다. 이스라엘과 블레셋 사이에 분리가 일어나게 하는 데 필요한 한 가지였다. 또 다른 한 가지는 삼손의 성격적 결점이었다. 비록 하나님의 백성 이스라엘이 그것을 깨닫지 못하고 있었지만, 그 분리는 절박하게 필요했다. 하나님의 백성은 그들의 우상들 및 그들을 둘러싼 세상과 결혼했고, 하나님은 그들을 이혼시킴으로써 하나님의 백성을 구원하기 시작하셨다.

그러나 어떻게 하나님이 그렇게 결점이 있는 사람들, 삼손 같은 사람들을 사용하셔서 하나님의 일을 이루실 수 있단 말인가? 하나님은 착하고 경건한 사람들을 통해서만 역사하셔야 하지 않는가? 올바로 믿고 올바로 행동하는 사람들만 사용하셔야 하지 않는가?

그러나 그럴 때의 문제는 하나님을 상자 안에 가둔다는 것이다. 하나님이 인간에게 제한되며, 사람들이 착하거나 사람들이 경건한 선택을 할 때만 하나님이 역사하실 수 있도록 허용되신다는 것을 의미한다. 하나님이 은혜로 역사하시지 않으며, 구원의 주도권을 잡지 않으시며, 사람들의 선행에 대한 반응으로만 역사하시며, 하나님의 구원 역사를 사람들이 도울 때까지 하나님이 기다리셔야만 한다는 것을 의미한다.

데이비드 잭맨은 사사기가 "그런 개념을 온통 뒤엎는다"

242

고 말한다.

> 사사기는 성경 전체와 마찬가지로, 무엇보다도 은혜에
> 대한 책이고, 받을 자격이 없지만 거저 주시는 자비에 대
> 한 책이다. … 그렇다고 해서 정확한 신학의 중요성을 경
> 시하거나 우리가 어떻게 행동하는지가 중요하지 않다
> 는 말은 아니다. … [여전히, 죄를 짓는 사람은 고통당할 것이다.]
> 그러나 우리는 하나님이 우리의 실패를 하나님의 성공
> 의 기반으로 사용하시는 일도 하신다는 사실에 기뻐할
> 수 있다. 우리가 하나님을 꽁꽁 묶어 놓았다거나, 하나님
> 이 언제, 어떻게 역사하실지 우리가 다 안다고 절대로 상
> 상하지 말라. "하나님이 하실 수 없어" 혹은 "하시지 않을
> 거야"라고 말했다가는 우리의 오판에 깜짝 놀라게 될 것
> 이다. -《사사기와 룻기》

놀라운 진실은 하나님이 죄인들을 통해, 그리고 죄악된
상황들을 통해 역사하신다는 것이다. 하나님은 우리 삶의 어
두운 난국 속에서도, 모든 것이 '잘되고' 있을 때만큼이나 하나
님의 백성을 축복한다는 약속을 지키신다. 심지어 우리 자신
의 죄조차 하나님이 우리를 구원하시거나 우리를 사용하시는
것을 막을 수 없다. 신비롭게, 흔히는 보이지 않게, 그리고 보
통은 우리의 이해를 능가하여, 하나님께서 사람들의 자유, 그

243

리고 흔히 결점이 있는 선택들을 통해 역사하신다. 그리고 하나님을 사랑하는 자들에게 모든 것이 합력하여 선을 이루게 하신다(롬 8:28).


:: 리더는 있지만 평화는 없는 시대

폭력의 강도가 점증되고, 보복에 보복이 잇따른다. 용서와 화해가 없다. 이제는 우리에게 익숙한 이야기가 되고 말았다. 양 가문이나 양 국가 차원 모두 그렇다. 하나의 행동마다 보복 반응이 촉발되고, 이는 또 다른 보복 반응으로 이어져 악순환이 끊임없이 이어진다. 그래서 블레셋이 무기를 들고 유다에 진을 쳐 "삼손을 결박하여 그가 우리(블레셋)에게 행한 대로 그에게 행하려 한다"(15:10).

유다 사람들은 블레셋과의 평화를 지키려고 급급해서, 하나님이 이스라엘을 구원하시려 사사를 일으키셨다는 것을 알아채지 못한다(10절)! 하나님이 그렇게 하셨다는 것을 알고 나서도, 그들은 오히려 3,000명을 보내 사사를 적에게 넘겨준다(11-12절)! 그들은 하나님의 백성이라는 이름은 있지만, 오히려 세상과 평화를 이루고 살며, 세상의 우상들을 예배하느라,

---

9 이에 블레셋 사람들이 올라와 유다에 진을 치고 레히에 가득한지라 10 유다 사람들이 이르되 너희가 어찌하여 올라와서 우리를 치느냐 그들이 대답하되 우리가 올라온 것은 삼손을 결박하여 그가 우리에게 행한 대로 그에게 행하려 함이로라 하는지라

자유를 얻어 하나님을 예배하려 하지 않았다. 그들은 세상과 대립하는 위험을 감수하느니, 차라리 자신들의 구조자를 타도하려 했다.

그래서 그들은 자신들의 사사를 결박하여(13절) 블레셋 사람들에게 끌고 갔다. 그럼에도 불구하고 다시 "여호와의 영이 삼손에게 갑자기 임하셔서" 삼손은 결박을 끊었고, "나귀의 새 턱뼈를 보았다." 삼손이 나실인의 서원을 이미 저버린 지가 오래되긴 했지만, 여하튼 나실인이 만지지 말아야 할 동물 사체였음에도 불구하고, 삼손은 "손을 내밀어 집어 들고 그것으로 천 명을 죽였는데"(14-15절), 그들을 죽일 때 비웃으며 죽였다(16절).

삼손을 택하시고 능력을 덧입혀 주신 하나님께 삼손이 이제 처음 말한다. 그러나 그의 기도는 겸손하지도 않고 신실

---

11 유다 사람 삼천 명이 에담 바위 틈에 내려가서 삼손에게 이르되 너는 블레셋 사람이 우리를 다스리는 줄을 알지 못하느냐 네가 어찌하여 우리에게 이같이 행하였느냐 하니 삼손이 그들에게 이르되 그들이 내게 행한 대로 나도 그들에게 행하였노라 하니라 12 그들이 삼손에게 이르되 우리가 너를 결박하여 블레셋 사람의 손에 넘겨 주려고 내려왔노라 하니 삼손이 그들에게 이르되 너희가 나를 치지 아니하겠다고 내게 맹세하라 하매 13 그들이 삼손에게 말하여 이르되 아니라 우리가 다만 너를 단단히 결박하여 그들의 손에 넘겨 줄 뿐이요 우리가 결단코 너를 죽이지 아니하리라 하고 새 밧줄 둘로 결박하고 바위 틈에서 그를 끌어내니라 14 삼손이 레히에 이르매 블레셋 사람들이 그에게로 마주 나가며 소리 지를 때 여호와의 영이 삼손에게 갑자기 임하시매 그의 팔 위의 밧줄이 불탄 삼과 같이 그의 결박되었던 손에서 떨어진지라 15 삼손이 나귀의 새 턱뼈를 보고 손을 내밀어 집어들고 그것으로 천 명을 죽이고 16 이르되 나귀의 턱뼈로 한 더미, 두 더미를 쌓았음이여 나귀의 턱뼈로 내가 천 명을 죽였도다 하니라

하지도 않다. 요컨대, 그는 하나님께 도움을 요구하면서, 하나
님이 도와주시지 않는다고 불평한다(18절). 확실히 그의 무지
함의 소치다. 하나님의 영이 그를 사자와 내기에 진 경우, 그리
고 이제 천 명의 블레셋 사람들로부터 구해 주셨기 때문이다.
삼손은 하나님의 힘을 사용하면서도 극한 경우가 아니면 하나
님을 의지하지 않는다.

　　삼손은 16장 28절에서 눈멀어 갇혀 있게 될 때까지 다시
하나님과 말하지 않는다. 그러나 하나님은 삼손을 통해 역사
하고 계시며, 삼손에게 필요한 물을 공급하신다(15:19). 그렇게
해서 원기를 회복하고 "삼손이 이스라엘의 사사로 이십 년 동
안 지냈다"(20절). 그러나 초기 사사들의 리더십과는 달랐다. 삼
손은 이스라엘을 영적, 물리적 압제에서 구하지 못했다. 여전
히 "블레셋 사람의 때"였다.


　　:: 은사를 주시고 열매를 자라게 하신다

　　다시 한 번, 삼손은 비범하게 성령의 은사를 받는다. 나

---

17 그가 말을 마치고 턱뼈를 자기 손에서 내던지고 그 곳을 라맛 레히라 이름하였더
라 18 삼손이 심히 목이 말라 여호와께 부르짖어 이르되 주께서 종의 손을 통하여 이
큰 구원을 베푸셨사오나 내가 이제 목말라 죽어서 할례 받지 못한 자들의 손에 떨어
지겠나이다 하니 19 하나님이 레히에서 한 우묵한 곳을 터뜨리시니 거기서 물이 솟아
나오는지라 삼손이 그것을 마시고 정신이 회복되어 소생하니 그러므로 그 샘 이름을
엔학고레라 불렀으며 그 샘이 오늘까지 레히에 있더라 20 블레셋 사람의 때에 삼손이
이스라엘의 사사로 이십 년 동안 지냈더라

귀 턱뼈로 천 명을 죽인 것은 큰 공적이다! 그러나 삼손이 하나님의 성령을 가졌다면, 거룩함 면에서도 성장해야 하지 않는가? 어떻게 삼손은 그렇게 성령의 능력을 덧입으면서도 인내심이나 겸손, 자제력은 결여되었단 말인가?

그런데 알고 보면, 사실, 성경은 이런 면을 구분하고 있는데, 대부분의 신자들은 잘 인식하지 못하고 있다. 즉 성령의 은사를 가졌지만, 성령의 열매는 결여되는 것이 가능하다. 고린도전서 12, 14장에서 바울이 우리에게 말한다. 성령의 '은사들'은 뭔가를 하기(doing) 위한 기술들이다. 즉 사람들을 섬기고 돕기 위한 능력들이다. 그러나 다른 목적들로도 사용될 수 있다.

한편 갈라디아서 5장 22-23절에서 바울은 성령의 '열매'는 존재(being)의 성격 특질들이라고 말한다. 가령 평화, 인내, 온유, 절제 등의 자질들이다. 그러고 나서 고린도전서 13장 1-3절에서, 바울은 가르침, 설교, 리더십의 기술(혹은 은사들)을 갖더라도, 사랑의 열매는 없을 수 있으며, 사랑 없는 은사들은 "아무것도 아니라고" 말한다.

따라서 우리는 때때로 성경에서 삼손 같은 사람들을 만날 것이다. 그들은 큰 은사들을 가졌지만, 거룩함과 인격 면에서는 깊이가 얕다. 고린도전서 13장은 우리 자신도 이런 면에 주의해야 한다고 말해 준다. 성령의 은사가 우리 안에 역사할 수 있고, 심지어 매우 강하게 역사할 수도 있다. 그래서 사람들을 돕고 운동을 이끌 수 있다.

그러면서도 우리의 내적 삶은 완전히 황폐할 수 있다. 사실, 그런 패턴이 매우 흔해서, 두드러진 외적 삶과 황폐한 내면 생활 사이에 상관관계가 있는 경우가 많다. 어떤 사람들은 가르침, 상담, 리더십 활동을 활발하게 잘하면서도, 사생활에서는 유혹, 실망, 분노, 두려움에 굴복하고 있을 수 있다.

그러면 어떻게 해야 하는가? 첫째로, 은사와 열매의 성경적 구분을 알아야 한다. 많은 사람들은 자신들의 영적 은사를 가지고 자기가 영적으로 괜찮다는 자기 정당화의 '증거'로 삼는다. "내가 섬기는 사람들을 보세요! 내가 그들에게 얼마나 중요한지 말하는 이 사람들을 좀 보세요! 하나님이 저를 기뻐하시는 게 분명해요." 그러나 성령의 은사의 사용을 성령의 열매의 성장으로 착각하지 말아야 한다. 열매야말로 영적 성장의 '증거'다.

둘째로, 종교적 활동보다 기도 생활이 영적 건강에 대한 최고의 척도다. 당신의 기도는 따뜻하고 즐겁고 꾸준한가? 기도하면서 말하기만 하는 것이 아니라, 듣기도 하고 배우기도 하는가? 아니면 삼손처럼, 최후 수단으로써만 기도하며, 자신과 자신의 욕망을 위해서만 기도하는가?

셋째로, 우리는 '고독한 방랑자' 영성을 지양해야 한다. 다른 신자들과의 친근한 교제야말로 내면생활과 외적인 삶이 온전히 통합되는 최고의 방법이다. 삼손은 늘 혼자라는 특징이 두드러진다. 삼손은 조언을 받지 않을 뿐 아니라, 절대로 다른 사람들과 함께 일하거나 팀을 이루지도 않는다. 그는 독불장군이다. 이는 내적 분열로 고통당하면서도 외적 공로에만 초점을 맞추게 하는 조건이 된다. 아무도 가까이서 우리의 영적 삶을 지켜보지 않고, 영적 삶에 대해 우리를 격려해 주거나 도전을 주지 않기 때문이다.

**09**

●

# 마지막 사사 삼손,
# 위대한 패배로 구원하다

삿 16:1-31

●

여호와께 부르짖어 이르되
주 여호와여 구하옵나니
나를 생각하옵소서

삼손은 사사, 즉 하나님의 백성의 구원자로 임명되었고, 이제 천 명이 넘는 블레셋 사람들을 죽였지만, 이스라엘이 자유를 얻어 여호와께 순종하도록 전혀 이끌지 못했다. 블레셋에 대항한 그의 모든 행동들은 자신을 위한 것이었다. "삼손이 딤나에 내려가서 거기서 블레셋 사람의 딸들 중에서 한 여자를 보고"(14:1) 난 후에 이어진 곤경에서 자신을 구하기 위한 것이었다.

그러나 15장 끝에서, 삼손은 블레셋의 손아귀에서 벗어나 20년 동안 이스라엘을 이끌었다. 그러고 나서 "삼손이 가사에 갔는데" 단지 블레셋의 한 마을이 아니라, 블레셋의 수도였고, 삼손은 "거기서 한 기생을 보았다"(16:1). 여태껏 그런 일을

---

16:1 삼손이 가사에 가서 거기서 한 기생을 보고 그에게로 들어갔더니

겪고도, 삼손은 아무것도 배운 것이 없었다! 삼손은 자신의 약점인 여자로 인한 곤경으로부터 신체적 힘을 이용해 다시 한번 벗어나지만, 그가 겪을 그 다음 어려움은 그의 마지막 어려움이 될 것이다.

## :: 계속되는 패턴

1-3절은 과거(14:1-15:20)와 미래(16:4-31) 양쪽 모두에 대한 연결고리이다. 이는 삼손의 삶의 전형적인 패턴이다. 삼손은 그의 약점인 여자 때문에 극도로 위험한 상황에 휘말린다. 이스라엘의 사사로서 블레셋 창녀와 밤을 보내며(1절) 적에게 둘러싸이도록 허용한 것은(2절) 불순종일 뿐 아니라 어리석다.

또한 이 패턴은 심화되고 있다. 삼손의 무모함(블레셋의 수도에 간 것), 삼손의 성 중독(창녀와 잔 것), 그리고 삼손이 빠진 덫의 세기(성벽이 있는 도시 안에서 경비병들에게 둘러싸임)은 모두 앞의 두 장들보다 심해지고 커졌다. 중독이나 충동의 패턴이 그렇듯이, 사이클이 돌아갈수록 그 힘이 커진다. 그러나 무엇보다도 인상적인 것은 삼손의 탈출에 사용된 힘이다. 삼손이 성문을 번쩍 들어서 헤브론까지 60킬로미터나 옮겼다는 것은 대단하다. 삼손이 그렇게 한 것이 3절에 나온다.

---

2 가사 사람들에게 삼손이 왔다고 알려지매 그들이 곧 그를 에워싸고 밤새도록 성문에 매복하고 밤새도록 조용히 하며 이르기를 새벽이 되거든 그를 죽이리라 하였더라

이제 우리는 삼손이 어려움을 겪으면서도 배울 줄 모른다는 것을 안다. 그래서 앞으로의 이야기에서 무모함과 위험, 놀라운 초자연적인 힘이 더욱 커질 것이라고 예상할 수 있고, 실제로 목격하게 된다.


:: 위험한 성공

하나님이 삼손을 축복하셔서 적과 싸울 힘을 주실수록, 삼손은 더욱 더 자신이 불패라고 확신하면서 무책임한 행동을 더 일삼았다. 다시 말해서, 삼손의 마음은 하나님의 축복을 하나님을 잊을 이유로 사용했던 것이다.

기드온 사이클에서 보았듯이, 역경은 우리에게 영적 어려움을 주지만, 성공은 역경이 주는 것보다 더 큰 어려움을 준다. 청교도 목사 존 플래블(John Flavel)은 이렇게 요약했다. "보통 외적 이득은 내면의 손실을 수반한다." 한편, 거꾸로 말해서, '내면의 유익' 즉 겸손, 절제, 지혜의 성장 등은 보통 우리의 재정, 경력, 관계의 실패 등의 '외적 손실'에 수반된다.

여기서 우리는 어떻게 죄와 은혜가 완전한 반대 기반 위에서 역사하는지 볼 수 있다. 은혜 속에서, 하나님은 우리의 약점과 실패까지도 우리를 위해 사용하신다. 그러나 죄 안에서, 우리는 하나님의 선물과 하나님이 주신 장점까지도 하나님을 거스르는 데 사용한다. 우리의 죄악된 마음은 하나님의 축복조차도 우리 삶을 망치는 데 사용할 방법들을 발견할 것이다. 바울이 로마서 1장에서 하나님이 우리에게 하실 수 있는 최악의 일은 우리 마음에 갈망하는 성공을 주시는 것이라고 말한다! 그래서 세상에서 가장 성공적인 사람들은 하나님과 가장 거리가 먼 사람들인 경향이 있다.

왜 그런가? 삼손이 하나님의 축복을 가지고 이렇게 잘못 유추한 것과 같다. "나는 불패야. 그러니 내가 원하는 대로 살 거야." 성공한 사람들은 하나님의 축복을 가지고 그렇게 잘못 추론한다. "내가 이걸 가진 것은 다 내가 똑똑하고 잘나서야. 나 혼자로 충분해!"


:: 삼손과 들릴라, 도대체 왜?

"이 후에 삼손이" 블레셋 영토인 "소렉 골짜기의 들릴라라 이름하는 여인을 사랑했다"(삿 16:4). '들릴라'라는 이름의 발음은 영어로 밤을 의미하는 '더 나이트'와 비슷하다. 1-3절에 '밤'이 네 번 언급된다. 이제 삼손은 '밤중까지' 누워 있다. 그리고 그는 거기서부터 몰락할 것이다.

블레셋 리더들이 들릴라에게 접근하여 "삼손을 꾀어서 무엇으로 말미암아 그 큰 힘이 생기는지 … 알아보면"(5절) 돈

---

3 삼손이 밤중까지 누워 있다가 그 밤중에 일어나 성 문짝들과 두 문설주와 문빗장을 빼어 가지고 그것을 모두 어깨에 메고 헤브론 앞산 꼭대기로 가니라 4 이 후에 삼손이 소렉 골짜기의 들릴라라 이름하는 여인을 사랑하매

을 주겠다고 약속한다. 그래서 "들릴라가 삼손에게 말했다"(6절). 들릴라가 사랑하는 연인을 배반한 동기는 무엇인가? 두 가지다. 뚜렷한 동기는 욕심이다.

그러나 그것 외에 더 있다. 들릴라를 찾아온 사람들은 "블레셋 사람의 방백들"(5절)이었다. 그들은 어떤 사건 때문에 삼손에게 앙갚음하려고 하는 블레셋의 떼거리나 종족 정도가 아니다. 이들은 블레셋 국가 전체의 리더들이다. 이제 삼손이 블레셋의 국가적 위협으로 간주되고 있다는 것을 의미한다. 삼손을 넘겨주면 들릴라가 국가적 영웅이 된다는 것을 의미한다. 그녀에게 제시된 부, 권력, 영향력의 잠재력이 매우 컸다. 그녀의 남은 평생이 보장될 것이다.

들릴라의 첫 번째 질문은 우스울 정도로 노골적이다! 들릴라는 어떻게 삼손을 "결박하여 굴복하게 할 수 있을는지"(6절) 그냥 묻는다. 분명히 삼손은 의심스러웠겠지만, 그녀를 떠나지 않는다. 그 대신 그녀에게 거짓말로 "마르지 아니한 새 활줄 일곱으로 나를 결박하면 내가 약해져서 다른 사람과 같으리라"(7절)고 대답한다. 그러자 그녀는 그를 결박하고(8절) 방

---

5 블레셋 사람의 방백들이 그 여인에게로 올라가서 그에게 이르되 삼손을 꾀어서 무엇으로 말미암아 그 큰 힘이 생기는지 그리고 우리가 어떻게 하면 능히 그를 결박하여 굴복하게 할 수 있을는지 알아보라 그리하면 우리가 각각 은 천백 개씩을 네게 주리라 하니 6 들릴라가 삼손에게 말하되 청하건대 당신의 큰 힘이 무엇으로 말미암아 생기며 어떻게 하면 능히 당신을 결박하여 굴복하게 할 수 있을는지 내게 말하라 하니 7 삼손이 그에게 이르되 만일 마르지 아니한 새 활줄 일곱으로 나를 결박하면 내가 약해져서 다른 사람과 같으리라

안에 사람들을 숨겨 놓고서 "블레셋 사람들이 당신에게 들이 닥쳤느니라"고 외친다. 그리고 삼손이 쉽게 활줄을 끊는 것을 본다(9절).

그러고 나서 "들릴라가 삼손에게 일렀다."(10절). 충격적인 부분이다. 삼손이 아직 그녀의 말을 듣는다! 왜 삼손은 그런 위험한 게임을 하는가? 삼손의 동기는 들릴라의 동기보다 파악하기 어렵다. 저자가 삼손의 동기에 대해 직접적인 정보를 별로 주지 않기 때문이다.

첫 번째로, 우리는 삼손이 위험을 즐기는 지나친 자신감을 가졌다고 추측할 수 있다. 삼손은 여자에 빠진 것만큼이나 위험에 빠져 있었을 수 있다. 위험은 삼손을 '흥분'시켰다. 왜냐하면 그 결말은 항상 그를 우쭐하게 하는 것이었기 때문이다. 9절에서, 삼손은 들릴라가 뭔가 꾸미고 있다고 의심했을 것이다.

그러나 또한 두 번째로, 삼손이 전형적인 중독 증후군의 '부인' 모드에 있었을 수도 있다. 삼손은 들릴라의 성적 혜택과 호의를 절실히 원해서, 들릴라의 동기를 부인했을 수 있다.

---

8 블레셋 사람의 방백들이 마르지 아니한 새 활줄 일곱을 여인에게로 가져오매 그가 그것으로 삼손을 결박하고 9 이미 사람을 방 안에 매복시켰으므로 삼손에게 말하되 삼손이여 블레셋 사람들이 당신에게 들이닥쳤느니라 하니 삼손이 그 줄들을 끊기를 불탄 삼실을 끊음 같이 하였고 그의 힘의 근원은 알아내지 못하니라 10 들릴라가 삼손에게 이르되 보라 당신이 나를 희롱하여 내게 거짓말을 하였도다 청하건대 무엇으로 당신을 결박할 수 있을는지 이제는 내게 말하라 하니

들릴라는 두 번 "당신이 나를 희롱했다"(10, 13절)고 불평하지만, 삼손은 두 번 들릴라에게 거짓말한다(11, 13절). 그러나 들릴라가 "당신의 마음이 내게 있지(털어놓지-옮긴이) 아니하면서 당신이 어찌 나를 사랑한다 하느냐"(15절)라고 말하며, 그 불평을 반복하자(16절), 삼손은 그녀에게 "진심을 드러내어"(17절) 말했다. 왜 그런가? 왜냐하면 그들의 관계에 대한 들릴라의 뚜렷한 협박 때문이었다.

"당신이 나를 정말로 사랑하면, 나에게 다 털어놓을 것이다. 나에게 이것을 말하지 않으면, 당신이 나를 사랑하지 않는다는 증거다. 그러면 그걸로 끝이다!"

그러고 나서야 삼손이 그녀에게 진실을 말한다. 설령 그

---

11 삼손이 그에게 이르되 만일 쓰지 아니한 새 밧줄들로 나를 결박하면 내가 약해져서 다른 사람과 같으리라 하니라 12 들릴라가 새 밧줄들을 가져다가 그것들로 그를 결박하고 그에게 이르되 삼손이여 블레셋 사람이 당신에게 들이닥쳤느니라 하니 삼손이 팔 위의 줄 끊기를 실을 끊음 같이 하였고 그 때에도 사람이 방 안에 매복하였더라 13 들릴라가 삼손에게 이르되 당신이 이 때까지 나를 희롱하여 내게 거짓말을 하였도다 내가 무엇으로 당신을 결박할 수 있을는지 내게 말하라 하니 삼손이 그에게 이르되 그대가 만일 나의 머리털 일곱 가닥을 베틀의 날실에 섞어 짜면 되리라 하는지라 14 들릴라가 바디로 그 머리털을 단단히 짜고 그에게 이르되 삼손이여 블레셋 사람들이 당신에게 들이닥쳤느니라 하니 삼손이 잠을 깨어 베틀의 바디와 날실을 다 빼내니라 15 들릴라가 삼손에게 이르되 당신의 마음이 내게 있지 아니하면서 당신이 어찌 나를 사랑한다 하느냐 당신이 이로써 세 번이나 나를 희롱하고 당신의 큰 힘이 무엇으로 말미암아 생기는지를 내게 말하지 아니하였도다 하며 16 날마다 그 말로 그를 재촉하여 조르매 삼손의 마음이 번뇌하여 죽을 지경이라 17 삼손이 진심을 드러내어 그에게 이르되 내 머리 위에는 삭도를 대지 아니하였나니 이는 내가 모태에서부터 하나님의 나실인이 되었음이라 만일 내 머리가 밀리면 내 힘이 내게서 떠나고 나는 약해져서 다른 사람과 같으리라 하니라

녀가 삼손을 파멸로 이끈다 하더라도, 삼손은 도저히 그녀를 실망시킬 수 없다는 증거다. 많은 파괴적 관계들의 전형적인 모습이다.

삼손과 들릴라는 서로를 섬기기보다 서로를 이용하는 극단적인 케이스다. 그들은 서로에게 "내가 당신과 함께 있는 것은 당신을 사랑하기 때문이야"라고 말하지만, 그들의 진심은 "내가 당신과 함께 있는 것은 당신이 나에게 매우 유용하기 때문이야"라는 것이다. 물론 틀림없이 거기에 열정과 로맨스가 넘쳤지만, 다 자기 충족의 동기에서 나왔고, 상대방이 성장하도록 자신을 내어 주려는 것이 아니었다.

삼손은 성애와 (필시) 위험의 스릴을 얻기 위해 들릴라를 이용했을 것이다. 들릴라는 부와 명성을 얻으려고 삼손을 이용했다. 양쪽 모두 상대방에게 주기보다 자기가 받으려한 것이 상당히 명백하다.

그러나 관계에 대한 이러한 종류의 접근법 중에 훨씬 덜 명백한 형태도 있다. 흔히 남자들은 외모가 별로 출중하지 않지만 훌륭한 여성을 지나친다. 흔히 여자들은 직업이 별로 좋지 않지만 훌륭한 남자를 지나친다. 처음부터, 우리의 자아 이미지를 높이거나 우리가 원하는 종류의 삶을 살게 해주는 데 유용한 사람들을 찾는다.

또 하나 미묘한 것은 조력자 증후군이다. 흔히 어느 관계 속에서 한 사람이 항상 도움이 필요하고 문제를 일으키고, 상대방은 상담자-구조자 역할을 한다. 도움이 필요한 사람이 구조자를 어떻게 이용하는지는 명백하다. 덜 명백한 것은 구조자도 도움이 필요한 사람을 이용한다는 것이다. 구조자 자신의 가치를 느끼게 하거나 도덕적 우월감을 갖게 하는 데 상대방이 필요한 것이다. 이런 사람은 자신이 필요한 존재라고 느끼려는 욕구를 갖는다.

C. S. 루이스가 매우 도움이 되는 말을 했다.

> 필요의 사랑(Need-love)은 … 우리의 빈곤 때문에 부르짖는다. 반면에 선물의 사랑(Gift-love)은 섬기기를 갈망한다. … 필요의 사랑은 한 여자에 대해 '나는 그녀 없이 살 수 없어'라고 말한다. 반면에 선물의 사랑은 그녀에게 행복을 주기를 갈망한다. -《네 가지 사랑》

> 하나님을 사랑하기 전까지는 동료 피조물을 사랑할 수 없다. -《천국과 지옥의 이혼》

루이스가 하는 말은 당신의 가장 깊은 필요와 욕구를 충족시켜 주시는 하나님의 사랑을 어떤 식으로든 경험하지 않으면, 자신을 강화하고 입증하기 위해 다른 사람들을 이용하는 경향이 있다는 것이다. 하나님과 그런 관계가 없으면, 가장 열정적인 "나는 당신을 사랑해"라는 고백도 사실은 "내가 가치 있다고 느끼기 위해 당신이 필요해"라는 의미에 불과할 뿐이다.

삼손의 내면생활과 동기들은 이러한 하나님 사랑(God-love)의 결여를 보여 주며, 우리 모두에게 경고가 된다. 하나님 사랑이 없으면, 우리도 관계 속에서 덜 노골적이더라도 삼손과 똑같이 할 것이고, 그렇게 할 수밖에 없다.


:: 삼손의 힘이 삼손을 떠났다

진실을 알게 된 들릴라가 물주들을 부른다(18절). 잠자는 삼손은 머리털이 깎였고, "그의 힘이 없어졌다"(19절). 이어서 20절에 일어나는 일은 이상하다. 삼손은 들릴라에게 진실을 말했기 때문에 "잠을 깨며" 머리카락이 사라진 것을 알았을 것이다. 그러나 그는 "내가 전과 같이 나가서 몸을 떨치리라"고 생각했다. "여호와께서 이미 자기를 떠나신 줄을 깨닫지 못하였기" 때문이다.

삼손은 머리를 깎였어도 힘이 여전히 있을 것이라고 추정했다. 그렇게 추정하는 것도 당연하다. 삼손은 장기간에 걸

---

18 들릴라가 삼손이 진심을 다 알려 주므로 사람을 보내어 블레셋 사람들의 방백들을 불러 이르되 삼손이 내게 진심을 알려 주었으니 이제 한 번만 올라오라 하니 블레셋 방백들이 손에 은을 가지고 그 여인에게로 올라오니라 19 들릴라가 삼손에게 자기 무릎을 베고 자게 하고 사람을 불러 그의 머리털 일곱 가닥을 밀고 괴롭게 하여 본즉 그의 힘이 없어졌더라 20 들릴라가 이르되 삼손이여 블레셋 사람이 당신에게 들이닥쳤느니라 하니 삼손이 잠을 깨며 이르기를 내가 전과 같이 나가서 몸을 떨치리라 하였으나 여호와께서 이미 자기를 떠나신 줄을 깨닫지 못하였더라

쳐 나실인의 서원을 서서히 어겨 오고 있었다. 삼손은 사체를 만지고 "잔치"(14:10, 문자적으로 '술잔치'를 의미한다)를 열어서 나실인의 서원을 어겼다.

핵심 구절은 "내가 전과 같이 나가서"(16:20)이다. 우리는 삼손이 어떤 식으로, 얼마나 자주 하나님의 율법을 어기더라도, 하나님이 항상 그에게 힘을 주신 것을 보아 왔다. 그러니 삼손은 하나님이 지금도 그러실 것이라고 생각했을 것이다.

들릴라에게 진실을 말한 후에 삼손이 들릴라를 떠나지 않은 것은 정말 이상하다(17절). 오히려 그는 들릴라의 "무릎을 베고 잤다"(19절). 왜 그런가? 그는 그의 머리카락이나 나실인 서원이 그의 힘의 원천이라고 정말로 믿지 않았던 것이다. 그는 그의 힘이 단순히 자신의 것이고, 그가 무엇을 하든 어떻게 살든, 그 힘을 잃지 않을 것이라고 믿게 되었던 것이다.

그의 자기기만은 단지 심리적인 것만이 아니라, 신학적인 것이었다. 삼손은 자신이 얼마나 하나님의 은혜에 의존하고 있는지를 보지 못했다. 그는 자신의 힘을 하나님의 자비의 선물이 아니라, 결코 빼앗기지 않을 자신의 권리로 보고 있었던 것이다.

블레셋 사람들은 삼손의 힘을 마술로 여겼다. 그래서 그들은 새 활줄, 새 밧줄, 머리 땋기에 대한 삼손의 거짓말들을 믿었다. 마법의 힘은 외적 조건들과 그 조건들의 정확한 실행에 달려 있다. 만일 사랑의 마법 용액을 만드는 데 땅 도롱뇽

눈알들을 조금씩 세 번 넣어야 한다면, 두 번으로는 안 될 것이다. 그리고 '정확하게' 하면 마법은 그냥 일어난다. 마법은 단계를 정확히 이행하는 것이 관건이다. 그러면 초자연의 '버튼'이 눌러져 힘이 자동적으로 나타난다. 삼손도 자신의 힘에 대해 그것과 똑같은 마법적 견해를 가졌던 것이다. 단 그는 규칙에 상관없이, 능력이 자동적으로 나온다고 생각했다. 블레셋 사람들은 이렇게 생각했다. "그가 뭘 하기 때문에 강한 거야." 삼손은 이렇게 생각했다. "나는 아무것도 하지 않아도 강해."

그러나 하나님의 능력은 다르다. 그것은 내적 조건들, 마음의 관계에 달려 있다. 제자 됨 없이 신성한 능력은 없다. 예수님은 성령의 능력을 갖게 하여 제자들을 보내셨다(행 1:8). 그 능력은 무엇인가? 예수님이 "내가 너희와 함께 있으리라"(마 28:20)고 약속하셨다는 것을 아는 능력이다. 어떤 사람과 "함께" 있다는 것은 관계를 나타내는 셈족의 표현이다.

그러므로 중요한 것은 삼손의 머리카락이 잘렸다는 것이 아니라, "여호와께서 그를 떠나셨다는"(삿 16:20) 것이다. 우리는 왜 하나님이 이 시점에 삼손을 삼손 자신의 힘(즉 연약함) 속에 놔두고 떠나기로 선택하셨는지 알 수 없다. 전에 삼손이 하나님과의 언약, 하나님과의 관계를 잊기 시작했을 때는 떠나지 않으셨는데 말이다.

아마도 들릴라의 사랑이 하나님의 사랑보다 더 삼손에게 중요해진 것이 선을 긋는 계기가 되었으리라. 어쩌면 단순히 삼손에게 힘과 능력을 주기보다, 역경 속에서 연약함을 주어, 삼손을 영적으로 돌이켜야 할 때가 되었던 것이리라. 어느 경우든, 삼손은 하나님의 힘이 임할 것이라고 추정했지만, 하나님의 힘은 떠나 버리고 없었다.

하나님의 능력은 하나님을 사랑하고 섬기겠다는 헌신의 결단 내에서 흐른다. 그러나 그럼에도 불구하고, 여전히 하나님께 달려 있다. 그래서 우리가 '규칙들'을 따르고 있지 않을 때라도 하나님은 우리 삶 속에 역사하실 수 있다. 물론 삼손이 깨닫게 되었듯이 하나님이 항상 그렇게 하실 것이라고 우리 마음대로 추정할 수는 없다. 신성한 능력은 하나님이나 다른 사람들이 세운 규칙들을 따르는 외적 방법으로 획득되지 않고, 우리가 하나님께 한 우리의 약속들을 어겼다고 해서 쉽게 당장 잃지도 않는다. 예측이 불가능하다. 즉 특정한 기법에 달려 있지 않다. 그러나 블레셋 사람들이나 하나님의 사사도 이해하지 못했다. 정말 비극이다.

우리는 스스로 마법을 믿는다고 생각하지 않을 것이다. 그러나 기독교의 무늬를 가진 마법을 믿기가 매우 쉽다. 왜 하나님이 우리를 축복하실 것이라고 생각하는가? 때로 하나님이 그냥 축복하실 것이라고 생각한다. 전에도 그러셨으니, 오늘도 그러실 것이라고 생각한다. 우리는 안일해졌다. 또 어떤 때는 우리가 정확한 버튼을 누르고, 정확한 처방을 따를 때만 우리를 축복하실 것이라고 생각한다. 성경을 공부하고, 기도하고,

교회에 가고, 올바르게 살아서, 그래서 하나님께 축복과 힘을 받으려고 한다. 하나님과의 관계를 염두에 두기보다 그냥 기계적으로 그렇게 한다. 그러나 사실은, 우리 그리스도인의 의무들(가령 우리의 영적 힘)은 하나님과의 관계로부터 흘러 나와야 하며, 단지 하나님의 은총과 축복을 획득하려는 시도이어서는 안 된다.

### :: 왜 삼손의 머리를 놔뒀을까?

"여호와께서 이미 (삼손을) 떠나셨다"(20절). 이제 삼손은 정말로 "약해져서 다른 사람과 같았다"(7, 11, 13, 17절). 그래서 삼손은 붙잡혀 눈멀고 놋사슬로 묶였다(21절). 블레셋의 곡식을 불살랐던 사람(15:4-5)이 이제 블레셋의 곡식을 가는 처지로 전락했다(16:21). 사사기 역사상 처음으로, 하나님의 사사가 패배했다.

"그의 머리털이 밀린 후에 다시 자라기 시작하니라"(22절). 물론 그렇게 되었다. 머리카락은 당연히 자라기 마련이다! 그런데 왜 기록했는가?

핵심은 블레셋 사람들이 삼손의 머리가 자라도록 그냥

---

21 블레셋 사람들이 그를 붙잡아 그의 눈을 빼고 끌고 가사에 내려가 놋 줄로 매고 그에게 옥에서 맷돌을 돌리게 하였더라 22 그의 머리털이 밀린 후에 다시 자라기 시작하니라

놔뒀다는 것이다. 블레셋 사람들은 삼손의 머리가 다시 길어진다는 사실을 못 알아챌 정도로 바보는 아니었을 것이다. 그렇다면 그들은 일단 한 번 머리가 깎인 삼손은 이제 나실인이 아니라고 결론을 내렸던 것이리라. 이는 사실이다. 나실인 서원(민수기 6:1-21)은 나실인을 정해진 기간 동안 '성별'한다. 그러나 머리를 깎으면, 성별 기간이 끝났다(18절). 삼손의 힘은 삼손이 서원으로 여호와께 헌신하는 데서 흘러나오므로, 삼손의 능력이 끝났다고 결론을 내리는 것이 자연스러워 보인다.

그러나 삼손의 포획자들이 삼손의 머리를 자라게 놔두고 자신만만했던 것은 하나님에 대한 그들의 견해의 깊이가 얕다는 것을 보여 준다. 삼손의 힘은 삼손이 한 서원들로부터 나온 것이 아니라, 삼손이 그 서원들을 한 대상인 하나님으로부터 흘러나왔다.

마이클 윌콕이 이렇게 말한다.

[블레셋 사람들은] 이런 하나님에 대해 아무것도 몰랐다. 하나님은 뜻밖의 일을 하시고(에훗), 인간의 연약함 속에서 하나님의 힘이 완전해지고(기드온), 하나님은 결코 말씀을 어기지 않으신다. 그 하나님께서 삼손은 "그가 죽는 날까지"(삿 13:7) 나실인일 것이라고 말씀하셨다. 하나님이 하나님의 종을 버리신 것은 일시적일 뿐이었다. 삼손이 하나님의 약속을 아무리 무시하더라도, 하나님은 그 약속

을 반드시 지키실 것이다. 죄인들의 괴수에게 풍성한 은혜가 넘친다. "우리는 미쁨이 없을지라도 주는 항상 미쁘시니 자기를 부인하실 수 없으시리라"(딤후 2:13). -《사사기의 메시지》

그래서 여기서 우리는 사사기의 한 주제의 괄목할 만한 예를 본다. 바로 '조건 대 무조건'의 긴장이다. 블레셋 사람들은 오직 '조건적' 신들만 알았다. 그 신들은 마술로 조종되는 신들이었다. 그러나 성경의 하나님은 은혜의 하나님이셔서, 우리가 하나님께 충성하지 않을 때도 우리에게 충실하시다. 하나님은 나실인 서원의 조건에 매이거나 제한되지 않으신다.

그러므로 우리는 삼손의 머리가 자라는 것을 보고 이렇게 생각하면 안 된다. "아, 이제 삼손의 머리가 자랐으니까 삼손이 다시 강해질 거야. 왜냐하면 삼손의 힘은 삼손의 머리카락에 있기 때문이야." 오히려 우리는 이렇게 생각해야 한다. "아, 블레셋 사람들은 삼손이 서원을 어겼기 때문에 삼손의 힘이 사라졌다고 생각해. 그들은 하나님의 역사와 능력이 하나님의 종의 순종에 제한되거나, 그것에 달려 있지 않다는 것을 몰라!"

---

23 블레셋 사람의 방백들이 이르되 우리의 신이 우리 원수 삼손을 우리 손에 넘겨 주었다 하고 다 모여 그들의 신 다곤에게 큰 제사를 드리고 즐거워하고 24 백성들도 삼손을 보았으므로 이르되 우리의 땅을 망쳐 놓고 우리의 많은 사람을 죽인 원수를 우리의 신이 우리 손에 넘겨 주었다 하고 자기들의 신을 찬양하며

:: 야훼 대 다곤

결국, 진짜 경합은 삼손과 블레셋 사람들 사이가 아니라, 야훼('주 하나님')와 블레셋의 거짓 우상 다곤 사이의 것이었다. 누가 더 강한가? 이스라엘은 누구를 섬겨야 하는가? 내내 하나님께서는 "그때에 블레셋 사람이 이스라엘을 다스린 까닭에 … 블레셋 사람을 치려" 역사하고 계셨다(삿 14:4). 그러나 블레셋의 다스림은 물리적 압제일 뿐 아니라 영적 우상 숭배의 문제였다. 하나님은 하나님의 백성을 인접한 적들로부터 구하실 뿐 아니라, 무엇보다도 우상숭배로부터 구하신다.

그러나 마치 다곤이 이긴 것처럼 보인다. "블레셋 사람의 방백들이 이르되 우리의 신이 우리 원수 삼손을 우리 손에 넘겨 주었다 하고 다 모였다"(삿 16:23). 명백한 사실처럼 보인다. 배경은 다곤 신전이다. 사람들이 다곤을 찬양했다(24절). 블레셋 사람들은 실패한 하나님의 구조자를 "우리를 위하여 재주를 부리게 하자"고 하면서 끌고 나왔다(25절).

그러나 삼손은 아직 끝나지 않았다. 그는 "나에게 이 집을 버틴 기둥을 찾아 그것을 의지하게 하라"고 요청한다(26절). 그 기둥들이 받치고 있는 지붕 아래에 큰 무리가 있고, 그중에는 "블레셋 모든 방백들"과 그들의 우상의 신상이 있었으며,

---

25 그들의 마음이 즐거울 때에 이르되 삼손을 불러다가 우리를 위하여 재주를 부리게 하자 하고 옥에서 삼손을 불러내매 삼손이 그들을 위하여 재주를 부리니라 그들이 삼손을 두 기둥 사이에 세웠더니 26 삼손이 자기 손을 붙든 소년에게 이르되 나에게 이 집을 버틴 기둥을 찾아 그것을 의지하게 하라 하니라

옥상에만도 3,000명이 넘는 사람들이 있었다(27절). 무대가 조성되고, 삼손의 평생에 기록된 두 번째 기도가 드려진다.

전에 삼손은 자신이 항상 강할 것이라고 당연히 여겼고, 그의 힘을 자기 자신을 구하는 데 사용했다(14:5-6, 19, 15:3-5, 13-17, 16:3, 8, 12, 14). 그러나 한 번은 그런 당연한 가정이 틀렸다(16:20-21). 그래서 이제 처음으로 눈멀고 약한 삼손이 단순히 구한다.

"주 여호와여 구하옵나니 나를 생각하옵소서. 하나님이여 구하옵나니 이번만 나를 강하게 하사 나의 두 눈을 뺀 블레셋 사람에게 원수를 단번에 갚게 하옵소서"(28절).

이 기도야말로 삼손의 힘이 돌아온 이유임이 틀림없다. 삼손이 처음으로 믿음을 사용하고 있는 것이기 때문이다. 어떤 주석가들은 28절이 단순히 복수의 요청일 뿐이라고 주장한다. 맞다. 여기에 이스라엘을 구원하겠다거나 하는 언급은 없고, 오직 삼손이 자신의 눈에 대해 복수하겠다는 것뿐이긴 하다.

그러나 그러한 주장의 반대로서, 첫째로, 여기서 삼손의 새로운 겸손이 발견된다. 삼손은 이스라엘의 하나님이 주권자

---

27 그 집에는 남녀가 가득하니 블레셋 모든 방백들도 거기에 있고 지붕에 있는 남녀도 삼천 명 가량이라 다 삼손이 재주 부리는 것을 보더라 28 삼손이 여호와께 부르짖어 이르되 주 여호와여 구하옵나니 나를 생각하옵소서 하나님이여 구하옵나니 이번만 나를 강하게 하사 나의 두 눈을 뺀 블레셋 사람에게 원수를 단번에 갚게 하옵소서 하고

(아도나이)이심을 인정한다. 삼손이 성인이 된 후 동침해온 우상 추종자들이 섬기던 그 우상의 신전에 삼손이 서 있음을 기억하라. 더 나아가, 여기서 삼손은 하나님이 그의 하나님(엘로힘)일 뿐 아니라, 그의 백성 이스라엘을 구원하신 언약적이시며 관계적인 하나님(야훼)이심을 알고 있다. 이는 '자신의' 힘을 당연시하고, 자신의 힘에 대해 감사하지 않고 하나님께 물을 요구했던 삼손과 매우 다르다(15:18).

둘째로, 히브리서 11장 32-34절에서 삼손이 믿음의 사람이었다고 말하는데, 삼손의 이야기 속에서 삼손이 믿음을 발휘했다고 할 수 있는 곳은 여기뿐이다! 가장 흥미로운 것은 히브리서 11장 34절의 "연약한 가운데서 강하게 되기도 하며"라는 구절이다. 이것은 큰 통찰이다. 삼손은 낮아질 대로 낮아져 자신이 얼마나 약한지 보았다. 그래서 삼손의 마지막 요청은 이전의 힘의 과시와 다르다.

사사기 16장 28절에서, 삼손이 처음으로 구한다. "나를 생각하옵소서." 겸손하게 주목해 달라고 요청한 것이다. 삼손은 자신이 잊힐 만한 짓을 했고, 하나님이 그를 무시하셔도 당연하다는 것을 알았다. 둘째로, 삼손이 구한다. "이번만 나를 강하게 하사." 여기서 (마침내) 삼손 자신이 하나님의 은혜에 의존하는 존재임을 인정하고 있다.

삼손이 받은 진짜 유혹은 우리 자신이 대단하고 당연히 받을 자격이 있어서 하나님의 축복을 받는다고 믿은 것이었다. 은혜로 받은 것을 당연한 삼손 자신의 권리로 보고, 삼손 자신이 원하는 대로 사용하려 했던 것이다. 오히려 들릴라보다 삼손의 진짜 죄였다! 우리가 뭘 하는 것은 오로지 하나님의 은혜 덕분이며, 하나님의 은혜를 우리에게 주신 것은 하나님을 기쁘시게 할 것을 하고, 하나님의 백성을 섬기기 위해서란 것을 기억하기가 매우 어렵다.


:: 삼손과 예수님

삼손과 우리는 삼손이 두 중앙 기둥을 붙들 때, 하나님이 삼손의 기도를 들으실지 어떨지 아직 잘 모른다. 삼손의 머리카락이 다시 자랐지만, 삼손의 힘은 어떤 마법 때문이거나 자동으로 되는 것이 아니었다.

"블레셋 사람과 함께 죽기를 원하노라"(30절)라는 최후의 기도와 더불어 삼손이 "힘을 다하여 몸을 굽힐 때" 우리는 숨을 죽이고 지켜본다. 그리고 "그 집이 곧 무너져 그 안에 있는 모든 방백들과 온 백성에게 덮이니 삼손이 죽을 때에 죽인 자가 살았을 때에 죽인 자보다 더욱 많았다."

---

29 삼손이 집을 버틴 두 기둥 가운데 하나는 왼손으로 하나는 오른손으로 껴 의지하고 30 삼손이 이르되 블레셋 사람과 함께 죽기를 원하노라 하고 힘을 다하여 몸을 굽히매 그 집이 곧 무너져 그 안에 있는 모든 방백들과 온 백성에게 덮이니 삼손이 죽을 때에 죽인 자가 살았을 때에 죽인 자보다 더욱 많았더라

삼손의 생애에서 가장 중요한 순간은 그의 죽음이다. 그의 삶에서 그가 가장 신실했던 사건은 그의 죽음의 방식이다. 그의 삶에서 최고의 승리의 사건도 그의 죽음이다. 마침내 가장 마지막에 삼손이 하나님의 백성을 구조하기 시작하는 역할을 수행했다. 천사가 삼손의 기적적 탄생을 알릴 때, 하나님께서 삼손의 어머니에게 설명하셨던 대로 삼손은 했다.

그러나 삼손의 죽음은 두 가지 중대한 면에서, 주 예수님의 죽음과 매우 다르다. 첫째로, 삼손이 다곤의 신전에 있는 것은 그 스스로 하나님의 통치 아래서, 하나님의 영광을 위해 살지 못했기 때문이다. 삼손의 몰락은 삼손의 불순종으로 자초되었다. 그러나 주 예수님께서는 항상 아버지의 영광을 위해 사셨고, 다른 사람들, 즉 우리들의 불순종 때문에 죽으셨다.

둘째로, 삼손의 죽음은 하나님이 삼손을 일으키시며 맡기신 제한적 역할, 즉 "이스라엘을 구원하기 시작하는 것"(13:5)을 완수했다. 반면에 예수님의 죽음은 "단번에 완전한" 해방을 이룬 최종 구조였다(벧전 3:18, 히 10:10 참조).

그런 한편, 삼손의 결말은 예수님의 죽음의 그림이며 그림자다. 이것을 추적하면, 십자가가 무엇인지 더 깊이 깨닫게 되고, 우리를 위해 죽으신 그분을 예배하게 된다. 첫째로, 삼손과 예수님 모두 친구인 척 가장했던 누군가에게 배신당했다. 들릴라와 유다였다. 물론 유다는 들릴라와 삼손의 관계만큼 예수님과 가깝지는 않았지만, 유다가 배신한 분은 삼손보다 훨씬 더 순결하고, 삼손보다 훨씬 더 충성을 받아 마땅한 분이었다. 둘 모두 이방인 압제자들에게 넘겨졌다. 둘 모두 고문당하고 쇠사슬에 묶여 대중 앞에서 조롱당했다. 둘 모두 오락거리를 해 보라는 요구를 받았다. 예수님은 삼손과 달리 거절하셨다. 둘 모두 양팔을 벌리고 죽었다.

둘 모두 적에게 완전히 타도된 것으로 보였지만, 둘 모두 죽음으로 적을 무찔렀다. 삼손은 블레셋과 다곤, 예수님은 궁극적 원수인 사탄을 이기셨다. 삼손이 다곤과 추종자들 위로 신전을 무너뜨렸을 때, 다곤이 영적 힘을 발휘하고 승리하던 판세가 뒤바뀌었다. 삼손은 이스라엘과 블레셋의 두 문화를 영구히 분리시켰다. 그래서 이스라엘이 구별되고, 이제는 아무 이스라엘 사람도 모르는 새에 불가피하게 블레셋의 힘 아래 있지 않았다.

십자가에서, 예수님이 사탄의 힘을 아무것도 아니게 만드셨고, 사탄을 무장해제 하셨다(골 2:15). 십자가가 어떻게 이루었는가? 우리의 우상숭배로 인한 형벌, 즉 죽음을 제거하여 사탄이 하나님의 백성을 이제는 고소하지 못하게 했다. 그리고 우리 삶 속에서 죄의 힘을 제거하여, 성령께서 우리 안에 거하셔서 우리 마음속에서 우상의 유혹을 끊게 하셨다.

삼손은 죽음이라는 값을 치러서, 사탄에 대한 예수님의 승리를 예표했다. 삼손이 죽으면서 많은 적들을 죽였듯이, 예수님의 죽음으로 우상숭배 배후의 보이지 않는 힘, 그리고 죽음의 힘 자체인 사탄을 "죽였다."

그리고 둘 모두 단독 구원자였다. 옷니엘과 에훗 사사는 이스라엘 백성 전체를 동원해 압제자와 싸우게 했다(3:10, 27). 드보라와 바락은 두 지파를 동원했다(4:10). 기드온은 300명만 동원했다. 삼손 시대에 이르러서는, 하나님의 백성이 너무나 죄로 얼룩져서 하나님을 위해 해방 전쟁에 나서려 하는 사람이 삼손의 거의 평생, 삼손 자신을 포함해서 아무도 없었다(15:9-13). 주 예수님께서 앞으로 하실 것과 마찬가지로, 삼손도 혼자 백성을 해방시켰고, 아무도 바라거나 요청하지도 않는데 그렇게 했다.

> 하나님은 자원하여 나서는 군대를 가지고 하나님이 이스라엘을 해방할 수 있음을 보여 주셨다. 300명이라는 작은 숫자로도 하나님이 구원하실 수 있다는 것도 보여 주셨다. … 그러나 하나님의 영이 삼손에게 임하셨을 때, 주께는 단 삼백 명도 필요하지 않음을 보여 주셨다. 하나님은 단 한 명으로도 해방하실 수 있으시다. - 에드먼드 클라우니,《드러나는 신비》

요컨대, 우리는 삼손에게서, 다른 사사들에게서보다, '위대한 패배'의 패턴을 더 잘 볼 수 있다. 거절당하고 맞고 쇠사슬에 매이고 혈혈단신이고 그리고 마침내 적들에 둘러싸여 죽으면서도, 삼손은 승리했다. 하나님께서 한 구원자의 위대한 패배를 통해 하나님의 사람들을 해방하셨다. 데이비드 잭맨은 이렇게 썼다.

> [삼손 이야기는] 강한 사람의 약점이 드러나는 것으로 시작하지만, 약한 사람이 전보다 더 강해지는 것으로 끝난다. - 《사사기와 룻기》

이것이 복음이다! 예수님은 약해지셔서 강해지셨다. 그러나 물론 삼손과 그리스도의 마지막 결정적 차이가 있다. 삼손의 죽음으로 삼손의 통치는 끝났다(16:31). 삼손의 이야기가 끝났다.

그러나 예수님의 장사는, 여러모로 이야기의 시작에 불과했다. 예수님은 무덤 전만이 아니라, 무덤 이후로도 다스리신다. 구원하기 위해 약해지신 그분이 영원히 힘과 능력으로 다스리신다.

그리스도인이 되고 그리스도인으로서 지속하는 것도 같은 패턴을 갖는다. 약해져서 강해진다. 자신이 불의하다는 것을 인정하는 자들만이 그리스도의 의를 받는다. 자신의 생명

---

31 그의 형제와 아버지의 온 집이 다 내려가서 그의 시체를 가지고 올라가서 소라와 에스다올 사이 그의 아버지 마노아의 장지에 장사하니라 삼손이 이스라엘의 사사로 이십 년 동안 지냈더라

과 힘이 순전히 은혜 덕분임을 아는 자들만이 두려움, 지루함, 무력함에 지배되지 않고 산다. 자신의 연약함을 아는 자들만이 하나님이 주시는 내적 힘을 알 수 있고, 그 힘이 삼손의 삶의 함정이었던 교만, 정욕, 분노, 복수심, 안일에서 벗어나게 해 준다.

**Part 3**

---

내 마음대로의
신앙에서
벗어나라

JUDGES
**FOR YOU**
TIMOTHY KELLER

●

# 하나님을 작게 만들지 말라

삿 17:1-18:31

●

내가 내 아들을 위하여
한 신상을 새기며
한 신상을 부어 만들기 위해

어떤 면에서, 삼손의 끝은 사사기 이야기의 끝이다. 그는 마지막 사사이고, 그의 죽음은 이 책에서 연대기적으로 마지막 사건이다. 그래서 우리는 사사의 죽음, 그리고 매우 불완전한 구원으로 이야기를 마무리 짓게 된다.

그러나 사사기 끝부분에 네 개의 장이 더 있다! 사사기의 이 마지막 장들은 앞의 이야기 구조와 다르다. 앞 장들에서는 사실을 개관하여 그들이 "여호와의 목전에 악을 행했다"고만 말한다(3:7, 12; 4:1; 6:1; 10:6; 13:1).

그러나 이 다음 장들에서는 그 당시 이스라엘의 삶이 어땠는지 구체적으로 상세히 말한다. 즉 두 일화(17-18장, 19-21장)는 사사기의 이중 부록과 같아서, 사사기의 앞에서 나온 이중 서론과 균형을 이룬다(1:1-2, 5; 2:6-3:6).

그 사이의 본문들은 하나님께서 어떻게 이스라엘을 구조하셨는지 보여 주지만, 여기서는 두 사례 연구를 통해 하나님이 그들을 어떤 영적 상태로부터 구조하셨는지 보여 준다. 또한 이스라엘이 자신의 자원으로만 살아갈 때의 삶이 어땠는지 보여 준다. 하나님 없는 인간의 모습이 너무나 황폐한 나머지, 이 본문은 잘 설교되거나 연구되지도 않을 정도다.


:: 고통스런 과정을 생략하다

17-18장의 많은 부분은 "에브라임 산지에 미가라 이름하는 사람"을 중심으로 한다(17:1). 그는 어머니의 은 1,100세겔을 훔쳤지만, 어머니가 도둑을 저주하는 것을 듣고서, 자신이 훔친 것을 고백하고(2절) 돈을 돌려준다(3절).

미가는 매우 착한 사람도 아니고, 그렇다고 매우 나쁜 사람도 아니다. 만일 그가 철저히 악했다면, 돈을 돌려주지 않았을 것이다. 그리고 물론 그가 좋은 사람이었다면, 애초에 돈을 훔치지도 않았을 것이다!

그가 돈을 돌려준 계기는 "어머니께서 … 저주하시고 내 귀에도 말씀하신" 것이다(2절). 그가 양심의 가책을 느낀 것이

---

17:1 에브라임 산지에 미가라 이름하는 사람이 있더니 2 그의 어머니에게 이르되 어머니께서 은 천백을 잃어버리셨으므로 저주하시고 내 귀에도 말씀하셨더니 보소서 그은이 내게 있나이다 내가 그것을 가졌나이다 하니 그의 어머니가 이르되 내 아들이 여호와께 복 받기를 원하노라 하니라

아니었다. 여기서 우리는 원칙 없는 미약한 인격을 가진 사람을 본다. 그는 공허한 사람이고, 내면에 실속이 없다.

이에 대한 반응으로, 미가의 어머니는 저주를 뒤바꾸어, 대신 그가 축복을 받기를 구한다(2절). 그녀는 용서를 매우 잘 베푼다! 그러나 그녀가 회복을 너무 빨리 선언하는 것을 보라! 그녀는 진정한 회개를 찾거나 요구하지 않는다. 그래서 온전한 화해도 이뤄지지 않는다. 어머니가 고통스러운 과정을 생략했기 때문에, 미가는 미래에 또 그런 행동을 하지 않도록 방지되지 않았고, 자신의 마음을 살펴보며 왜 돈을 훔쳤는지 이유를 돌이켜보도록 도전을 받지도 않았고, 은혜와 변화의 필요성을 겸손히 받아들이지도 않았다. 정죄하고 벌주는 부모도 자녀에게 상처를 주지만, 항상 봐주는 부모도 그렇다. 부모로서 그녀가 자녀를 대하는 방식은 왜 미가가 그런 사람이 되었는지 알려 준다.

:: 취사선택하는 신앙

미가의 어머니는 축복의 원천으로서 올바로 여호와의 이름을 불렀다(2절). 이 가정은 다곤, 바알, 아스다롯 등등을 예배

---

3 미가가 은 천백을 그의 어머니에게 도로 주매 그의 어머니가 이르되 내가 내 아들을 위하여 한 신상을 새기며 한 신상을 부어 만들기 위해 내 손에서 이 은을 여호와께 거룩히 드리노라 그러므로 내가 이제 이 은을 네게 도로 주리라

하지 않는다. 그들은 이름으로는 여호와를 부르며 예배한다.

그러나 … 그녀는 돌아온 돈을 "여호와께" 드려서 그녀의 아들이 "한 신상을 새기며 한 신상을 부어 만들게" 한다(3절). 그녀는 200세겔을 세공업자에게 주어서 "신상"을 만들게 한다. 매우 충격적이다. 십계명 중 두 번째 계명(출 20:4-5; 신 4:15-17)을 노골적으로 무시하는 처사다. 이 계명에서 하나님은 아무도 하나님의 형상을 만들지 말라고 말씀하신다. 사람이 창조하거나 만든 형태로 하나님을 예배해선 안 된다.

왜 하나님께서 그렇게 말씀하시는가? 하나님을 어떤 형상으로 새기거나 묘사하면, 하나님의 본질의 일부분을 드러내는 반면에, 자동적으로 다른 면을 감추기 때문이다. 예를 들어, 아론은 광야에서 금송아지를 만들었다. 다른 신은 아니었고, 그들이 하나님을 예배하는 한 방법이었다. 그러나 송아지는 하나님의 능력은 상징할 수 있지만, 하나님의 의나 사랑은 보여 주지 못한다.

만일 하나님을 그림으로 그려서 예배하려고 한다면, 미소 짓는 사랑의 모습으로 그려야 할까, 아니면 장엄하고 웅장한 모습으로 그려야 할까? 그림은 하나님의 영광의 전 범위를 표현하지 못하므로 하나님에 대한 당신의 견해를 왜곡하게 될 것이다.

그러므로 형상을 만들어 하나님을 예배하려고 하는 것은 하나님께 있는 그대로 순복하려 하지 않고, 자신의 구미에 맞는 하나님을 창조하려고 특정한 특질들만 고르고 선택하기 원하는 내면의 영을 드러낸다.

물론 이는 신구교 간의 해묵은 논쟁거리다. 개신교는 로마 가톨릭과 동방정교 교회들이 예배에 성상을 사용하는 것(즉 하나님, 그리스도, 성인들의 그림을 보는 것)은 잘못이라고 늘 얘기해 왔다. 왜냐하면 그런 묘사는 사람들의 감정을 어느 한 방향으로만 '몰고 가고' 하나님의 존재의 한 측면만 보여 주는 경향이 있기 때문이다

그러나 우선적 문제는 그게 아니다. 형상을 가지고 예배하는 것의 진짜 문제는 하나님을 영적으로 내 마음대로 빚고 변경하려는 욕망이다. 현대식으로 말하자면, 하나님이 우리 삶 속에서 '하나님 되시게' 하기를 거부하는 것이다. 우리는 하나님에 대해 우리 마음이 받아들일 수 없는 것들을 의식적 혹은 무의식적으로 걸러 낸다. 어떤 면에서, 우리 시대의 주된 죄의 형태다.

이런 말을 자주 들어보았는가? "나는 하나님을 그렇게 믿지 않아요. 나는 하나님을 …하게 생각하길 좋아해요." 이것이야말로 우리 손으로 만든 하나님을 예배하는 것이다. 물리적 형상을 빚지 않고도, 그렇게 할 수 있다.

우리가 그렇게 하는 가장 심각한 방법은 하나님에 대한 성경 계시의 일부분을 의식적, 지적으로 거부하는 것이다. 우리가 하는 이런 말들이 그런 것들이다. "우리는 이것을 하시

는 … 혹은 이것을 금하시는 하나님을 더 이상 받아들일 수 없어." 우리는 "더 이상 아니야"라는 표현을 사용하면서 우리의 개념이 발전하고 있는 것이라고 생각한다.

그러나 사실 그것은 이런 말이다. "우리의 문화가 이 개념을 싫어하니까 이걸 버려야 해요! 우리의 민감한 문화에 맞는 하나님을 가져야 해요." 우리가 미가의 가정처럼, 하나님을 우리 사회와 마음에 맞춰 다시 만들고 있다는 의미다. 그러면서 우리는 하나님이 우리 마음과 사회를 다시 만드시게 하고 있지 않다.

우리가 그렇게 하는 또 다른 방법은 하나님의 계시 중에서 우리가 좋아하지 않는 부분을 단순히 심리적으로 무시하거나 거부하는 것이다. 예를 들어, 하나님은 우리가 나누고 베풀며, 돈을 우리 자신에게만 사치스럽게 낭비하지 않을 것을 강력하게 촉구하신다. 그러나 우리는 우리 삶에 미치는 함축 의미와 적용 사항을 생각해 보기를 그냥 거부해 버린다. 또는 우리는 하나님이 용서와 은혜에 대해 매우 강력히 말씀하시는 것을 알면서도, 판단하기를 잘하고 용서하지 않는 삶을 산다. 그렇다면 하나님을 목자로서 예배하는 것이 아니라, 단지 일 차원으로만 생각하는 것이다.

우리가 그렇게 하는 세 번째 방법은 모든 도덕을 주관화하는 것이다. 예를 들어, 두 명의 자칭 그리스도인들이 결혼하지 않고 성관계를 갖는다고 하자. 왜 그런가? 그들이 기도했고

(그건 좋다) 그러고 나서 "평화를 느꼈기 때문이다"(말도 안 된다!). 그들은 하나님이 말씀에 주신 성과 결혼에 대한 객관적 명령을 무시한다. 미가의 가정이 그렇게 했다. 그들은 하나님의 율법을 따르다가 율법을 왜곡하거나 율법에 다른 것을 덧붙여서 자신들이 원하는 것을 할 수 있게 했다.

왜 큰 문제인가? 하나님과 참으로 인격적인 관계를 갖는 것을 불가능하게 하기 때문이다. 진짜 사람과의 인격적인 관계 속에서는, 상대방이 당신의 의견에 대립하고 당신의 심기를 불편하게 할 수 있다. 그럴 때 당신은 그것과 씨름해 나가며 더 깊은 친밀감을 일구어 나가야 한다.

그런데 우리는 하나님의 어떤 면들 중에서 좋아하지 않는 부분들을 지적으로나 심리적으로나 그냥 무시해 버릴 수 있다. 그러면 우리는 우리의 가장 깊은 욕망에 동의하지 않거나, 우리에게 "안 돼"라고 말씀하실 수 있는 하나님을 갖지 않는 것이다. 그렇게 되면 우리는 결코 하나님과 씨름하지 않는다. 하나님이 우리에게 뭔가 요구하시게 허용하지 않는다. 그러면 결국 우리는 훨씬 더 편한 하나님을 섬기게 되지만, 사실 그것은 존재하지 않는 하나님이다.

---

4 미가가 그 은을 그의 어머니에게 도로 주었으므로 어머니가 그 은 이백을 가져다 은장색에게 주어 한 신상을 새기고 한 신상을 부어 만들었더니 그 신상이 미가의 집에 있더라

:: 부분적 순종과 헌신

미가의 어머니가 여호와께 감사를 표현하려고 제2계명을 어기다니 충격적이다! 그녀는 또한 부정직하다. "이은"(17:3)이라고 약속해 놓고서 우상을 만드는 데 200세겔만 바치고 나머지 900세겔은 자기가 갖는다(4절). 미가의 어머니는 하나님을 첫 자리에 모시지 않고, 자신의 삶의 모든 부분의 주권을 하나님께 드리지 않는다. 그녀는 양다리를 걸치고서, 재산의 일부는 하나님께 드리지만, 대부분은 자신이 갖는다.

우리 역시 손쉽게 하나님이라는 단어를 많이 사용하고, 예수님을 주라고 주장하면서도, 실제로는 우리 삶의 특정 '부분들'에서만 하나님께 순종하고, 다른 영역들은 우리가 바라는 대로 살 수 있도록 보존한다. 혹은 우리 삶의 모든 영역에서 하나님께 부분적으로만 순종하면서, 여기서처럼 우리의 돈, 혹은 시간, 감정, 관계를 하나님이 우리가 원하는 대로 '구원해 주시지' 않을 경우를 대비한 '보험'으로 남겨 둔다.

이는 때로 순전한 위선이 될 수 있다. 어떤 사람이 몰래 바람을 피울 때처럼 말이다. 그러나 더 전형적인 것은 복음이 우리 삶의 모든 면에 미치는 파급 효과와 적용 사항을 생각하지 않는 것이다. 갈라디아서 2장 14절에서 바울은 베드로 사도가 삶의 어떤 영역에서 인종차별주의와 편견을 허용한다는 사실을 지적한다.

사실, 많은 자칭 그리스도인들이 삶을 살아가는 방식은

완전히 비기독교적이다. 예를 들어, 그들은 사업을 다른 모든 사람들처럼 수상쩍고 잔인하게 할 수 있다. 우리의 전 삶을 주일에 하나님께 '거룩히 드린다'고 하지만, 사실 드린 것은 주일 하루뿐일 수 있다. 충분히 가능한 얘기다.

## :: 내 마음대로의 신앙

미가는 우상들을 가져가서 자기 집의 신당에 둔다(삿 17:5). 하나님은 하나님의 장엄한 임재인 영광의 구름 곁에, 중앙 성막 혹은 성전을 두라고 말씀하셨다(출 25:1-9). 영광의 구름이 움직이면, 성막도 움직였다. 거기서 제사를 드리고, 예배를 드리고, 대제사장의 '에봇' 즉 흉배가 거기 있고, 거기서 하나님이 백성의 질문에 대답하셨다.

하나님은 이스라엘 백성에게 원하는 대로 어디서나 예배하라고 허락하지 않으셨지만, 미가는 자기에게 편한 대로 자기의 예배 성소를 설치했다. 이스라엘의 신앙이 개인의 취미가 되어 버렸다.

더구나 미가는 자기 아들을 제사장으로 삼는다. 이것 역시 레위 지파만 제사장이 될 수 있다는 모세의 계시에 어긋난다. 그러나 미가와 그의 어머니는 자기 혈통을 제사장으로 세

---

5 그 사람 미가에게 신당이 있으므로 그가 에봇과 드라빔을 만들고 한 아들을 세워 그의 제사장으로 삼았더라

우고 싶었다. 여하튼, 신전에는 제사장이 필요했다! 나중에, 그들은 레위인을 발견하여, 제사장을 바꾼다(삿 17:7-12). 하나님께 어떻게 나아가고 하나님을 어떻게 예배할 것인가의 명령에 순종하는 것이 중심 원리가 아닌, 선택적 부가사항이 되어 버렸다.

근본적으로, 하나님 백성의 믿음은 계시된 믿음이다. 하나님은 말씀 안에서 자신을 계시하신다. 우리의 이성이나 경험으로 하나님을 발견하는 것이 아니다. 요컨대, 하나님은 이렇게 말씀하신다. "나를 있는 그대로 예배하라. 네가 원하는 대로의 나를 예배하지 말라. 그리고 내 마음이 지시하는 대로 나를 예배하고, 네 마음이 제안하는 대로 하지 말라."

미가의 가정은 예배하기 편리한 하나님을 만든다. 그들은 자기들이 좋아하는 율법은 따르고, 좋아하지 않는 것은 따르지 않는다.

이는 자기들이 보기에 맞는 대로 뭐든 하는 사회의 모습이다(6절). 꼭 하나님을 의식적으로 거절한 것이 아니다. 하나님을 부르지 않거나, 종교 활동을 하지 않는 것도 아니다. 오히려, 종교 활동이 17장에서 확산되고 있다. 집 안에 신전을 갖다니 매우 헌신적으로 보인다!

그러나 이스라엘 사람들 식의 신앙이며, 각 사람의 개인

---

6 그 때에는 이스라엘에 왕이 없었으므로 사람마다 자기 소견에 옳은 대로 행하였더라

적 취향에 따른 신앙이다. 하나님, 그리고 하나님의 진리와 뜻을 따르는 신앙이 아니라, 나, 나의 생각, 나의 취향을 따르는 신앙이다. 하나님을 통제하고 길들이려 하며, 하나님을 우리에게 편한 형상으로 개조하려는 신앙이다. 쉽고 신나는 신앙일 수 있지만, 축복이나 구원을 주는 신앙은 아니다.

:: 왜 하나님을 예배하기 원하는가

7절에서, 우리는 한 사람을 만난다. "유다 베들레헴에 한 청년이 있었으니 그는 레위인으로서 거기서 거류하였더라." 그는 제사장으로서 백성을 섬겨야 했던 곳인 고향을 떠나서 "거주할 곳을 찾고자"(8절) 한다. 그가 미가를 만났을 때(9절), 미가는 자기 집에 만든 자기 마음대로의 신전을 더 멋지게 꾸밀 기회라고 생각한다.

레위인은 미가의 집에 제사장으로 머물기로 동의한다

---

7 유다 가족에 속한 유다 베들레헴에 한 청년이 있었으니 그는 레위인으로서 거기서 거류하였더라 8 그 사람이 거주할 곳을 찾고자 하여 그 성읍 유다 베들레헴을 떠나 가다가 에브라임 산지로 가서 미가의 집에 이르매 9 미가가 그에게 묻되 너는 어디서부터 오느냐 하니 그가 이르되 나는 유다 베들레헴의 레위인으로서 거류할 곳을 찾으러 가노라 하는지라 10 미가가 그에게 이르되 네가 나와 함께 거주하며 나를 위하여 아버지와 제사장이 되라 내가 해마다 은 열과 의복 한 벌과 먹을 것을 주리라 하므로 그 레위인이 들어갔더라 11 그 레위인이 그 사람과 함께 거주하기를 만족하게 생각했으니 이는 그 청년이 미가의 아들 중 하나 같이 됨이라 12 미가가 그 레위인을 거룩하게 구별하매 그 청년이 미가의 제사장이 되어 그 집에 있었더라 13 이에 미가가 이르되 레위인이 내 제사장이 되었으니 이제 여호와께서 내게 복 주실 줄을 아노라 하니라

289

(10-12절). 이제 미가의 신전은 모세의 율법에 규정된 신성한 예배의 기본 규정에 외적으로 더 접근한다. 레위인 제사장을 둔 것이다. 그러나 그러면서도 율법의 중심 원칙은 거절한다. 예배를 인간의 생각이 아니라, 하나님의 말씀에 따라 드려야 한다는 원칙이다.

13절은 미가의 그리고 어머니의 수고의 목표를 보여 준다. "레위인이 내 제사장이 되었으니 이제 여호와께서 내게 복 주실 줄을 아노라." 그의 종교 활동의 목적은 하나님께 접근해 그가 원하는 것을 하나님이 해 주시게 하는 것이다. 그러나 참 신앙의 목표는 하나님이 당신의 마음에 다가오시게 허락해 드려서, 하나님이 원하시는 것을 당신이 하는 것이다. 진정한 복음의 믿음의 목적은 당신의 마음이 하나님을 섬기게 하는 것이다.

왜 우리는 하나님이 우리 마음을 다스리시기를 정말로 원하는가? 하나님을 섬기게 되기 위해서인가? 만일 우리가 하나님을 사람이 만든 형상, 혹은 우리가 생각하는 자기 모습의 투사, 혹은 우리가 이미 생각하는 것에 무조건 고개를 끄덕이는 당나귀로 축소시킨다면, 우리는 결코 하나님을 섬기게 되지 않을 것이다. 그렇게 작은 신을 섬기려는 마음이 들지 않을 것이다!

그러나 진정한 복음의 믿음을 가지면, 진짜 하나님을 알게 된다. 그분은 큰 능력과 사랑으로 아들을 보내어 우리 대신

죽게 하셔서 우리에게 하나님의 의를 주셨고, 그의 성령을 우리 마음속에 보내셔서 우리가 원래 디자인된 대로의 사람들로 변화되어 하나님의 축복을 누리게 하신다.

우리가 그 하나님을 안다면, 왜 그 하나님을 섬기기를 원하지 않겠는가? 인간이 만든 종교의 비극은 하나님을 항상 지배할 수 있는 존재로 축소시키고, 하나님을 다스리는 것이다. 그리고 하나님을 우리의 진정한 온 삶으로 예배하기에 합당한 분으로 보지 않는 것이다. 하나님을 그렇게 축소시키면, 우리는 돕거나 구원하거나 축복하지 못하는 우상을 섬기는 상태로 남게 된다. 앞으로 미가의 상황이 그렇게 될 것이다.


:: 절박한 단 지파

미가 시대는 "이스라엘에 왕이 없는"(18:1) 시대였다. 저자는 17장 6절과 21장 25절에서 "그때에는 이스라엘에 왕이 없었으므로 사람마다 자기 소견에 옳은 대로 행하였더라"는 구절의 결론을 내리지 않는다. 그러나 그 함축 의미는 이어지는 내용이 자기 소견에 옳은 대로 행한 결과라는 것이다.

"그 때에 [왕이 없던 시절에] 이스라엘에 왕이 없었고 단 지

---

18:1 그 때에 이스라엘에 왕이 없었고 단 지파는 그 때에 거주할 기업의 땅을 구하는 중이었으니 이는 그들이 이스라엘 지파 중에서 그 때까지 기업을 분배 받지 못하였음 이라

파는 그 때에 거주할 기업의 땅을 구하는 중이었으니"(18:1).

왜 단 지파는 아직도 집이 없는가? 다른 모든 지파들은 용감하게 싸웠고, 가나안을 하나님이 주신 유업에서 몰아내라는 명령을 부분적으로라도 완수했지만, 단 지파는 군사적 의무 이행에 실패하고 "산지로 몰아넣어졌기" 때문이다(1:34).

단 지파는 그들의 땅에 들어가지 못하고, 산지에서 반유목 생활을 해야 했다. 그래서 이제 그들은 농작물을 심고 재배해서 먹을 수 있는 땅을 찾고 있었다. 단 자손은 자칭 하나님의 백성 중에 가장 약한 자들의 모습이다. 천국의 영광에 들어간 이스라엘 지파 중에 단 지파가 없는 것이 눈에 띈다(계 7:5-8).

---

2 단 자손이 소라와 에스다올에서부터 그들의 가족 가운데 용맹스런 다섯 사람을 보내어 땅을 정탐하고 살피게 하며 그들에게 이르되 너희는 가서 땅을 살펴보라 하매 그들이 에브라임 산지에 가서 미가의 집에 이르러 거기서 유숙하니라 3 그들이 미가의 집에 있을 때에 그 레위 청년의 음성을 알아듣고 그리로 돌아가서 그에게 이르되 누가 너를 이리로 인도하였으며 네가 여기서 무엇을 하며 여기서 무엇을 얻었느냐 하니 4 그가 그들에게 이르되 미가가 이러이러하게 나를 대접하고 나를 고용하여 나를 자기의 제사장으로 삼았느니라 하니라 5 그들이 그에게 이르되 청하건대 우리를 위하여 하나님께 물어 보아서 우리가 가는 길이 형통할는지 우리에게 알게 하라 하니 6 그 제사장이 그들에게 이르되 평안히 가라 너희가 가는 길은 여호와 앞에 있느니라 하니라 7 이에 다섯 사람이 떠나 라이스에 이르러 거기 있는 백성을 본즉 염려 없이 거주하며 시돈 사람들이 사는 것처럼 평온하며 안전하니 그 땅에는 부족한 것이 없으며 부를 누리며 시돈 사람들과 거리가 멀고 어떤 사람과도 상종하지 아니함이라 8 그들이 소라와 에스다올에 돌아가서 그들의 형제들에게 이르매 형제들이 그들에게 묻되 너희가 보기에 어떠하더냐 하니 9 이르되 일어나 그들을 치러 올라가자 우리가 그 땅을 본즉 매우 좋더라 너희는 가만히 있느냐 나아가서 그 땅 얻기를 게을리 하지 말라 10 너희가 가면 평화로운 백성을 만날 것이요 그 땅은 넓고 그 곳에는 세상에 있는 것이 하나도 부족함이 없느니라 하나님이 그 땅을 너희 손에 넘겨 주셨느니라 하는지라

단 지파는 미가와 똑같았다. 그들은 하나님께 순종하지 않았기 때문에 안식 없이 소외되는 저주에 시달렸다. 그들은 하나님에 대한 우상숭배적 관점을 가져서, 하나님의 말씀을 무시했다. 그들이 어디서 살지 하나님이 이미 말씀하셨지만, 그들은 미가의 신전에서 멈춰 섰다(삿 18:2-3). 그리고 그 레위인 제사장에게 그들이 완전히 다른 지역으로 정찰을 나갈 텐데, 성공할지 하나님께 여쭤봐 달라고 한다(5절).

단 자손이 야훼라고 부르지 않은 것에 주목하라. 우상숭배적인 신전에서 일하는 이교적 레위인이 받은 응답에 그들은 확신을 얻고서(6절), 하나님을 의지할 필요 없이, 자기들만의 힘으로 차지할 수 있는 좋은 땅을 발견한다(7-10절). 단 자손은 주의 음성을 듣고 신뢰하기를 거부하고, 그들의 "하나님"이 그들을 축복하셨다고 판단한다(10절). 그리고 그 땅을 차지하러 출발한다(11-12절).

---

11 단 지파의 가족 중 육백 명이 무기를 지니고 소라와 에스다올에서 출발하여 12 올라가서 유다에 있는 기럇여아림에 진 치니 그러므로 그 곳 이름이 오늘까지 마하네단이며 그 곳은 기럇여아림 뒤에 있더라 13 무리가 거기서 떠나 에브라임 산지 미가의 집에 이르니라 14 전에 라이스 땅을 정탐하러 갔던 다섯 사람이 그 형제들에게 말하여 이르되 이 집에 에봇과 드라빔과 새긴 신상과 부어 만든 신상이 있는 줄을 너희가 아느냐 그런즉 이제 너희는 마땅히 행할 것을 생각하라 하고 15 다섯 사람이 그 쪽으로 향하여 그 청년 레위 사람의 집 곧 미가의 집에 이르러 그에게 문안하고 16 단 자손 육백 명은 무기를 지니고 문 입구에 서니라 17 그 땅을 정탐하러 갔던 다섯 사람이 그리로 들어가서 새긴 신상과 에봇과 드라빔과 부어 만든 신상을 가져갈 때에 그 제사장은 무기를 지닌 육백 명과 함께 문 입구에 섰더니 18 그 다섯 사람이 미가의 집에 들어가서 그 새긴 신상과 에봇과 드라빔과 부어 만든 신상을 가지고 나오매 그 제사장이 그들에게 묻되 너희가 무엇을 하느냐 하니

그들은 도중에 미가의 집을 지나간다(13절). 그들은 그 종교적 신전을 그들의 새 땅으로 가져가면 금상첨화라고 생각했다. 그들은 "마땅히 행할 것"을 알았다(14절). 그래서 미가의 신전의 "특별한"(15-18절) 것들을 다 가져갔다. 레위인이 항변하자, 그들은 "네가 한 사람의 집의 제사장이 되는 것과 이스라엘의 한 지파 한 족속의 제사장이 되는 것 중에서 어느 것이 낫겠느냐"라고 지적한다(19절). 집 없이 떠돌던 사람에게 파격적 대우였다! 그는 "마음에 기뻐하여 … 그 백성 가운데로 들어갔다"(20절).

모두 스스로 높아지려는 동기로 촉발된 사역이었다. 이 레위인은 자신만 섬기고 있다. 그는 누구든지 자기에게 돈을 주면 섬기고(17:10-12), 사람들이 듣고 싶어 하는 말을 하고(18:6), 더 멋있어 보이는 것들에게로 옮겨 간다(19-20절). 그의 결정들은 온전히 자기 이익에 따라 이뤄진다. 그러나 그런 결정들 하나, 하나마다 그를 주로부터 더 멀어지게 한다.

그는 선두 지파인 유다의 베들레헴 마을(물론 이 마을은 하나님의 백성을 위한 계획의 중심에 있다)에 있는 레위인으로 시작했다. 그러나 그는 산간 지역 에브라임의 우상숭배적 신전으로 옮겨 갔다. 그리고 결국 라이스로 가게 된다. 그곳은 하나님이

---

19 그들이 그에게 이르되 잠잠하라 네 손을 입에 대라 우리와 함께 가서 우리의 아버지와 제사장이 되라 네가 한 사람의 집의 제사장이 되는 것과 이스라엘의 한 지파 한 족속의 제사장이 되는 것 중에서 어느 것이 낫겠느냐 하는지라 20 그 제사장이 마음에 기뻐하여 에봇과 드라빔과 새긴 우상을 받아 가지고 그 백성 가운데로 들어가니라

하나님의 백성에게 주신 땅 밖이다. 거기서 그는 천국에 이르지 못할 지파를 위해 일했다. 그는 자기 뜻대로 자기의 삶을 살아가면서, 높은 자리로 올라가서, 하나님이 택하신 백성 중 한 지파 전체의 예배를 운영했다. 하지만 공허한 예배였고, 자기를 높여 주는 신을 섬기는 것이었다. 그래서 미가의 예배와 똑같았다.

## :: 오히려 남은 것이 무엇이냐

단 지파의 군인들이 정착할 그 땅을 향해 나아갈 때, 미가와 그의 이웃들이 그들을 따라와 싸우려 했다(22-23절). 왜 그런가? 단 자손이 미가가 가진 모든 것을 가져갔기 때문이다. "내가 만든 신들과 제사장을 빼앗아 갔으니 이제 내게 오히려 남은 것이 무엇이냐"(24절).

미가가 가진 모든 것은 빼앗길 수 있는 것들이었다. 그에게 그것 외에 다른 것은 없었다. 미가는 자신의 종교적 삶을 세웠다. 그는 자기의 신전에 우상, 에봇, 심지어 레위인 제사장까지 더했다. 그리고 축복을 바랐다(17:13).

---

21 그들이 돌이켜서 어린 아이들과 가축과 값진 물건들을 앞세우고 길을 떠나더니 22 그들이 미가의 집을 멀리 떠난 때에 미가의 이웃집 사람들이 모여서 단 자손을 따라 붙어서 23 단 자손을 부르는지라 그들이 얼굴을 돌려 미가에게 이르되 네가 무슨 일로 이같이 모아 가지고 왔느냐 하니 24 미가가 이르되 내가 만든 신들과 제사장을 빼앗아 갔으니 이제 내게 오히려 남은 것이 무엇이냐 너희가 어찌하여 나더러 무슨 일이냐고 하느냐 하는지라

그러나 그가 신뢰했던 모든 것들이 사라졌다. 그리고 되찾을 수 없었다. 그는 그의 축복의 기반을 가져간 자들이 "자기보다 강한 것을 보고 돌이켜 집으로 돌아갔다"(18:25-26).

스스로 만든 종교는 결국 실망만 준다. 우리가 무엇을 우리의 신으로 삼든, 돈이든, 권력이든, 인간관계든, 혹은 심지어 성경의 하나님을 축소시킨 인간 버전의 하나님이든, 그것들은 우리를 구원해 주지 못한다. 직업을 신으로 삼는 사람은 '너무 강한' 즉 너무 능력이 있거나, 너무 인맥이 좋거나, 너무 '운이 좋은' 누군가에 의해 자신의 축복의 길이 막히는 것을 경험할 것이다. 자신의 외모를 신으로 삼는 사람은 세월이 너무 강적이라서 젊음과 멋진 외모를 붙잡을 수 없음을 발견할 것이다. 궁극적으로, 우리가 축복을 구하는 모든 거짓 신들을 죽음이 제거한다. 미가는 그래도 그의 신의 공허함을 죽기 전에 발견해서 다행이다. 아직은 너무 늦지 않았다.

이는 모든 사람이 예배자라는 것을 잘 일깨워 준다. 문제는 누구, 혹은 무엇에게서 우리가 궁극적 의미와 목적과 축복을 찾느냐 이다. 우리는 무엇을 빼앗긴다면, 이렇게 말할까? "당신이 내 신을 가져갔어. 나는 더 가진 게 없어. 이제 나는 어

---

디로 가야 해? 난 아무것도 남은 게 없어."

우리가 결코 빼앗기지 않을 하나님은 오직 한 분이시다. 우리는 베드로와 함께 그분에 대해 이렇게 말할 수 있다. "주여 영생의 말씀이 주께 있사오니 우리가 누구에게로 가오리이까"(요 6:68).

예수님을 발견하는 것은 축복을 발견하는 것이다. 그러나 우리가 예수님의 축복을 참으로 누리려면, 예수님께 이렇게 고백해야만 한다. "예수님이 없으면, 제가 가진 것이 무엇입니까? 예수님은 나의 모든 것이십니다."

우리 삶에 다른 갈 곳이 없고, 다른 곳에 갈 필요도 없다는 것을 인식해야 한다. 궁극적으로 예수님이 우리가 가진 전부임을 알면, 예수님이 영원히 우리에게 필요한 전부임을 발견하게 된다.


## :: 레위인의 이름

단 자손과 그들의 새 제사장이 라이스로 진격하여 "칼날

---

27 단 자손이 미가가 만든 것과 그 제사장을 취하여 라이스에 이르러 한가하고 걱정 없이 사는 백성을 만나 칼날로 그들을 치며 그 성읍을 불사르되 28 그들을 구원할 자가 없었으니 그 성읍이 베드르홉 가까운 골짜기에 있어서 시돈과 거리가 멀고 상종하는 사람도 없음이었더라 단 자손이 성읍을 세우고 거기 거주하면서 29 이스라엘에게서 태어난 그들의 조상 단의 이름을 따라 그 성읍을 단이라 하니라 그 성읍의 본 이름은 라이스였더라

로 그들을 치며 그 성읍을 불살랐다"(삿 18:27). 그들은 성읍을 재건하고 "거기 거주했다"(28절). 그곳의 이름을 단이라고 다시 지었지만, 여전히 라이스라 불린다. 왜냐하면 그곳은 단 지파의 유업에 속하지 않기 때문이다(29절). 이 지파는 하나님의 백성 이스라엘 중에 태어났지만, 이제는 하나님의 땅 밖에 있고, 하나님의 말씀에 귀 기울이지 않고, 하나님이 명령하신 것에 완전히 어긋나는 식으로 하나님을 예배한다.

그런데 이 이야기에 마지막으로 우울한 반전이 있다. 지금까지는 이 레위인의 이름이 나오지 않는다. 그런데 라이스/단에서 숭배할 우상이 세워졌고, "모세의 손자[즉 후손]요 게르솜의 아들인 요나단과 그의 자손은 단 지파의 제사장이 되었다"(30절). 자신의 이익을 위해서라면 뭐든 타협하는 레위인이 모세의 후손이라니 충격적이다! "하나님은 손자가 없다"는 말의 증거다. 각 개인마다 하나님을 인격적으로, 개인적으로 만나야 한다. 아무도 가문에 의해 자동적으로 하나님과 관계가 형성되지 않는다. 어떤 지파 혹은 교단이나 지역교회라도 족보로 하나님과 관계를 형성하지 않는다. 학자이자 저술가인 돈 카슨이 잘 말했다. 한 세대는 복음을 알고, 다음 세대는 복음을 당연시하고, 3세대는 복음을 잃어 버린다. 성경에 가장

---

30 단 자손이 자기들을 위하여 그 새긴 신상을 세웠고 1)모세의 손자요 게르솜의 아들인 요나단과 그의 자손은 단 지파의 제사장이 되어 그 땅 백성이 사로잡히는 날까지 이르렀더라

잘 나타난 예가 모세의 가문이다.

요나단과 그의 아들들은 우상숭배적인 사역을 계속하며, 명목상 주를 예배하지만, 진실은 그렇지 않았다. 이스라엘 국가가 둘로 나눠진 후에, 단은 우상숭배 장소가 될 것이다(왕상 12:26-30). 그러나 영원히 그렇지는 않을 것이다. "그 땅 백성이 사로잡히는 날까지만" 요나단과 그의 아들들이 제사장으로 있을 것이다(삿 18:30; 왕하 15:29 참조). 그들이 미가의 우상들을 빼앗았듯이, 언젠가 하나님께서 그 땅을 그들에게서 빼앗으실 것이다.

그렇다면 단 자손과 미가가 했어야 할 올바른 행동은 무엇인가? "하나님의 집이 실로에 있었다"(삿 18:31). 하나님은 사람들이 하나님께 나아가고, 하나님을 예배하고, 하나님을 알고, 하나님과 함께 사는 것을 가능하게 하셨다. 성막, 즉 하나님이 백성 중에 임재하시는 장소가 실로에 있었기 때문에 그것이 미가와 단 자손의 삶의 구심점이 되었어야 했다.

오늘날 우리에게도 하나님의 성막이 그렇게 되어야 한다. 그분은 말 그대로 "말씀이 육신이 되어 우리 가운데 거하셨다"(요 1:14). 우리 삶의 중심을 예수님께 두고, 예수님을 하나님께 나아가고, 예배하고, 하나님을 알고, 하나님과 함께 사는 방법으로 삼지 않으면, 우리 삶의 중심을 사람이 만든 종교, 우

---

31 하나님의 집이 실로에 있을 동안에 미가가 만든 바 새긴 신상이 단 자손에게 있었더라

상 등 우리를 축복할 수 없는 것에 두게 된다.


## :: 가슴 없는 사람들

이 두 장은 악의 평범성을 보여 주는 좋은 예다. 보통, 악은 사람들을 엄청나게 사악하거나 폭력적으로 만들지 않는다. 물론 그렇게 되면 흥미롭고 다른 사람들에게 경종을 울릴 것이다. 그러나 오히려 죄는 우리를 공허하게 하는 경향이 있다. 외적으로는 적절해 보이고 심지어 좋아 보여도, 알고 보면 모두가 권력을 쟁취하려 암투를 벌이고, 남을 앞지르려고 한다. 우리는 계속 서로를 짓밟는다. 미가가 단 자손과 레위인에게 짓밟혔듯이 말이다. 그러나 사실은 미가도 그들에게 강탈당하기 전에 자기 어머니의 것을 훔쳤었다.

C. S. 루이스는 그런 사람들을 "가슴 없는 사람들"이라고 그의 저서 《인간폐지》에서 말했다. 그들은 이성은 가질 수 있고, 본능과 충동은 가질 수 있지만, 심장은 갖지 못했다. 사실 그들은 뭔가를 선택하고 있는 것이 아니라, 권력과 이익에 대한 욕망, 두려움과 분노에 몰려간다.

우리는 모두 그렇게 평범하고 공허하고 무료해질 위험에 처해 있다. 만일 우리가 하나님을 '길들여' 평범하게 만들려고 하다면 말이다! 오직 진짜 하나님을 예배함으로써만 우리는 이 지루한 운명에서 벗어나 하나님의 집이신 주 예수님, 영생의 말씀을 가진 분께 가는 축복을 누릴 수 있다.

**02**

●

# 가장 위대한 왕, 궁극적 사사를 바라보라

삿 19:1-21:25

●

# 밤새도록
# 그 여자를 능욕하다가
# 새벽 미명에 놓은지라

사사기의 생생한 부록 중 첫 번째 이야기(17-18장)는 약간 코믹하기도 하면서 상당히 비극적이었다. 그 이야기를 읽고 두 번째 이야기를 읽으면 그 폭력성에 경악하게 된다.

매우 어둡고 시종일관 비극적인 이야기이다. 아비멜렉과 입다의 시대까지 포함해서, 우리가 이미 읽은 모든 것을 훨씬 더 능가한다. 현대의 기준에서뿐 아니라 고대 이스라엘의 기준으로도 매우 혐오스럽다.

이스라엘 역사의 치부를 드러내는 일화다(호 9:9, 10:9 참조). 분위기는 매우 다르지만, 주제는 똑같다. 우리는 구원자 왕이 절실히 필요하다(21:25).

:: 또 다른 레위인

"이스라엘에 왕이 없을 그때에"(19:1)라는 첫 단락은 18장
1절과 마찬가지로 우리에게 경고해 준다. 이어지는 이야기가
이스라엘이 보기에는 옳았지만, 주께서 보시기에는 악했다. 부
록의 첫 부분처럼, 이 이야기도 레위인을 중심으로 한다(19:1).

17-18장의 레위인은 종교 활동을 통해 자신이 높아지려
고 열중했지만, 이 레위인은 "첩"(19:1)을 가진 것으로 소개된
다. 첩은 2등급 부인이고, 성적 대상이다. 그래서 이 레위인은
이 여자의 "남편"(3절)이자 "주인"(27절)이다. 하나님께서 창세기
2장 24절에서, 결혼은 한 남자와 한 여자 사이에 이뤄져야 한
다고 분명히 밝히셨지만, 그 이후 시대의 많은 신자들이 사회
가 하는 대로 여러 아내들과 첩들을 두었다(아브라함, 창 16:2-3 참
조). 그러나 아브라함부터 야곱, 솔로몬에 이르기까지, 일부다
처제는 항상 상심과 고통을 가져왔고, 예외가 없었다. 거룩하
게 구별되어야 할 레위인이 이교 문화에 휩쓸려 첩을 뒀다는
것이 처음부터 심상치 않다. 이 레위인은, 앞으로 살펴보겠지
만, 인간관계를 이용해 자기 자신을 높이려고 한다.

---

19:1 이스라엘에 왕이 없을 그 때에 에브라임 산지 구석에 거류하는 어떤 레위 사람이
유다 베들레헴에서 첩을 맞이하였더니 2 그 첩이 행음하고 남편을 떠나 유다 베들레
헴 그의 아버지의 집에 돌아가서 거기서 넉 달 동안을 지내매 3 그의 남편이 그 여자
에게 다정하게 말하고 그를 데려오고자 하여 하인 한 사람과 나귀 두 마리를 데리고
그에게로 가매 여자가 그를 인도하여 아버지의 집에 들어가니 그 여자의 아버지가 그
를 보고 기뻐하니라

304

:: 내 여자, 내 소유

이 남자와 첩의 관계는 순탄하지 않다. 말 그대로, 그녀는 "행음하고"(삿 19:2), 즉 간음을 저지르고 나서, 레위인을 떠나 베들레헴에 있는 아버지의 집으로 돌아간다(베들레헴은 17-18장의 레위인이 떠났던 곳이다). 심각한 결별이었다. 주인과 남편(비록 2등급 결혼이었더라도)을 떠나는 것은 절대로 허락되지 않았다.

그러나 이 레위인은 넉 달을 기다리고 나서야 "그를 데려오고자 하여"(19:3) 떠난다. 그녀가 "진정하도록" 시간을 준 것이라는 견해도 있지만, 너무 현대적 감성으로 해석한 것이다. 그는 첩을 다시 데려오려고 별로 신경 쓰지 않았던 것이 분명하지만, 결국 그는 성을 원했거나 혹은 지위의 현상 유지를 원했던 것이다(아니면 둘 다 원했을 것이다). 이 구절들은 사랑의 관계도 아니고, 지속되는 관계도 아님을 보여 준다.

첩의 아버지는 "기뻐하며 … 그를 머물게 하여" 닷새를 묵게 했다(3-8절). 고대 근동 문화에서 손님 접대는 의무였다. 따라서 어떤 면에서 여자의 아버지가 레위인을 그렇게 대접한

---

4 그의 장인 곧 그 여자의 아버지가 그를 머물게 하매 그가 삼 일 동안 그와 함께 머물며 먹고 마시며 거기서 유숙하다가 5 넷째 날 아침에 일찍이 일어나 떠나고자 하매 그 여자의 아버지가 그의 사위에게 이르되 떡을 조금 먹고 그대의 기력을 돋운 후에 그대의 길을 가라 하니라 6 두 사람이 앉아서 함께 먹고 마시매 그 여자의 아버지가 그 사람에게 이르되 청하노니 이 밤을 여기서 유숙하여 그대의 마음을 즐겁게 하라 하니 7 그 사람이 일어나서 가고자 하되 그의 장인의 간청으로 거기서 다시 유숙하더니 8 다섯째 날 아침에 일찍이 일어나 떠나고자 하매 그 여자의 아버지가 이르되 청하노니 그대의 기력을 돋우고 해가 기울도록 머물라 하므로 두 사람이 함께 먹고

것은 당연했다. 그러나 이 구절들을 보면, 그는 너무 필사적이고 절박하다.

왜 그런가? 간음과 주인에게서 도망치는 것의 형벌은 모두 심각했다. 죽음과 가문의 치욕이었다. 여자의 아버지는 레위인이 '형벌을 집행하지' 않도록 애쓰다가, 레위인이 단순히 첩을 집으로 데려가려고 왔다는 것을 알고 안도한다.

흥미로운 점은 본문에 여자를 그렇게 설득했다는 구절이 없다는 것이다. 모든 활동은 여자의 아버지와 '남편' 사이에서 이뤄진다. 여자가 레위인의 말에 귀 기울였다거나, 돌아가기로 동의했다는 말이 전혀 없다.

모든 정황을 보건대, 아버지가 여자를 레위인에게 돌려줬고, 여자는 어떤 선택이나 결정을 하지 않았다. 아버지와 '남편' 모두가 이 여자를 물건으로 대했다. 한쪽은 치욕을 피하려 한다. 다른 쪽은 성적인 혜택을 확보하려 한다. 둘 모두 여자 자신에 대해서는 상관하지 않는다.

또 주목할 사실은, 사사기의 다른 단락들과 달리, 등장인물들의 이름이 없다는 것이다(20:28의 제사장 비스하스는 예외). 이러한 익명성이 의미하는 것이 있다. 이 남녀들은 이스라엘의 '전형'이다. 그 당시의 레위인들은 이런 식으로 살았다. 그 당시의 아버지들은 이런 식으로 생각했다. 그 당시의 여자들은 이런 취급을 당했다. 당시의 어두운 모습이고, 이제 더 어두워지려고 한다.

:: 창조 원리보다 세상 문화를 따르는 악행

닷새 후, 오후에 "그 사람이 첩과 하인과 더불어 일어나 떠나고자 했다"(19:9). 첩의 아버지의 만류에도 불구하고, 그들은 출발해 여부스 쪽으로 갔다. 그 마을은 베냐민 지파의 것이어야 했지만, 그들이 하나님께 온전히 순종하지 못하여 가나안의 것으로 남아 있었다(1:21). 여부스에 가까이 왔을 때 날이 저물어 가서 레위인의 종이 거기 머물자고 했지만(19:11), 레위인은 "이스라엘 자손에게 속하지 아니한 이방 사람의 성읍으로 들어가지"(12절) 않으려 했다. 이미 이스라엘이 가나안화된 상황이었지만, 그는 이스라엘 사람은 여부스에서 안전하지 않다고 확신했다. 그는 "기브아나 라마 중 한 곳에 가서 거기서 유숙하기로"(13절) 결정한다. 거기는 베냐민 지파의 땅이므로 더 안전할 것이라고 판단했던 것이다. "베냐민에 속한 기브아에 가까이 이르러 해가 졌고" 그들은 거기서 밤을 보내려고 했다(14-15절).

---

9 그 사람이 첩과 하인과 더불어 일어나 떠나고자 하매 그의 장인 곧 그 여자의 아버지가 그에게 이르되 보라 이제 날이 저물어 가니 청하건대 이 밤도 유숙하라 보라 해가 기울었느니라 그대는 여기서 유숙하여 그대의 마음을 즐겁게 하고 내일 일찍이 그대의 길을 가서 그대의 집으로 돌아가라 하니 10 그 사람이 다시 밤을 지내고자 하지 아니하여 일어나서 떠나 여부스 맞은편에 이르렀으니 여부스는 곧 예루살렘이라 안장 지운 나귀 두 마리와 첩이 그와 함께 하였더라 11 그들이 여부스에 가까이 갔을 때에 해가 지려 하는지라 종이 주인에게 이르되 청하건대 우리가 돌이켜 여부스 사람의 이 성읍에 들어가서 유숙하십시다 하니 12 주인이 그에게 이르되 우리가 돌이켜 이스라엘 자손에게 속하지 아니한 이방 사람의 성읍으로 들어갈 것이 아니니 기브아로 나아가리라 하고 13 또 그 종에게 이르되 우리가 기브아나 라마 중 한 곳에 가서 거기서 유숙하자 하고

그러나 우리는 상황이 좋지 않다는 것을 즉시 알 수 있
다. 그들에게 말을 걸거나 환영해 주는 사람이 아무도 없었다
(15절). 첩의 아버지가 보여 준 환대와 뚜렷이 대조된다. 에브
라임 지파의 한 노인만이(그는 베냐민 지파가 아니다) 그들에게 말
을 걸고, 그들이 누구이며 어디로 가는지 듣고서, 자기 집으로
초청한다(16-21절). 20절은 이 마을에 단지 무관심 이상의 위험
이 도사리고 있음을 암시한다. 노인은 말한다. "절대로 거리에
서 유숙하지 말라." 무슨 일인가? 여기는 광야가 아니다! 여기
는 가나안 마을이 아니다! 여기는 이스라엘이고 하나님의 땅
이다! 그런데 거리가 뭐 그렇게 위험하단 말인가?

22절에서 보여 준다. "그 성읍의 불량배들이 그 집을 에
워싸고 문을 두들기며 집 주인 노인에게 말하여 이르되 네 집

---

14 모두 앞으로 나아가더니 베냐민에 속한 기브아에 가까이 이르러 해가 진지라 15
기브아에 가서 유숙하려고 그리로 돌아 들어가서 성읍 넓은 거리에 앉아 있으나 그를
집으로 영접하여 유숙하게 하는 자가 없었더라 16 저녁 때에 한 노인이 밭에서 일하
다가 돌아오니 그 사람은 본래 에브라임 산지 사람으로서 기브아에 거류하는 자요 그
곳 사람들은 베냐민 자손이더라 17 노인이 눈을 들어 성읍 넓은 거리에 나그네가 있
는 것을 본지라 노인이 묻되 그대는 어디로 가며 어디서 왔느냐 하니 18 그가 그에게
이르되 우리는 유다 베들레헴에서 에브라임 산지 구석으로 가나이다 나는 그 곳 사람
으로서 유다 베들레헴에 갔다가 이제 여호와의 집으로 가는 중인데 나를 자기 집으로
영접하는 사람이 없나이다 19 우리에게는 나귀들에게 먹일 짚과 여물이 있고 나와 당
신의 여종과 당신의 종인 우리들과 함께 한 청년에게 먹을 양식과 포도주가 있어 무
엇이든지 부족함이 없나이다 하는지라 20 그 노인이 이르되 그대는 안심하라 그대의
쓸 것은 모두 내가 담당할 것이니 거리에서는 유숙하지 말라 하고 21 그를 데리고 자
기 집에 들어가서 나귀에게 먹이니 그들이 발을 씻고 먹고 마시니라 22 그들이 마음
을 즐겁게 할 때에 그 성읍의 불량배들이 그 집을 에워싸고 문을 두들기며 집 주인 노
인에게 말하여 이르되 네 집에 들어온 사람을 끌어내라 우리가 그와 관계하리라 하니

308

에 들어온 사람을 끌어내라 우리가 그와 관계하리라." 용감하게도, 집주인이 나가서 두 가지 요점을 말한다(23절). 첫째로, 그런 것은 그 자체가 '악행'이며, 뿐만 아니라 '이 사람은 내 손님이라서' 그가 환대하고 보호할 의무가 있다. 따라서 그들이 제안하는 바는 두 배로 '부끄러운' 짓이다

그러나 그러고 나서 그는 끔찍한 말을 한다. 그는 그의 딸과 레위인의 첩을 내주겠다고 제안한다(24절). 그는 손님을 보호하려고 두 여자를 능욕 당하게 내주려고 한다. 왜 그런가? 왜 그는 레위인의 남종을 내주겠다고 제안하지 않는가? 어쨌든, 무리가 요구한 것은 남자 아닌가?

에브라임 사람도, 레위인이나 첩의 아버지처럼 여자를 소유물로 보았고, 남자보다 덜 가치 있고 더 버릴 수 있는 소유물로 보았기 때문이었다. 이게 그 당시 주변 문화가 여성을 보는 관점이었다(첩이 가나안의 여부스에서 덜 안전하지 않을 수도 있었다는 것은 비극이다). 그리고 이스라엘의 남자들이 받아들인 관점이었다. 그들은 하나님의 창조 원리보다 당시 문화를 받아들였다. 하나님의 창조 원리는 남녀 모두가 하나님의 형상으로 창조되었고, 모두 동등하게 본질적으로 소중하다는 것이다.

---

23 집 주인 그 사람이 그들에게로 나와서 이르되 아니라 내 형제들아 청하노니 이같은 악행을 저지르지 말라 이 사람이 내 집에 들어왔으니 이런 망령된 일을 행하지 말라 24 보라 여기 내 처녀 딸과 이 사람의 첩이 있은즉 내가 그들을 끌어내리니 너희가 그들을 욕보이든지 너희 눈에 좋은 대로 행하되 오직 이 사람에게는 이런 망령된 일을 행하지 말라 하나

너무나 끔찍한 사건이므로, 우리 시대와 잘 구별해야 한다. 그러나 이런 질문을 스스로 해 볼 가치가 있을 것이다. 우리가 그리스도인 남성이라면, "우리는 여자를 어떻게 바라보고 대할 것인가에 대하여 어떤 면에서 세상 문화에 귀 기울이고 있는가? 우리는 어떤 면에서 여자를 소유나 물건으로 대할 위험이 있는가?"

## :: 이스라엘의 소돔

여기 기브아에서 일어나는 일은 창세기 19장 1-11절의 소돔에서 일어난 사건들과 매우 비슷하다. 낯선 사람들이 마을에 온다(창 19장의 천사). 그러자 소돔의 남자들이 집을 둘러싸고, 문을 두드리며, 남자 혹은 남자들과 성관계를 갖겠다고 요구한다. 집주인은 그렇게 하지 말라고 간청하면서 대신 여자들을 내주겠다고 한다. 유일한 차이점은 소돔에서는 모든 남자들이 폭도가 되었지만, 여기서는 '그 성읍의 불량배들이(악인들의 일부가-옮긴이)' 그랬다는 것이다. 소돔에서는 방문객들이 천사들이어서 폭도들을 눈멀게 했다. 기브아에서는 레위인이 "자기 첩을 붙잡아 그들에게 밖으로 끌어내매 그들이 그 여자와 관계하였고 밤새도록 그 여자를 능욕했다"(19:25). 실화임을 기억하라. 우리는 마땅히 아연실색하고 분개해야 한다.

소돔은 구약에서 하나님께 반역한 중대한 예다. 그래서

하나님의 심판을 받아 마땅하다. 그런데 그 이교 도시와 이스라엘의 기브아가 이렇게 유사하다는 것은 뚜렷한 메시지를 준다. 여기 하나님의 백성은 아브라함과 모세의 언약, 율법과 선지자, 장막, 출애굽, 그리고 최근의 구원자 사사들을 받았다. 그러나 그 모든 것에도 불구하고, 그들은 그 축복들을 하나도 받지 않은 가나안과 이교 나라들보다 낫지 않았다. 하나님의 백성이 낫지 않다는 것이 입증되었다. 그들은 소돔처럼 되었다.

:: 레위인의 본래 의도

다음 구절들은 간결하면서도 통렬하게 참상을 드러낸다. 밤새 내내 시달리고 나서 새벽에 여자가 풀려난다(25절). 그녀는 그 집으로 돌아가 "집 문에 이르러 엎드러져 밝기까지 거기 엎드러져 있었다"(26절). 레위인은 "그 여인이 집 문에 엎드러져 있고 그의 두 손이 문지방에 있는 것을 보았다"(27절). 그가 그녀에게 말하자 "아무 대답이 없었다"(28절). 저자의 간결한 기록을 통해서나마 우리의 마음은 여자에게로 향한다. 아더 컨델(Arthur E. Cundall)이 이렇게 설명한다.

---

25 무리가 듣지 아니하므로 그 사람이 자기 첩을 붙잡아 그들에게 밖으로 끌어내매 그들이 그 여자와 관계하였고 밤새도록 그 여자를 능욕하다가 새벽 미명에 놓은지라 26 동틀 때에 여인이 자기의 주인이 있는 그 사람의 집 문에 이르러 엎드러져 밝기까지 거기 엎드러져 있더라 27 그의 주인이 일찍이 일어나 집 문을 열고 떠나고자 하더니 그 여인이 집 문에 엎드러져 있고 그의 두 손이 문지방에 있는 것을 보고

순전한 공포의 밤을 겪어 본 사람이 있다면, 바로 그녀
다. … 그녀에게 그 밤은 지옥처럼 어두웠을 것이다.
- 《사사기와 룻기》

저자는 이 레위인에 대해 우리에게 더 알려 준다. 레위
인은 "자기 첩을 붙잡아 그들에게 밖으로 끌어내고"(25절) 그러
고 나서, 믿어지지 않게도, 잠자리로 가서 자고 "일찍이 일어났
다"(27절). 레위인은 첩을 찾으려 하지 않고, 길을 "떠나고자" 준
비했다. 그러고 나서 "그 여인이 집 문에 엎드러져 있고 그의
두 손이 문지방에 있는 것을 보고"(27절), 그저 그녀에게 "일어
나서 가자!"고만 했다. 마치 사람이 동물에게 하듯 말이다. 그
리고 "그 집에 이르러서는 칼을 가지고 자기 첩의 시체를 거두
어 그 마디를 찍어 열두 덩이에 나누고 그것을 이스라엘 사방
에 두루 보냈다"(29절). 이해할 수 없을 정도의 냉혹함과 비인
간성이다. 자신의 연인이었던 여자에게 이렇게 하다니 말이다.
　　왜 이 레위인은 첩이 잔인하게 능욕당하고 죽은 것에 무
관심하면서도, 시체를 잘라 이스라엘 전역에 보냈는가? 그는
기브아 사람들에게 복수하고 싶었던 것이다. 여자에게 정당
한 대우를 해 주기 위해서가 아니었다. 그녀의 시체를 잘라 보

---

28 그에게 이르되 일어나라 우리가 떠나가자 하나 아무 대답이 없는지라 이에 그의
시체를 나귀에 싣고 행하여 자기 곳에 돌아가서 29 그 집에 이르러서는 칼을 가지고
자기 첩의 시체를 거두어 그 마디를 찍어 열두 덩이에 나누고 그것을 이스라엘 사방
에 두루 보내매

낸 것을 보라. 자신의 재산을 잃었기 때문이었다. 이스라엘 전체가 보인 반응에도 깊은 아이러니가 있다(30절). 물론 그들의 말이 맞긴 하다. 이스라엘에서 "이런 일은 일어나지도 아니하였고 보지도 못하였다"(30절). 그러나 문제는 기브아 사람들의 태도와 행동만이 아니었다. 레위인의 태도와 행동도 비난받아 마땅하다. 저자는 양측 모두의 죄를 명백히 적시한다.


:: 편집된 진실

그러나 이스라엘은 보지 못한다. "모든 이스라엘 자손이 … 나와서 그 회중이 일제히 … 모였으니"(201). 400,000명의 군대가 모인다(2절). 사사 옷니엘 이후 처음으로 이스라엘이 연합한다. 그러나 이 연합은 이스라엘 영토 내에서 이스라엘 백성이 저지른 일에 대한 혐오 때문이었다. 그들은 하나님께 귀기울이지 않고, 어떤 사사에게 귀 기울이는 것도 아니고, 도덕적으로 깊이 타협한 레위인에게 귀 기울인다(3절).

일어난 일에 대한 레위인의 진술은 뚜렷이 자기중심적이

---

30 그것을 보는 자가 다 이르되 이스라엘 자손이 애굽 땅에서 올라온 날부터 오늘까지 이런 일은 일어나지도 아니하였고 보지도 못하였도다 이 일을 생각하고 상의한 후에 말하자 하니라 20:1 이에 모든 이스라엘 자손이 단에서부터 브엘세바까지와 길르앗 땅에서 나와서 그 회중이 일제히 미스바에서 여호와 앞에 모였으니 2 온 백성의 어른 곧 이스라엘 모든 지파의 어른들은 하나님 백성의 총회에 섰고 칼을 빼는 보병은 사십만 명이었으며

고, 자기 잘못을 숨기려고 편집되었다. 그는 어디서 참상이 일어났는지를 강조하면서(4절) "그 성읍의 불량배들"이 그랬다는 사실을 외면하고(19:22), "기브아 사람들이 … 나를 죽이려 했다고"(20:5) 주장하지만, 사실 그들은 그를 강간하기 원했던 것이다(19:22). 그는 첩을 냉담하게 희생시켰고, 첩을 보호하려 싸우지 않았다는 사실을 누락하고, 그들이 그녀를 "욕보였다"고만 말한다(20:5). 이 이야기를 듣고 아무도 레위인 자신이 여자의 죽음에 일조했다고 의심하지 않았을 것이다.

요점은 기브아 사람들이 분명히 악당이고 노골적으로 가증하게 죄악되었지만, 레위인의 도덕성도 더 미묘하긴 하지만 결코 낮지 않았다는 것이다. 역사 속의 이 일화는 로마서 처음 두 장 반의 실물 증거다. 거기서 바울은 말한다. 명백히 방탕하고 불경건한 이교 세계도 죄에 빠져 있지만, 로마서 2장에서 그가 지적한다. 도덕적이고, 종교적이고, 겉으로 '좋은' 사람도 죄에 빠져 있다. 그들은 속마음으로 하나님도, 다른 사람도 상관하지 않는다. 바울은 그것을 절대적 명제로 요약한다. "기록된 바 의인은 없나니 하나도 없으며 … 다 치우쳐 함께 무익하게 되고"(롬 3:10, 12). 이 이야기에서 아무도 의롭지 않다. 이 세

---

3 이스라엘 자손이 미스바에 올라간 것을 베냐민 자손이 들었더라 이스라엘 자손이 이르되 이 악한 일이 어떻게 일어났는지 우리에게 말하라 하니 4 레위 사람 곧 죽임을 당한 여인의 남편이 대답하여 이르되 내가 내 첩과 더불어 베냐민에 속한 기브아에 유숙하러 갔더니 5 기브아 사람들이 나를 치러 일어나서 밤에 내가 묵고 있던 집을 에워싸고 나를 죽이려 하고 내 첩을 욕보여 그를 죽게 한지라

상에서 아무도 의롭지 않다.

:: 어떻게 반응해야 하는가?

우리는 사사기 19장에 기록된 사건들을 보고 어떻게 반응해야 할까? 우리는 애통해야 한다. 이들은 하나님의 백성이다. 그들은 우리의 영적 조상이다. 그리고 그들은 어느 정도, 우리 자신을 보여 준다. 우리도 기브아 사람들 같은 깊은 비밀을 감추고 있을 수 있다. 어쩌면 그런 일은 저지르지 않았더라도, 레위인처럼 그런 악행을 예방하지 않고, 나의 무위로 그런 악행들이 일어나는 것을 방조했을 것이다. 우리는 모두 우리 자신과 남들에게 우리 자신과 우리의 행동에 대해 사실보다 좋게 말하고, 온전한 진리를 말하지 않을 것이다. 그리고 사사기가 우리에게 반복해서 도전하듯이, 우리 모두는 이스라엘처럼, 주 여호와 하나님의 이름을 부르면서도, 무의식적으로나 의식적으로나 세상 문화에 의해 빚어지고 노예가 된다.

사사기 19장은 그들 때문에, 그리고 우리 자신 때문에 애통해 한다. "아무도 의롭지 않다." 왜냐하면 우리는 "왕이 없는"

---

6 내가 내 첩의 시체를 거두어 쪼개서 이스라엘 기업의 온 땅에 보냈나니 이는 그들이 이스라엘 중에서 음행과 망령된 일을 행하였기 때문이라 7 이스라엘 자손들아 너희가 다 여기 있은즉 너희의 의견과 방책을 낼지니라 하니라 8 모든 백성이 일제히 일어나 이르되 우리가 한 사람도 자기 장막으로 돌아가지 말며 한 사람도 자기 집으로 들어가지 말고

것처럼 살기 때문이다(19:1, 21:25). 우리에게 필요한 것은 우리를 구하고 다스리고 변화시킬 왕이다. 우리가 가진 예수님 안에서 복음을 진실로 누리려면, 먼저 우리 자신이 상상 이상으로 악하고 절박한 상태임을 알아야 한다.


:: 나의 사람들, 나의 하나님

이스라엘은 이제 연합되었고, 3장 이후 처음이었다. "이스라엘 모든 사람이 하나 같이 합심하여"(20:8, 11) 한 마을 기브아와 싸울 군대를 일으켜서 "그 무리가 이스라엘 중에서 망령된 일을 행한 대로 징계하려 했다"(9-10절). 마지막 사사 삼손이 혈혈단신으로 블레셋과 싸워야 했던 반면에, 이제는 이스라엘이 연합하여 자기 민족을 멸하려 한다.

그러나 먼저 그들은 사람들을 베냐민 지파에 보내어 강간범들을 내놓아 "이스라엘 중에서 악을 제거하게"(12-13절) 해 달라고 한다. 그러나 이는 문제를 해결하기보다 더 많은 문제를 일으켰다. 베냐민 자손은 "듣지 않으려"(13절) 했고, 그 대신 기브아에 모여서 "이스라엘 자손과 싸우고자"(14절) 했다. 그들은 정예병을 포함하여 26,700명을 소집하여(15-16절) 400,000

9 우리가 이제 기브아 사람에게 이렇게 행하리니 곧 제비를 뽑아서 그들을 치되 10 우리가 이스라엘 모든 지파 중에서 백 명에 열 명, 천 명에 백 명, 만 명에 천 명을 뽑아 그 백성을 위하여 양식을 준비하고 그들에게 베냐민의 기브아에 가서 그 무리가 이스라엘 중에서 망령된 일을 행한 대로 징계하게 하리라 하니라

명의 이스라엘 군대와 싸우려고 했다(17절).

왜 이 부족은 범죄자들이 정의의 심판을 받도록 그냥 내주지 않는가? 인간의 진정한 연합을 저해하는 가장 파괴적인 한 가지 우상은 혈통의식이나 친족의식이다. "옳든 그르든, 그들은 내 가족, 내 나라다"라는 태도다. 상식적으로 보자면 기브아 사람들이 모든 도덕적 기준들을 어겼음에도 불구하고, 베냐민 자손은 일치단결하여 외부인이 내부인을 흠잡지 못하게 했다. 우리가 혈통이나 인종적 유대관계나 공동체를 공익이나 초월적 도덕보다 우선시할 때, 우리는 '우리' 사람들을 우상으로 만든다.

여기서 우리는 어떻게 죄가 죄를 부르는지 본다. 한 레위인의 냉담함과 몇몇 불량배들의 성적 방종이 내전으로 확대되었다. 레위인 주인(남편-옮긴이)이 솔직하지 않았고, 베냐민 자손이 교만했기 때문이었다.

---

11 이와 같이 이스라엘 모든 사람이 하나 같이 합심하여 그 성읍을 치려고 모였더라 12 이스라엘 지파들이 베냐민 온 지파에 사람들을 보내어 두루 다니며 이르기를 너희 중에서 생긴 이 악행이 어찌 됨이냐 13 그런즉 이제 기브아 사람들 곧 그 불량배들을 우리에게 넘겨 주어서 우리가 그들을 죽여 이스라엘 중에서 악을 제거하여 버리게 하라 하나 베냐민 자손이 그들의 형제 이스라엘 자손의 말을 듣지 아니하고 14 도리어 성읍들로부터 기브아에 모이고 나가서 이스라엘 자손과 싸우고자 하니라 15 그 때에 그 성읍들로부터 나온 베냐민 자손의 수는 칼을 빼는 자가 모두 이만 육천 명이요 그 외에 기브아 주민 중 택한 자가 칠백 명인데 16 이 모든 백성 중에서 택한 칠백 명은 다 왼손잡이라 물매로 돌을 던지면 조금도 틀림이 없는 자들이더라 17 베냐민 자손 외에 이스라엘 사람으로서 칼을 빼는 자의 수는 사십만 명이니 다 전사라

317

:: 복수의 대학살

18절에서 큰 비극이 일어난다. 사사기 서두에서 이스라엘이 가나안에 정착하기 시작할 때, 그들은 "누가 먼저 올라가서 가나안 족속과 싸우리이까"(1:1)라고 물었다. 유업을 얻기 위해 싸워서, 하나님의 백성이 하나님의 땅에 살며 하나님을 예배하기 위해서였다. 타 민족들 옆에서, 그러나 타민족들과 통혼하지는 않고 그렇게 하기 위해서였다. 그때 "유다"(2절)라고 응답하셨다. 이번에도 그들이 하나님께 여쭙는다(주목할 것은 하나님의 언약 이름이 1:1에 사용되지만, 20:18에서는 사용되지 않는다는 것이다). "우리 중에 누가 먼저 올라가서 베냐민 자손과 싸우리이까." 이번에도 하나님이 "유다"라고 대답하신다. 그러나 이번에 그들은 하나님의 적과 싸우러 가는 것이 아니라, 하나님의 백성과 싸우러 간다. 저자는 가나안을 정복하여 하나님과 동행하지 못한 것이 내전과 형제 살해로 이어졌음을 보여 준다.

내전이 19-20절에서 시작된다. 베냐민 자손이 고지대에 살고 있어서 방어에 유리했다. 그래서 이스라엘 자손은 수적으로 엄청난 우세이면서도 첫날과 둘째 날에는 베냐민 자손이 방어하는 좁은 공간에 한 번에 한두 지파만 올려 보낼 수 있었다(20, 24절). 그리고 두 번 모두, 베냐민 자손이 이스라엘 자손

---

18 이스라엘 자손이 일어나 벧엘에 올라가서 하나님께 여쭈어 이르되 우리 중에 누가 먼저 올라가서 베냐민 자손과 싸우리이까 하니 여호와께서 말씀하시되 유다가 먼저 갈지니라 하시니라

을 무찔렀다(21, 25절). 두 날 모두, 하나님은 누구를 보내야 할지, 싸워야 할지 질문에 응답하시지만(18, 23절), 과거처럼 그것이 성공을 보장하지는 않았다. 하나님은 이렇게 말씀하고 계신 것이다. "가라. 그러나 나는 너희와 함께 가지 않을 것이다."

그러한 경험은 이스라엘을 겸손하게 했다. 그들은 자신들의 명분이 옳다고 너무 확신한 나머지, 처음에 싸울지 말지 하나님께 묻지도 않고, 누가 싸워야 하느냐고만 물었다(18절). 그리고 23절에서 그들의 질문은 "아니다"라는 응답을 아예 허용하지도 않는다. 이제 그들은 두 번째 후퇴 후, 울고 금식하고 제사를 드리고 나서(26절), 형제 베냐민 자손과 싸워야 할지 말아야 할지 대제사장을 통해 겸손하게 묻는다(27-28절). 그들은, 이 몇 구절에서나마, 이스라엘답게 살고 있다. 그러자 "여호와께서 이르시되 올라가라 내일은 내가 그를 네 손에 넘겨주리라 하셨다"(28절).

이번에 이스라엘은 군사를 매복하여(29절) 베냐민의 주력 부대를 요새에서 끌어내(30-33절) 공격할 공간을 확보하였고(34

---

19 이스라엘 자손이 아침에 일어나 기브아를 대하여 진을 치니라 20 이스라엘 사람이 나가 베냐민과 싸우려고 전열을 갖추고 기브아에서 그들과 싸우고자 하매 21 베냐민 자손이 기브아에서 나와서 당일에 이스라엘 사람 이만 이천 명을 땅에 엎드러뜨렸으나 22 이스라엘 사람들이 스스로 용기를 내어 첫날 전열을 갖추었던 곳에서 다시 전열을 갖추니라 23 이스라엘 자손이 올라가 여호와 앞에서 저물도록 울며 여호와께 여쭈어 이르되 내가 다시 나아가서 내 형제 베냐민 자손과 싸우리이까 하니 여호와께서 말씀하시되 올라가서 치라 하시니라 24 그 이튿날에 이스라엘 자손이 베냐민 자손을 치러 나아가매 25 베냐민도 그 이튿날에 기브아에서 그들을 치러 나와서 다시 이스라엘 자손 만 팔천 명을 땅에 엎드러뜨렸으니 다 칼을 빼는 자였더라

절), 하나님께서 그들에게 승리를 내려 주신다(35-36절). 복병이
"칼날로 [기브아] 온 성읍을 쳤고"(37절), 그동안 성읍 밖에서도
싸움이 진행되고 있었다. 그래서 베냐민 군대는 자기들이 이
기고 있는 줄 알았지만(39절), 사실 그들은 졌다(40-41절). 이스
라엘이 베냐민의 군대를 덮쳤고, 베냐민 지파에서는 600명의
남자를 제외하고 모두 다 죽음을 당했다(42-47절). 승리가 완료
되었다.

　　그러나 학살은 끝나지 않았다. 이스라엘이 방향을 돌려
"온 성읍과 가축과 만나는 자를 다 칼날로 쳤다"(48절). 모든 남
녀노소와 동물까지 학살을 당했다. 정의가 아니라, 학살이다.
정의는 기껏해야 기브아의 불량배들이나, 아니면 싸우러 나온

---

26 이에 온 이스라엘 자손 모든 백성이 올라가 벧엘에 이르러 울며 거기서 여호와 앞
에 앉아서 그 날이 저물도록 금식하고 번제와 화목제를 여호와 앞에 드리고 27 이스
라엘 자손이 여호와께 물으니라 그 때에는 하나님의 언약궤가 거기 있고 28 아론의
손자인 엘르아살의 아들 비느하스가 그 앞에 모시고 섰더라 이스라엘 자손들이 여쭈
기를 우리가 다시 나아가 내 형제 베냐민 자손과 싸우리이까 말리이까 하니 여호와께
서 이르시되 올라가라 내일은 내가 그를 네 손에 넘겨 주리라 하시는지라 29 이스라
엘이 기브아 주위에 군사를 매복하니라 30 이스라엘 자손이 셋째 날에 베냐민 자손을
치러 올라가서 전과 같이 기브아에 맞서 전열을 갖추매 31 베냐민 자손이 나와서 백
성을 맞더니 꾀임에 빠져 성읍을 떠났더라 그들이 큰 길 곧 한쪽은 벧엘로 올라가는
길이요 한쪽은 기브아의 들로 가는 길에서 백성을 쳐서 전과 같이 이스라엘 사람 삼
십 명 가량을 죽이기 시작하며 32 베냐민 자손이 스스로 이르기를 이들이 처음과 같
이 우리 앞에서 패한다 하나 이스라엘 자손은 이르기를 우리가 도망하여 그들을 성읍
에서 큰 길로 꾀어내자 하고 33 이스라엘 사람이 모두 그들의 처소에서 일어나서 바
알다말에서 전열을 갖추었고 이스라엘의 복병은 그 장소 곧 기브아 초장에서 쏟아져
나왔더라 34 온 이스라엘 사람 중에서 택한 사람 만 명이 기브아에 이르러 치매 싸움
이 치열하나 베냐민 사람은 화가 자기에게 미친 줄을 알지 못하였더라 35 여호와께서
이스라엘 앞에서 베냐민을 치시매 당일에 이스라엘 자손이 베냐민 사람 이만 오천백
명을 죽였으니 다 칼을 빼는 자였더라

320

베냐민 사람들을 처형하는 것으로 족했을 것이다. 베냐민 사회 전체를 학살한 것이 어떻게 정당한가? 이것은 원한의 결과다. 원한은 한 눈을 잃은 것에 대해, 한 눈이 아니라 두 눈을 요구한다.

원한의 뿌리는 항상 복수의 꽃을 피운다. 한 지파, 혹은 한 나라 차원에서, 이는 사사기 20장과 비슷하다. 개인적 차원에서는 덜 심해 보일 수 있다. 그러나 파괴의 정도는 조금 더 낮다 하더라도 정말 생생하다. 원한을 피하는 유일한 방법은 용서의 실행이다. 그 외의 다른 어느 것도 분노한 적개심을 뿌리 뽑지 못한다.

어떻게 하면 용서할 수 있는가?

첫째로, 우리는 용서가 무엇인지 깨달아야 한다. 용서하는 마음이 들지 않더라도 용서해 줘야 한다(눅 17:3-6). 용서는 우선 약속이다. 그 사람의 잘못을 들추지 않겠다는 약속, 다른 사람에게 그 사람의 잘못을 떠벌리지 않겠다는 약속, 당신의

---

36 이에 베냐민 자손이 자기가 패한 것을 깨달았으니 이는 이스라엘 사람이 기브아에 매복한 군사를 믿고 잠깐 베냐민 사람 앞을 피하매 37 복병이 급히 나와 기브아로 돌격하고 나아가며 칼날로 온 성읍을 쳤음이더라 38 처음에 이스라엘 사람과 복병 사이에 약속하기를 성읍에서 큰 연기가 치솟는 것으로 군호를 삼자 하고 39 이스라엘 사람은 싸우다가 물러가고 베냐민 사람은 이스라엘 사람 삼십 명 가량을 쳐죽이기를 시작하며 이르기를 이들이 틀림없이 처음 싸움 같이 우리에게 패한다 하다가 40 연기 구름이 기둥 같이 성읍 가운데에서 치솟을 때에 베냐민 사람이 뒤를 돌아보매 온 성읍에 연기가 하늘에 닿았고 41 이스라엘 사람은 돌아서는지라 베냐민 사람들이 화가 자기들에게 미친 것을 보고 심히 놀라

생각 속에서 그 사람의 잘못을 떠올리지 않겠다는 약속이다. 내가 받은 상처를 품고 있거나 그 사람에 대한 적개심을 키워 가지 않겠다는 약속이다. 그런 것들은 당신의 의지의 통제 하에 있다. 생각이 떠오르는 것을 막을 수는 없지만, 탐닉할 필요는 없다.

둘째로, 우리는 용서가 어떻게 가능한지 깨달아야 한다. 오로지 그리스도를 통한 하나님의 엄청나고 값진 용서의 실상을 보고 느끼기 때문에 가능하다(마 18:21-35). 우리가 하나님께 얼마나 빚졌는지 아는 것만이 다른 사람이 우리에게 진 빚을 올바른 관점으로 보게 한다. 그리스도의 용서는 용서할 정서적 겸손("내가 이렇게 큰 죄인인데 어찌 감히 용서하지 않는단 말인가?")과 용서할 정서적 자원("내가 그리스도 안에서 가진 게 이렇게 많은데, 이 사람이 나에게서 빼앗아 간 게 무슨 대수인가?")을 우리에게 준다.

마음으로 그리스도의 용서를 품고, 의지로 남들을 용서하는 실습을 하면, 서서히 용서의 감정이 임할 것이다.

---

42 이스라엘 사람 앞에서 몸을 돌려 광야 길로 향하였으나 군사가 급히 추격하며 각 성읍에서 나온 자를 그 가운데에서 진멸하니라 43 그들이 베냐민 사람을 에워싸고 기브아 앞 동쪽까지 추격하며 그 쉬는 곳에서 짓밟으매 44 베냐민 중에서 엎드러진 자가 만 팔천 명이니 다 용사더라 45 그들이 몸을 돌려 광야로 도망하였으나 림몬 바위에 이르는 큰 길에서 이스라엘이 또 오천 명을 이삭 줍듯 하고 또 급히 그 뒤를 따라 기돔에 이르러 또 이천 명을 죽였으니 46 이 날에 베냐민 사람으로서 칼을 빼는 자가 엎드러진 것이 모두 이만 오천 명이니 다 용사였더라 47 베냐민 사람 육백 명이 돌이켜 광야로 도망하여 림몬 바위에 이르러 거기에서 넉 달 동안을 지냈더라 48 이스라엘 사람이 베냐민 자손에게로 돌아와서 온 성읍과 가축과 만나는 자를 다 칼날로 치고 닥치는 성읍은 모두 다 불살랐더라

마지막으로, 잘못한 사람과 화해하려고 하기 전에 먼저 마음속에서 용서해야 한다(막 11:25). 그렇게 하면, 그들과 이야기할 때, 너무 화나지 않을 것이고, 상대방의 잘못의 '점수를 매기거나' 상대방을 부끄럽게 하려고 하지 않을 것이다. 우리는 화해로 관계를 회복하려고 한다. 그렇게 하는 방법은 우리가 저지른 모든 잘못을 인정하고, 그들이 저지른 모든 불의를 지적하고, 그러고 나서 화해를 구하는 것이다.

그러나 레위인, 이스라엘 자손, 베냐민 자손은 아무도 그렇게 하지 않았다. 그 결과는 재난이었고, 이제 더 심해질 것이다.


:: 맹세의 문제

"이스라엘 사람들이 미스바에서 맹세했는데" 그때 그들은 레위인의 말을 듣고 기브아에 대한 심판을 선언했다. 매우 성급한 맹세였다. "우리 중에 누구든지 딸을 베냐민 사람에게 아내로 주지 아니하리라"(21:1). 이 선언은 그들에게 큰 문제를 야기했다. 베냐민 여자들을 다 죽였고, 600명의 베냐민 생존자에게 딸을 줄 수도 없기 때문에 한 지파 전체가 사라지게 되었다. 그들이 하나님께 하소연했듯이(3절) "이스라엘 중에 한 지파가 없어지게" 되었다.

어이없게도 그들은 "하나님 앞에 앉아서 큰 소리로 울며"(2절) "어찌하여 이스라엘에 이런 일이 생겼냐고" 묻는다. 마치 하나님의 잘못이기라도 한 듯이 말이다. 그들이 성급하게 맹세하고, 베냐민 형제자매를 학살했기 때문에 그렇게 되었다. 그들은 왜 그런 일이 생겼는지 정확히 알아야 했다! 그러나 그들에게 더 쉬운 것은 자신을 성찰하는 것보다 하나님을 탓하는 것이었다.

자기성찰이 없었기 때문에 그들은 잘못을 저지르고 나서도 배우지 못했다. 그래서 그들은 제단을 쌓고 제물을 바치면서(4절) 또 어리석은 맹세를 했다. "미스바에 와서 여호와 앞에 이르지 아니하는 자는 반드시 죽일 것이라"(5절).

그들은 문제를 반복하고 나서(6-7절), 야베스 길르앗 사람들이 "미스바에 올라와서 여호와께 이르지 아니한"(8-9절) 것을 발견한다. 덕분에 그들은 잠재적 해결책을 얻는다. 그들은 거기 없었기 때문에 딸을 베냐민 지파에게 주지 않기로 약속하지 않았다. 그래서 모인 사람들은 맹세를 지키려고 작은 군대를 그 마을에 보내어(10절) "모든 남자 및 남자와 잔 여자를 진멸하고"(11절) 400명의 처녀를 데려와 베냐민 자손과 결혼하게 한다(12-14절).

그러나 베냐민 자손의 남은 자가 600명이라서 "아직도

---

부족했다"(14절). 백성은 슬퍼했다. "[그들의 관점에서는] 여호와께서 이스라엘 지파들 중에 한 지파가 빠지게 하셨기 때문이다"(15절). 그들은 맹세로 야기된 문제를 다시 한 번 반복한다(16-1절). 그러고 나서 또 다른 해결책이 등장한다. 그 근처에서 "매년 여호와의 명절이 있었다"(19절). 그들은 베냐민 자손을 보내 "포도원에서 나와서 실로의 딸 중에서 각각 하나를 붙들어 가지고 자기의 아내로 삼으라고 했다"(20-21절). 기발한 점은 그 처녀들은 강제로 납치되었고 아버지들이 "자의로 그들에게 준 것이 아니므로"(22절) 맹세를 어긴 것이 아니게 된다는 것이었다.

"베냐민 자손이 그같이 행했다"(23절). 강간 살해 당한 한 여자를 위해 정의를 실행하려 모인 회중이 한 마을 전체의 살육과 이스라엘 두 마을의 처녀들의 납치, 강간을 계획하고 독려하는 것으로 끝났다. 그러고 나서 모두가 집으로 돌아간다(24절). 야베스 길르앗과 실로의 결혼하지 않아서 납치된 여자

---

4 이튿날에 백성이 일찍이 일어나 거기에 한 제단을 쌓고 번제와 화목제를 드렸더라 5 이스라엘 자손이 이르되 이스라엘 온 지파 중에 총회와 함께 하여 여호와 앞에 올라오지 아니한 자가 누구냐 하니 이는 그들이 크게 맹세하기를 미스바에 와서 여호와 앞에 이르지 아니하는 자는 반드시 죽일 것이라 하였음이라 6 이스라엘 자손이 그들의 형제 베냐민을 위하여 뉘우쳐 이르되 오늘 이스라엘 중에 한 지파가 끊어졌도다 7 그 남은 자들에게 우리가 어떻게 하면 아내를 얻게 하리요 우리가 전에 여호와로 맹세하여 우리의 딸을 그들의 아내로 주지 아니하리라 하였도다 8 또 이르되 이스라엘 지파 중 미스바에 올라와서 여호와께 이르지 아니한 자가 누구냐 하고 본즉 야베스 길르앗에서는 한 사람도 진영에 이르러 총회에 참여하지 아니하였으니 9 백성을 계수할 때에 야베스 길르앗 주민이 하나도 거기 없음을 보았음이라

들만 제외하고 모두 돌아갔다.


:: 문제 있는 해결책

다시 한 번, 저자는 이 백성에게 하나님이 주신 왕이 없어서 "각기 자기의 소견에 옳은 대로 행했다는"(25절) 것을 상기시킨다. 마지막 두 장까지도 이스라엘은 주 하나님의 인도를 구하지 못한다. 그들은 하나님의 말씀을 무시하고, 자신들의 결정의 결과가 좋지 않고 난 후에야 성막에서 주께 묻는다.

실질적인 이교 문화다. 그들은 기껏해야 인간의 이성에 근거해 결정하고, 최악의 경우에는 성급한 복수심으로 결정한다. 이스라엘의 행동들은 "악을 제거하려는"(20:13) 의도였고, 앞의 행동들로 야기된 문제를 해결하려는 의도였지만, 그 각각의 행동이 더 큰 문제를 야기한 것으로 드러났다. 그들은 하

---

10 회중이 큰 용사 만 이천 명을 그들에게 보내며 그들에게 명령하여 이르되 가서 야베스 길르앗 주민과 부녀와 어린 아이를 칼날로 치라 11 너희가 행할 일은 모든 남자 및 남자와 잔 여자를 진멸하여 바칠 것이니라 하였더라 12 그들이 야베스 길르앗 주민 중에서 젊은 처녀 사백 명을 얻었으니 이는 아직 남자와 동침한 일이 없어 남자를 알지 못하는 자라 그들을 실로 진영으로 데려오니 이 곳은 가나안 땅이더라 13 온 회중이 림몬 바위에 있는 베냐민 자손에게 사람을 보내어 평화를 공포하게 하였더니 14 그 때에 베냐민이 돌아온지라 이에 이스라엘 사람이 야베스 길르앗 여자들 중에서 살려 둔 여자들을 그들에게 주었으나 아직도 부족하므로 15 백성들이 베냐민을 위하여 뉘우쳤으니 이는 여호와께서 이스라엘 지파들 중에 한 지파가 빠지게 하셨음이었더라 16 회중의 장로들이 이르되 베냐민의 여인이 다 멸절되었으니 이제 그 남은 자들에게 어떻게 하여야 아내를 얻게 할까 하고 17 또 이르되 베냐민 중 도망하여 살아 남은 자에게 마땅히 기업이 있어야 하리니 그리하면 이스라엘 중에 한 지파가 사라짐이 없으리라

나님을 자신들의 잘못을 전가하기에 편한 대상으로 생각했다.

본질적으로, 영적인 문제에 대해 인간의 해결책이 갖는 문제다. 인간 차원에서는 처리하기 어려운 악의 문제다. 인간의 마음에 늘 있고, 인간의 마음에서 나오는 문제를 해결할 군대나 정책은 없다. 오직 하나님을 믿는 믿음의 부활만이 그것을 해결할 수 있다. 그러나 이스라엘은 이방 나라들의 압제에 시달릴 때만큼이나 그들이 압제와 예속 상태에 있다는 것을 전혀 깨닫지 못했다. 그들은 영적 어둠 속에 있었지만, 깨닫지 못했다.

이 장들은 하나님 중심이 아닌 사회들이 어떻게 기능하게 되는지 보여 준다. 그들은 참 하나님 아닌 다른 어떤 것을 예배하고, 자신의 눈으로 보기에 옳고, 논리적이고, 이성적인 대로 결정하고, 그러고 나서 왜 잘 안 되는지 모르고, 그래서

---

18 그러나 우리가 우리의 딸을 그들의 아내로 주지 못하리니 이는 이스라엘 자손이 맹세하여 이르기를 딸을 베냐민에게 아내로 주는 자는 저주를 받으리라 하였음이로다 하니라 19 또 이르되 보라 벧엘 북쪽 르보나 남쪽 벧엘에서 세겜으로 올라가는 큰 길 동쪽 실로에 매년 여호와의 명절이 있도다 하고 20 베냐민 자손에게 명령하여 이르되 가서 포도원에 숨어 21 보다가 실로의 여자들이 춤을 추러 나오거든 너희는 포도원에서 나와서 실로의 딸 중에서 각각 하나를 붙들어 가지고 자기의 아내로 삼아 베냐민 땅으로 돌아가라 22 만일 그의 아버지나 형제가 와서 우리에게 시비하면 우리가 그에게 말하기를 청하건대 너희는 우리에게 은혜를 베풀어 그들을 우리에게 줄지니라 이는 우리가 전쟁할 때에 각 사람을 위하여 그의 아내를 얻어 주지 못하였고 너희가 자의로 그들에게 준 것이 아니니 너희에게 죄가 없을 것임이니라 하겠노라 하매 23 베냐민 자손이 그같이 행하여 춤추는 여자들 중에서 자기들의 숫자대로 붙들어 아내로 삼아 자기 기업에 돌아가서 성읍들을 건축하고 거기에 거주하였더라 24 그 때에 이스라엘 자손이 그 곳에서 각기 자기의 지파, 자기의 가족에게로 돌아갔으니 곧 각기 그 곳에서 나와서 자기의 기업으로 돌아갔더라

하나님이 계신다 하더라도 그 하나님은 사람들을 별로 돌보시지 않는다고 결론을 내린다.

그러나 또한 물론 하나님의 백성, 즉 오늘날 교회의 모습이기도 하다. 여기에 등장한 억압, 강간, 살인, 대학살, 납치는 이교도들의 탓이 아니다. 다 이스라엘이 한 것이었다. 사사기 내내, 그리고 특히 사사기 끝 부분에서 이스라엘의 최악의 적은 이스라엘 자신이었다. 슬프게도, 너무나 자주, 오늘날 하나님의 백성도 그렇다.

구약의 어느 책도 이 책만큼 현대 교회를 잘 반영하지 않는다. 이 책은 이기적 추구 속에 빈사상태인 교회에 경종을 울린다. 진실로 경건한 리더들의 부름에 주의를 기울이거나 예수 그리스도를 교회의 주로 모시는 대신에, 어디서나 회중들과 그들의 리더들은 자기 눈에 옳은 대로 하고 있다. – 대니얼 I. 블록,《사사기-룻기》

교회가 약한 것을 남 탓으로 돌리기가 매우 쉽다. 우리는 우리와 매우 다르게 살면서 우리를 따르라고 하는 주변 문화들을 본다. 우리는 왜 하나님이 연합이나 부흥을 주시지 않느냐고 한다. 우리는 다른 곳은 다 보면서도 정작 우리 자신은

---

25 그 때에 이스라엘에 왕이 없으므로 사람이 각기 자기의 소견에 옳은 대로 행하였더라

보지 않는다. 그러나 사사기의 이 장들은 우리 자신을 볼 수밖에 없게 한다.


:: 우리에게 필요한 왕

사사기 전체는 우리가 문제이긴 하지만, 우리 스스로가 해결책이 될 수 없다는 것을 보여 준다. 우리는 이스라엘이 그랬던 것처럼, 왕을 찾아야 한다.

많은 주석가들은 사사기 저자가 다윗 왕의 통치의 변호자라고 말한다. 즉 저자가 다윗 왕가의 중요성을 알리고 부각시키려 한다는 것이다. 그는 말한다. "인간 본성의 부적절성을 보라! 우리는 사건 중심의 카리스마적 족장 이상이 필요하다. 우리는 영구적 왕이 필요하다." 저자가 다윗을 부각시키려 한다는 주장이 맞을 수도 있고 맞지 않을 수도 있지만, 분명히 저자는 인간 본성의 부족함을 강력히 보여 주는 사례를 제시한다! 사사기는 '덕목을 제시하는 책'이나 '도덕적 귀감' 시리즈는 아니다. 사사들은 오직 "믿음의 영웅들"일 뿐이다(히 11:32-34). 그들의 영웅됨은 오직 그들이 하나님의 역사를 신뢰했다는 데 있다. 즉 그들은 하나님이 그들 안에서, 그들을 통해서, 그리고 그들에도 불구하고 역사하시고, 은혜로 그들을 사용하셔서 그들과 똑같이 흠 있는 백성을 구하실 것을 믿었다.

저자는 우리에게 구원자가 필요함을 확신시킨다. 그러나

어떤 종류의 구원자인가? 하나님은 사사기 저자를 사용하셔서 저자의 의식적이고 의도적인 의도 이상으로 우리에게 실상을 보여 주시는 것일 수 있다. 그는 우리에게 해방자가 필요함을 보여 준다. 그러나 책 말미에 이르러, 우리는 단지 인간 왕으로 충분한지 의문을 품게 된다. 열왕기와 역대기의 역사는 인간 왕들을 추적한다. 그 왕들은 하나님을 사랑하고 순종하도록 사람들을 더 가까이 이끌지 못했고, 최악의 경우에는 오히려 더 멀어지게 했다. 그래서 우리는 그 책들의 끝에 이르러, 다윗 이상의 누군가가 필요하다는 것을 깨닫는다.

사사기 끝에 이르러, 특히 삼손의 삶을 보면서, 첫째로 우리가 깨닫는 것은 부르지 않아도 오는 해방자가 필요하다는 것이다. 왜냐하면 인간은 정말로 하나님을 찾지는 않기 때문이다(롬 3:11, 딤후 2:13). 우리는 그를 선택할 능력이 없다. 그가 우리를 선택하셔야 한다(요 15:16). 둘째로, 우리가 깨닫는 것은 이 해방자가 혼자 다 해야 한다는 것이다. 왜냐하면 우리는 우리의 구원에 아무 기여도 할 수 없기 때문이다(엡 2:4-5, 딛 3:4-6). 셋째로, 우리는 신비로운 암시를 받는다. 이 해방자는 약함을 통해, 즉 '위대한 패배'를 통해 우리를 구원하실 것이다. 그의 삶만이 아니라, 그의 죽음을 통해서 말이다(빌 2:1-11). 넷째로, 우리는 우리의 악을 "씻어 줄" 왕이 필요하다(삿 20:13). 우리 사회의 악만 아니라, 우리 마음의 악을 씻어 줄 왕이 필요하다. 정말로 사사기 저자는 자신이 의도한 것 이상으로 진리와 지혜를 말했다! 우리는 왕이 필요하지만, 인간이 할 수 있는 것 이상의 더 위대한 해방을 이룰 더 위대한 왕이 필요하다.

시편 기자가 진실로 저 멀리 끝까지 보고 말했다. "하늘은 기뻐하고 땅은 즐거워하며 바다와 거기에 충만한 것이 외치고 밭과 그 가운데에 있는 모든 것은 즐거워할지로다. 그 때 숲의 모든 나무들이 여호와 앞에서 즐거이 노래하리니 그가 임하시되 땅을 심판하러 임하실 것임이라. 그가 의로 세계를 심판하시며 그의 진실하심으로 백성을 심판하시리로다"(시 96:11-13).

여기서 '심판하다'라는 단어는 원래의 의미대로 '정의로 통치하다'라는 의미로 사용되었다. 시편 기자는 알았다. 참 사사와 왕이 돌아오실 때, 모든 자연(그리고 인간의 본질)이 마침내 활짝 피어나 평화와 충만에 이를 것이다. 그러나 그 전까지는 그렇지 않을 것이다.

지금 우리는 모두 왕을 찾는다. 우리를 다스릴 사람, 우리를 구해 줄 사람을 찾는다. 우리가 찾는 것을 줄 단 한 분이 있다. 우리는 가장 위대한 왕, 궁극적 사사를 바라보아야 한다. 그렇지 않으면 우리는 거짓 왕과 사사를 섬기게 될 것이다.

부록 1

**'성전'(聖戰)의 쟁점**

현대의 독자가 특히 여호수아서와 사사기, 그리고 일반적으로 구약에 대해 갖는 가장 큰 문제 중의 하나는 가나안 거민을 그들의 땅에서 '몰아내고' 축출하라는 하나님의 명령이다. 오늘날이라면 세계 여론의 지탄을 받을 행동을 하는 나라가 여기 있다. 여기서 이뤄진 것은 현대의 '인종 청소'와 똑같아 보인다. 인종 청소란, 한 인종 집단이 다른 인종 집단을 무력으로 쓸어버리려 하는 것이다. 우리는 자국 영토를 방어하려고 전쟁을 하는 것은 적법하다고 보지만, 오늘날 대부분의 사람들은 다른 사람의 영토를 빼앗으려고 전쟁을 벌이는 것은 적법하다고 보지 않을 것이다.

뿐만 아니라, 사사기는 '성전'(聖戰)을 정당화하는 것으로 보인다. 만일 우리가 하나님의 이름으로 가나안을 정복하는 것을 의로운 행동으로 허락한다면, 왜 다른 사람들도 하나님의 이름으로 '사악한 배교자들'에게 전쟁을 벌이며, 폭력을 행사할 수 없단 말인가?

이 모든 것에 대해 우리는 뭐라고 말해야 할까?

:: 틀린 해석

구약은 원시적 단계의 종교이고, 많은 야만적 진술들과 지시사항을 갖고 있어서, 우리가 더 이상 받아들일 수 없다고 너무 쉽게 대답해 버리면 안 된다. 그 관점에는 심각한 문제가 있다.

왜 우리가 이제는 몰아내라는 명령을 받아들일 수 없는가? 우리가 가나안 정복을 문제로 간주하는 주된 이유는 제6계명("살인하지 말라" 출 20:13)과 제8계명("도둑질하지 말라" 출 20:15)을 어기기 때문이다. 그러나 십계명도 구약에 있다! 그러므로 만일 우리가 구약을 하나님의 참 계시가 아니라고 거절한다면, 무슨 근거로 이 정복의 '부도덕성'을 반대하겠는가? "나는 출애굽기 20장을 좋아해요"라고 말하고 나서 또 "나는 사사기 1장은 좋아하지 않아요"라고 말한다면, 너무 제멋대로다. 구약이 하나님의 말씀이 아니라면, 누가 한 장이 다른 장보다 낫다고 말할 수 있겠는가? 이 쟁점을 '해결'하려고 구약의 권위를 부인한다면, 쥐 한 마리를 잡으려고 집을 태우는 것과 같다. 만일 구약이 하나님의 말씀이 아니라면, 우리는 무엇이 옳고 그른지에 대해 완전히 다른 기반을 찾아야 한다(그것은 불가능하다, 참조-124-125쪽). 만일 구약의 권위를 인정하지 않아서, 십계명을 인용하지 못하게 된다면, 약간의 제국주의를 채택한들 뭐가 대수란 말인가?!

진짜 문제는(이것은 정말로 문제다!) 하나님이 성경 나머지

334

부분에서 다른 사람들에게 금하시는 것을 여호수아서와 사사기에서 이스라엘에게 허락하신다는 것이다. 신구약을 통틀어 전 시대를 위해 제시된 도덕법은 정복전쟁을 전면적으로 반대한다. 우리를 공격하지 않은 사람들을 죽이고 그들의 땅을 차지하는 것은 항상 절도와 살인으로 간주된다. 그렇다면 왜 하나님이 여기서 예외를 허용하시는가? 그리고 왜 성경의 이 부분은 오늘날의 '성전'을 정당화하는 데 사용되지 못하는가?

## :: 이 문제를 해결하는 한 방법

이스라엘의 가나안 정복 사명을 그 이전이나 이후의 다른 군사 활동과 구별해 주는 중요한 몇 가지 차이점들이 있다.

1. 이 전쟁은 인종을 근거로 수행되지 않는다. 가나안 사람들을 축출하라는 하나님의 명령은 다른 인종의 사람들을 제거하거나 없애라는 지시가 아니다. 가나안 침략이 시작되었을 때, 이스라엘의 정탐꾼들을 여리고 주민 라합이 도왔다(참조-수 2, 6:20-25). 라합은 단지 가나안 사람일 뿐 아니라, 창녀였다. 즉 라합은 인종적, 도덕적으로 모두 '열외자'로 여겨졌을 수 있다. 그러나 라합이 이스라엘의 하나님 주 여호와를 신뢰했기 때문에, 이스라엘 백성의 일부가 되어 가나안에 거하게 되었다. 이 작전의 목적은 우상들의 "제단들을 헐고"(삿 2:2) 이교의 예배(따

라서 이교의 예배자들)를 축출하는 것이었지, 특정 인종 집단을 축출하는 것이 아니었다. 따라서 이 전쟁은 한 인종 집단이 다른 인종 집단에게 전쟁을 벌이는 것을 정당화하지 않는다.

2. 이 전쟁은 제국주의 확장 때문에 수행되지 않았다. 이 특별한 명령 속에서, 하나님은 이스라엘 백성이 전쟁을 벌여서 사람들을 약탈하거나 노예로 삼는 것을 허락하지 않으신다. 그냥 그들을 무찔러 몰아내야 했다. 그것이 전부였다. 예를 들어, 여호수아 7장에서, 아간은 가나안의 한 마을에서 약탈한 것 때문에 심판을 받는다. 그 당시 모든 군사 활동과 침략 때는 일반적이었는데, 이스라엘 백성에게는 전면 금지되었다. 왜 그런가? 이 작전의 목적은 부와 권력을 얻는 것이 아니라, 이스라엘 사람들이 하나님을 섬기고 공경할 수 있는 나라를 세우는 것이었기 때문이다.

가나안 사람들을 축출할 필요가 있었던 것은 이스라엘 사람들이 유혹에 약하기 때문이었을 것이다. 다시 말해서, 그 축출은 이스라엘 사람들이 얼마나 덕망이 있는가를 나타내는 것이 아니라, 그들이 영적으로 얼마나 약한지를 나타내는 것이었다. 그러므로 이 전쟁은 한 나라가 다른 나라를 제국주의적으로 식민지화하는 것을 정당화하지 않는다.

3. 이 전쟁은 하나님의 심판의 일환으로서 수행되었고, 하나님의 직접적인 계시를 통해 수행되었다. 여호수아에게(수 1:1-9), 그리고 여호수아를 통해(수 23:1-16), 그리고 다시 제사장

의 에봇을 통해(삿 1:1), 하나님이 이스라엘 백성에게 가나안 백성을 축출하라고 구체적인 말로 계시하신다. 그러므로 그보다 덜 직접적이고 덜 틀림없는 것은 그런 행동의 근거가 될 수 없다. 가령 이런 말로는 충분하지 않다. "우리는 생각해 보았고 기도해 보았고 얘기해 보았어요. 그래서 우리는 주 여호와 하나님께서 우리에게 제6계명과 제8계명 혹은 다른 어느 계명을 어기라고 인도하신다고 생각해요."

그런데 왜 하나님이 그런 것을 명령하실까? 신학자 메레디스 D. 클라인(Meredith D. Kline)은 이를 '침노 윤리'라고 부른다. 물론 하나님은 처음과 끝을 다 아신다. 오직 하나님만이 누가 하나님의 아들이 재림하실 때 심판 날에 정죄당할지 아시고 그 사람들에게 '일찍' 심판을 내리실 권리와 지식을 가지신다. 따라서 하나님은 만물의 재판장으로서 그들의 마지막 날을 기다리기보다 지금 정의의 심판을 내리기로 결정하실 수 있으시다. 그래서 미래의 심판이 현재에 '침노한다.' 특이한 일이 아니다. 복음의 축복도 미래의 은혜가 현재에 침노하는 것이기 때문이다.

그러므로 이는 전반적으로 신자들이 불신자들에게 강압적으로 행동하라는 명령이 아니고, 한 믿음이 다른 믿음에 대해 '성전'을 벌여도 된다는 보장도 아니다. 우리가 주 여호와 하나님의 뜻을 아는 방법은 십계명 및 성경에서 우리에게 주는 지시사항들을 읽는 것이지, 성경 역사에 기록된 모든 것들을 따라하는 것은 아니다. 따라서 많은 사람들이 이렇게 말하지만, 이것 역시 문제가 있다. "우리는 하나님이 사도행전에서 우리에게 명령하신 그대로 우리 교회를 운영하고 있어요." 바울이 에베소서와 디모데전서 1장에서 교회 질서의 원칙들을 분명히 제시했는데, 그것이 항상 사도행전에서 이뤄진 것은 아니다. 그러므로 어떤 면에서, 사도행전은 그 교회가 했던 것을 묘사하는 것뿐이지, 하나님이 그들에게 (그리고 하나님의 말씀을 통해, 우리에게) 하라고 하신 것을 묘사하는 것은 아니다. 그러므로 우리는 역사적 본문들로부터 결론을 내리는 것을 매우 조심해야 한다.

## :: 성경은 무엇인가?

이 쟁점은 하나님의 계시에 대한 기독교의 정통 관점이 중요함을 일깨운다. 제도권 교회의 모든 분파들은 동방정교, 로마 가톨릭, 개신교를 막론하고, 성경이 하나님의 계시의 전부라는 데 역사적으로 동의해 왔다. 그러나 두 가지 상반된 관점이 있는데, 그것은 매우 위험하고, 우리를 '성전'(Holy War)으로 이끌 수 있다. 하나는 이런 것이다. 어떤 사람들은 하나님으로부터 직통 계시를 받고 있으며, 모세나 여호수아, 사도들이 받은 것과 같은 수준이라고 믿는다. 만일 그런 식으로 '계시가 계속된다'라고 믿으면, 우리가 '성전'을 통제하거나 견제할 수 없다. 하나님이 어떤 그룹을 하나님의 이름으로 공격해서 '마귀에게 속한' 그 그룹을 멸하라고 하신다고 사람들이 말할 가능성이 항상 있기 때문이다.

또 한편으로, 많고 많은 사람들이 성경을 신성하고 오류가 없는 계시라고 전혀 믿지 않는다. 그러나 하나님 말씀의 권위를 믿지 않으면, 역시 '성전'을 통제하거나 견제할 수 없다. 양심이나 확신, 혹은 문화가 어떤 사람들의 집단을 공격해 멸하라고 말할 가능성이 항상 있기 때문이다.

그러나 성경에 대한 정통 관점을 믿으면, 내가 정치적 권력을 어떻게 사용하느냐를 정말로 통제하고 견제할 수 있다. 즉 하나님이 오류 없이 성경 속에 말씀하셨음을 알고 그것에 순종해 살려고 하며, 하나님의 말씀에 더하지도 빼지도 않게 된다.


:: 겸손히 읽으라

오늘날의 사람들은 사사기에 관련된 많은 사람들의 행동을 읽을 때, 그들이 잘난척한다고 느껴서 심기가 불편하기 쉬울 것이다. 가나안을 정복하라는 하나님의 명령은 이해하기가 어렵다. 게다가 사사기에는 '착해야 할 사람들'이 여자, 어린이, 다른 종족을 악하게 대한 이야기들이 있다.

그러나 만일 우리가 그 시대에 태어났다면, 그들보다 훨씬 더 현명했을 것이라고 생각하지 말자. 우리는 십계명 및 다른 성경의 영향이 깊이 침투한 사회에 산다는 유리한 점을 갖고 있다.

그러므로 이 옛날 사람들의 이야기를 읽을 때, 우리 내면의 본질과 마음도 근본적으로 그들보다 낫지 않음을 겸손히 기억해야 한다. 그들의 결점은 우리의 결점과 다를 수 있고, 그들이 한 행동의 결과가 때로 우리의 경우보다 더 크게 확대될 수 있지만, 그들이나 우리나 반항적인 마음은 똑같다. 우리는 스스로 어떻게 이야기 속의 사람들과 똑같은지 보려고 노력해야 하며, 우리의 자존심에 영합하여 우리는 그들과 다르고 그들보다 '낫다'고 하는 데 초점을 맞추지 말아야 한다.

**생각해 보기 위한 질문들**

## Part 1

## Chapter 1

1. 삶에서 믿음 때문에 용감했던 적이 있는가?

2. 자신의 '상식' 대신에 하나님의 명령을 따르는 것이 가장 어려운 때는 언제인가? 왜 그런가?

3. '성공'을 누리고 있는 삶의 영역들을 생각해 보라. 그 영역들에서 여전히 하나님을 파격적으로 의지하며 순종하고 있는가?

4. 오늘 당신의 삶과 생각 속에서 하나님이 은혜의 하나님이심을 상기할 필요가 있는 부분은 어디인가?

5. "안" 하는 것인데도 "못" 한다고 하나님께 말하고 있는 것이 있는가? 이것을 어떻게 변화시키려 하는가?

6. 그런 변화를 이룰 수 있도록 십자가가 당신에게 어떻게 동기를 부여하는가?

## Chapter 2

1. 당신의 영적 묘비문은 무엇인가? '여호와의 종'이 되라는 부르심을 삶 속에 어떻게 실행하고 있는가?

2. 부모들이여, 당신의 믿음을 자녀에게 어떻게 전달하고 있는가? 이 책에서 어떤 용기와 도전을 얻었는가?

혹은 자녀가 없다면, 당신의 교회의 젊은 세대를 위해 어떻게 기도하며 당신의 믿음을 나누고 있는가?

3. 그리스도인으로서의 삶 속에서 '사사기 사이클'이 어떻게 나타나고 있는

가? 당신이 죄인이며 그런 당신에게 하나님의 은혜가 임했다는 사실이 어떻게 찬양과 감사를 끌어내는가?

4. 죄를 영적 매춘과 행음으로 묘사한 것을 보고서, 자신의 죄를 얼마나 더 심각하게 생각하게 되는가?

5. 불신자들과 더불어 사는 것을 문제나 가능성, 이 둘 중 어느 것으로 보는가? 어떻게 하면 불신자들 사이에서 좋은 삶을 살 수 있을까?

---

## Part 2

### Chapter 1

1. 머리로 아는 하나님을 마음으로도 기억하기 위해 어떻게 하는가?

2. 죄로부터 구원받고 우상의 노예였던 상태에서 해방된 '평화'를 의식적으로 즐기는가? 이번 한 주 동안 이 진리를 어떻게 기억하고 누리겠는가?

3. "나는 곧 살아 있는 자라. 내가 전에 죽었었노라. 볼지어다 이제 세세토록 살아 있다!"(계 1:18). 우리의 궁극적 리더에 대한 이 진리는 우리 자신이 그리스도인임을 어떻게 느끼게 해 주는가?

4. 하나님이 뜻밖의 사람들을 사용하여 예상하지 못한 위대한 일을 이루시는 것을 본 경험이 언제 있었는가?

5. 과거에 당신은 어떤 면에서 "왼손잡이"였는가? 그 사실이 당신을 어떻게 겸손하게 하는가?

6. 하나님과 협상하려 한 적이 있는가? 어떻게 하면 하나님께 순복하여 하나님이 거저 주시는 구원을 누릴 수 있는가?

## Chapter 2

1. 사람들이 인정해 주지 않지만 믿음 때문에 삶 속에서 다른 이들과 다르게 행동하는 것은 무엇인가?

2. 주님께 순종하려고 위험을 감수했더니 필요한 것을 주님이 공급해 주신 적이 있는가? 지금 그렇게 하고 있거나 그렇게 해야 하는 것들이 무엇인가?

3. 교회에서 여성의 역할에 대해 무엇을 깨달았는가? 당신은 비성경적인 전통주의나 비성경적인 자유주의로부터 영향을 잘 받는가?

4. 하나님이 흠 있는 사람들을 통해 역사하신다는 사실을 아는가? 이것이 당신을 어떻게 격려하고 당신을 겸손하게 하는가?

5. 우리 삶을 사사기 4장의 관점으로만 본다면 무슨 일이 일어날까? 만일 사사기 4장과 5장의 관점 모두를 항상 갖는다면 우리 삶이 어떻게 달라질까?

6. 정의 실현은 하나님께 맡긴 채 원수를 사랑하고, 축복하고, 기도해 줘야 할 것이 있는가? 어떻게 십자가를 통해 그렇게 할 수 있는지 이야기해보라.


## Chapter 3

1. 후회는 하지만 회개하지 않은 것들이 있는가? 이제 회개하겠는가?

2. 삶의 어떤 영역에서 당신은 구원해 달라고 부르짖지만 하나님은 설교나 다른 어떤 것을 먼저 들으라고 하시는가?

3. 우리가 하나님께로 돌아서기도 전에 하나님이 먼저 은혜로 역사하신다는 사실을 아는 것이 회개하고 하나님의 음성에 귀 기울이도록 당신에게 동기를 부여해 주는가?

4. 어떤 곤란에 직면했는가? 그것을 제거되어야 할 문제로 보는가, 아니면 하나님이 당신을 변화시키고 성장시키실 수 있는 방법들로 보는가?

5. 유일한 참 하나님 옆에서 나란히 당신의 예배를 받으려는 거짓 신들은 무

엇인가?

6. 개인적으로 삶의 어떤 부분에서 하나님의 약속을 더 온전히 신뢰하기 위해 하나님의 아들을 바라보아야 하는가?


## Chapter 4

1. 하나님이 당신을 약하게 하셔서 하나님이 구원하신다는 것을 더 분명히 보게 하신 적이 있는가? 그래서 어떻게 하나님을 찬양하게 되었는가?

2. 하나님이 당신을 약하게 하시고 당신의 약함을 통해 역사하신 적이 있는가? 그래서 어떻게 하나님을 찬양하게 되었는가?

3. 얼마나 자주 당신의 죄에 대해 슬퍼함으로써 하나님의 용서를 더 온전히 깨닫는가? 그래서 어떻게 하나님을 더 사랑하게 되었는가?

4. 믿음과 순종을 방해하는 것들이 당신 자신보다는 강할지 몰라도 하나님보다 강하지는 않다는 것을 기억할 때 어떻게 용기를 얻게 되는가?

5. 믿음으로 발걸음을 내딛고 나아가, 하나님이 주시는 힘과 재확신을 발견하도록 어떤 식으로 도전받고 있는가?

6. 하나님을 섬기라고 어떤 은사를 당신에게 주셨는가? 그 은사들을 사용할 어떤 환경들을 주셨는가?


## Chapter 5

1. 당신의 삶과 일에 있어서 당신이 더 인정과 존경을 받아야 한다고 생각하는 영역들이 있는가? 은혜의 복음은 당신이 성공에 잘 대처하도록 어떻게 도와주는가?

2. 당신은 삶의 어떤 영역들에서 복음과 더 가까워지고, 더 분명히 일치하도록 행해야 하는가?

3. 우리 구원자께서 종의 마음을 가지신 것을 보는 것이 사역을 자기 구원의 수단으로 보는 데서 당신을 어떻게 해방시키는가?

4. 지역이나 세계의 교회 리더들에게서 가장 크게 감동을 받는 것은 무엇인가? 하나님의 우선순위와 세상의 우선순위 중 어느 것의 영향을 더 받는가?

5. 하나님의 현재적 심판이라는 보이지 않는 실체적 사실이 삶과 이 세상에 대한 당신의 관점에 어떤 격려와 도전을 주는가?

6. 하나님이 어떻게 당신을 당신 자신으로부터 구하셨는가? 당신은 하나님에 대해 어떻게 느끼는가?


## Chapter 6

1. 우상 숭배를 해도 해방이 일어나지 않았을 때, 그 우상을 더 숭배하려는 유혹을 경험한 적이 있는가? 결국 그 말로가 어땠는가?

2. 하나님을 원하는가, 아니면 하나님이 주시는 것을 원하는가? 하나님의 완전함의 어느 측면을 묵상함으로써, 하나님의 축복보다 하나님 자신을 더 사랑하겠는가?

3. 길르앗 사람들이 하나님을 어떻게 대우했는가와 입다를 어떻게 대우했는가의 경우를 통해 이런 사람에게 어떻게 대답하겠는가? "나는 하나님을 따르지만, 예수님은 위대한 선지자/인도자/철학자일 뿐이라고 봐요."

4. (교회 내부나 외부에서) 부당한 비난이나 비판에 가장 최근에 어떻게 대응했는지 생각해 보라. 입다의 반응과 예수님의 반응을 보고서, 당신은 다음에 그런 일이 일어날 때 어떻게 반응하겠는가?


## Chapter 7

1. 하나님의 눈이 당신의 눈보다 더 중요하다는 진리를 이번 주에 당신의 삶에 어떻게 나타내겠는가?

2. 하나님보다 더 오랜 시간 생각하고 더 즐거워하고 더 관심을 갖는 세 가지는 무엇인가? 그것들이 당신에게 어떻게 우상이 될 수 있을까? 그런 일이 일어나는 것을 보고 있는가?

3. 하나님은 "죽은 자를 살리시며 없는 것을 있는 것으로 부르신다"(롬 4:17). 당신의 삶의 어떤 부분에서, 혹은 당신의 하루 중 어느 때에 이 진리를 가장 누릴 필요가 있는가?

4. 마지못해 의무적으로 순종하는 것이 아니라, 하나님의 약속을 믿고 행할 때, 우리의 순종이 어떻게 달라지는가?

5. 마음 깊은 곳에서 당신의 삶에 하나님 자신보다 규칙이나 해답만 줬으면 하는 부분은 어디인가?

6. 하나님과의 관계를 누리지 못하고 그분을 따라 규칙만 찾는 부분이 있는가?


## Chapter 8

1. 충동적으로 행동하지 않기가 가장 어려운 때는 언제인가?

2. 고린도후서 6장의 함축의미를 가지고 자신의 삶에서 씨름할 필요가 있는가, 혹은 어떤 그리스도인 친구에게 그 쟁점에 대해 얘기해 줘야 할 필요가 있는가?

3. 교회와 개인 신자들은 주변 문화에 흡수되는 것을 왜 그렇게 매력적으로 느끼는가? 당신은 삶에서 그런 압력을 어떻게 느끼고 있는가?

4. 주님께서 당신 자신의 죄, 혹은 다른 어떤 사람의 죄를 통해서조차 역사하시는 것을 본 어떠한 경우가 있는가? 그것을 보고 어떻게 주님을 찬양하게 되었는가?

5. 결점을 가진 사람들을 통해서도 하나님이 역사하신다는 것을 아는 것이 왜 나를 기쁘고 자유하면서도 겸손하게 하는가?

6. 성령의 은사와 성령의 열매에 대한 당신의 견해가 당신의 기도에 어떻게 드러나는가? 이 책을 읽고서, 더 많이 기도하겠다거나, 아니면 다른 어떤 식으로 기도해야겠다는 생각이 들었는가?

## Chapter 9

1. 현재 삶의 외적 이득들이 어떻게 내적 손실이 될 수 있다고 생각하는가? 주님께서 외적 손실들을 사용하여 내적 유익을 이루고 계신 것이 있는가?

2. 누구로부터 어떻게 선물의 사랑을 받아 누린 적이 있는가? 언제 당신의 사랑은 필요의 사랑인가? 그렇다면 어떻게 하나님을 충분히 사랑해서 그것을 선물의 사랑으로 바꾸겠는가?

3. 왜 하나님이 당신을 축복하실 거라고 생각하는가? 그러한 관점이 당신이 자연적으로 좋아하는 방법이나 자연적으로 어렵게 여기는 방법으로 하나님께 순종할 때의 태도에 어떻게 나타나는가?

4. 삶의 어느 부분에서 자신의 힘 대신 하나님의 은혜를 의지할 필요를 느끼는가? 이런 생각이 당신의 행동을 어떻게 바꾸고 더 큰 기쁨을 주는가?

5. 삼손의 죽음의 방식과 그의 죽음으로 인한 성취를 보면서, 주 예수님의 죽음에 대해 어떻게 감사하고 찬양하게 되는가?

6. 오늘 자신에게서 어떤 약함을 느끼는가? 중요한 것은 하나님의 힘이다. 그것을 알기 때문에, 어떻게 약함 속에서도 평화와 순결을 갖게 되는가?

———

## Part 3

## Chapter 1

1. 미가와 그의 어머니가 서로를 대하는 방식을 보고, 당신이 부모님이나 자녀를 대하는 태도에 대해 도전을 받은 것이 있는가?

2. 하나님의 말씀 중에서 어떤 부분이 달라졌으면 좋겠다고 생각하는가? 그래서 그 부분을 무시하고 있는가, 아니면 씨름하며 나아가고 있는가?

3. 당신은 삶의 어떤 영역을 하나님께 온전히 드리지 못하는 위험 속에 있는가, 아니면 그렇게 될 가능성이 있는가? 당신은 그 영역에서 진정한 축복을 경험하고 있는가?

4. 하나님이 진짜로 어떠한 능력과 사랑의 하나님이신지 기억하는 것이 당신의 하루를 어떻게 달라지게 할까?

5. 예수님을 우리의 '모든 것'으로 모시는 것이 왜 우리를 그렇게 놀랍게 자유롭게 할까? 당신은 오늘 예수님을 어떻게 누리겠는가?

6. 복음의 가슴과 마음을 갖는 것이 가족, 상사와 동료, 친구들을 보고 대할 때 어떻게 달라지게 할까?


## Chapter 2

1. 당신의 생각, 말, 행동에 대한 진실을 편집하기 쉬운 때는 언제인가?

2. 고백하고, 애통하고, 회개해야 할 감춰 둔 비밀이 있는가? 단 우리의 어떠함에도 불구하고, 하나님은 우리를 향해 은혜가 충만하심을 기억하라.

3. 우리 자신의 본질적 죄성을 인정하지 않으면, 우리의 '복음' 이해가 어떤 영향을 받는가?

4. "나의 가족/사람들/지파"가 우상이 될 수 있다는 것에 어떻게 공감하고, 거기서 어떤 도전을 받는가?

5. 그리스도가 당신을 용서하셨음을 알 때, 다른 사람을 어떻게 대하게 되는가? 그리스도의 용서를 묵상할 때, 당신이 용서해야 할 사람은 누구인가?

6. 사사기 전체의 메시지를 몇 마디로 요약한다면, 뭐라고 말하겠는가?

부록 3

**사사 시대 이스라엘 지도**

0 10 20 30 mi
0 10 20 30 40 km

○ 사사기의 마을들
● 성 / 도시
✪ 전쟁이 있었던 곳
? 정확한 위치 불명

아 람
나 하 라 임

● 단

엘론
게데스 납달리
?

하로셋 학고임 ●

오브라

✪ 다볼 산

바락

갈릴리 해

가돈?

므낫세

기드온

✪ 벨
모레산

베섹

야일

야베스 길르앗

지 중 해

므낫세

사밀?

● 데베스

사본

● 숙곳
✪ 브니엘 얍복 강

돌라

비라돈

미스바 ○
입다

압돈

에브라임

● 벧엘
미스바 ●

소렉 골짜기

단

○ 소라
● 레히

소라 ○ 예수살렘 ✪ 길르앗

베냐민

길갈

여리고

에훗, 드보라

돕 땅

● 딤나

○ 베들레헴
● 에담

르우벤

삼손

입산
● 헤브론

사해

아스글론

가사

유다

○ 드빌

아르논 강

모 압

블 레 셋

옷니엘

시므온

네 게 브

에 돔

삼갈   위치 불명의 마을

부록 4

**사사기 사이클 살펴보기**

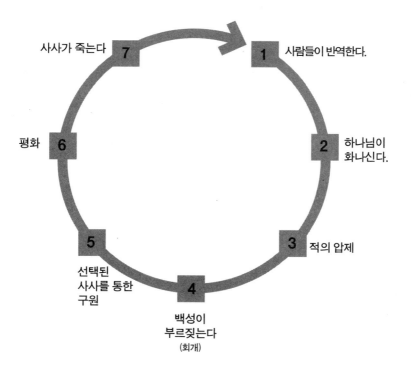

사사가 죽는다 — 7 · 1 사람들이 반역한다.

하나님이 — 2 · 화나신다.

평화 — 6

5 · 3 적의 압제

선택된 사사를 통한 구원

4

백성이 부르짖는다 (회개)

| | 3:7-11 | 3:12-30 | 3:31 | 4:1-5:31 |
|---|---|---|---|---|
| 숭배한 우상 | 바알, 아세라 | 구체적으로 명시되지 않은 우상들 | | 구체적으로 명시되지 않은 우상들 |
| 하나님이 누구의 손에 파셨는가? | 아람 나하라임의 구산 리사다임 | 모압의 에글론 | 블레셋 | 가나안의 야빈/시스라 |
| 기간 | 8년 | 18년 | | 20년 |
| 어떤 나쁜 일을 당했는가? | 지배당함 | 공물을 빼앗김 | | 잔인한 압제, 정상적인 마을 생활이 이뤄지지 못함 |
| 이스라엘이 부르짖었는가? | Yes | Yes | | No |
| 구원 전 막간사건 | No | No | | No |
| 사사 | 옷니엘 | 에훗 | 삼갈 | 드보라/바락 |
| 지파/가문 | 유다 | 베냐민 | | 에브라임/납달리 |
| 지원 | 이스라엘 전체 | 이스라엘 전체 | | 스불론, 나달리 |
| 이스라엘의 내분 | No | No | | No |
| 승리? | Yes | Yes | | Yes |
| 평화? | Yes | Yes | | Yes |
| 사사의 통치기간 | 40년 | 80년 | | 40년 |

| 6:1-8:32 | 8:34-10:5 | 10:6-12:7 | 12:8-15 | 13:1-16:31 |
|---|---|---|---|---|
| 바알, 아세라 | 바알브릿 | 바알, 아스다롯, 다른 다섯 나라들의 우상들 | | 구체적으로 명시되지 않은 우상들 |
| 미디안 | 아비멜렉 | 블레셋 | | 블레셋 |
| 7년 | 3년 | 18년 | | 40년 |
| 동굴 거주, 곡식을 약탈당함 | | 억압—곤고가 심함 | | 이방인과 거의 완전히 통합됨 |
| Yes | No | Yes | | No |
| Yes-선지자 | | Yes | | No |
| 기드온 | 돌라, 야일 | 입다 | 입산, 엘론, 압돈 | 삼손 |
| 므낫세 | 잇사갈/길르앗 | 길르앗 | | 단 |
| 300명 | | 길르앗, 므낫세 | | 아무도 없음 |
| 두 마을이 협조하지 않았음을 에브라임 지파가 지적함 | 세겜을 멸함 | 에브라임 사람들을 학살함 | | 유다가 삼손을 붙잡으려 함 |
| Yes | | Yes | | No |
| Yes 그러나 우상숭배도 병행했다 | | No | | No |
| 40년 | (총) 45년 | 6년 | (총) 25년 | 20년 |

**용어해설**

**아브람:** (아브라함이라고도 함) 이스라엘 나라의 조상이며, 하나님과 구속력 있는 합의(언약)를 한 사람. 하나님께서 그의 가문을 큰 나라로 만드시고, 그들에게 땅을 주시고, 그의 후손 중 한 사람을 통해 모든 나라들을 복 주시겠다고 약속하셨다(창 12:1-3).

**변호자:** 다른 사람을 대신해 호소하며, 고소로부터 방어해 주는 사람.

**변칙:** 표준과 다른 것, 희귀한 경우, 1회성.

**제단들:** 신에게 제물을 바치는 곳.

**사도들:** 부활하신 그리스도께 직접 임명을 받아 권세를 가지고 그리스도에 대해 가르치는 사람들.

**수태고지:** 천사가 기적적 탄생을 알릴 때.

**변호자:** 어떤 사람이나 어떤 것을 방어하거나 정당화하는 사람.

**흡수됨:** 완전히 통합되어 아무 차이가 없게 됨.

**베이비붐 세대:** 미국과 영국에서 1946~1964년에 태어난 세대.

**평범한/평범성:** 지루하고 평범하고 완전히 눈에 띄지 않는.

**율법책:** 하나님이 시내 산에서 모세에게 주신 율법.

**가나안:** 지중해 동쪽 해안 지역으로서, (현대의) 이집트 북쪽, 시리아 남쪽이다. 이곳은 하나님이 아브라함의 후손에게 주겠다고 약속하신 지역이라서 (창 12:6-9), '약속의 땅'으로 알려졌다.

**징계:** 어떤 사람, 혹은 사람들을 겸손해지도록 낮추며 교정함.

**인권운동:** 내가 여기서 언급하는 것은 미국의 인권운동이다. 아프리카계 미국인들 (그리고 다른 소수 인종 집단들)에 대한 공적, 사적 인종 차별을 폐지하려

는 조직화된 노력으로서 1954-1968년 사이에 일어났다.

**첩**: 노예 겸 정부. 창녀는 아니지만, 완전한 의미의 아내도 아니다.

**언약**: 두 당사자 사이의 구속력 있는 합의.

**요단강을 건넌 사건**: 요단강은 가나안의 동쪽 국경선이었다(그러나 이스라엘의 두 지파 반은 요단강 동쪽에 정착했다). 이스라엘이 여호수아의 리더십 아래 그 땅에 들어갈 때, 하나님이 요단강을 갈라 그들을 건너가게 하셨다(수 3-4장).

**집사들**: 문자적 의미는 식탁에서 시중드는 사람들이다. 교회에서 집사는 교회를 실용적으로 섬기도록 임명된 교인들이다.

**신들**: 신들.

**분별하다**: 인식하다, 진리를 보다.

**제자도**: 예수님을 주로 따르고 구원자로 신뢰함.

**교리들**: 하나님에 대한 진리를 진술한 것들.

**애굽, 이집트**: 하나님의 백성인 아브라함의 후손이 종살이했던 나라.

**윤리**: 일련의 도덕적 원칙들.

**출애굽**: 문자적 의미는 '출구' 혹은 '출발'. 이스라엘 백성이 애굽 노예살이를 떠나 약속의 땅을 향해 여행하기 시작한 역사적 시기(그 사건들이 출애굽기에 기록되었다).

**형제살해**: 형제(혹은 형제들)을 죽임.

**기능을 하는**: 실제적, 진짜의.

**에덴동산**: 흠 없는 장소로서 하나님이 처음 인간들에게 주셔서, 거기서 거주하고, 하나님의 임재를 누리고, 하나님을 위해 살게 하신 곳(창 2:8-17). 또한 그 인간들이 하나님의 통치에 반역하기로 결정한 곳으로서, 그로 인한 심판의 일부는 에덴에서 추방되는 것이었다(3:1-13, 23-24).

**복음**: 사람이신 예수님이 또한 하나님이셨고, 우리를 섬기고 우리를 왕으로서 다스리려고 오셨으며, 우리 죄를 위해 그가 죽으셨고, 부활하사 통치하시고, 새 생명을 주시고, 그가 하늘에서 다스리시고 세상을 회복하려 다

시 오신다는 선언. 복음은 반드시 믿어야 할 좋은 소식이며, 그냥 따르면 좋을 조언 정도가 아니다.

**은혜:** 받을 자격이 없는데도 넘쳐흐르는 관대함.

**대제사장:** 대제사장은 제사장들 중에 선택되어(Priest, 제사장) 에봇을 입고 속 죄일에(레 16장 참조) 특별한 제사를 드린다. 오직 대제사장만 1년에 한 번씩 성막/성전 안의 지성소, 즉 하나님의 영광이 있는 곳에 들어가도록 허용되 었다.

**거룩한:** 온전히 순결한, 구별된.

**우상/우상숭배:** 참 하나님 아닌 다른 것을 복과 안전의 원천으로 삼아 봉사 와 예배를 바치는 것.

**전가하다:** 다른 사람에게 좋은 것이든 나쁜 것이든 어떤 특성을 주거나 공 유하여 그 특성이 완전히 그들의 것이 되게 하는 것.

**무오성:** 성경의 모든 단어는 진리이며 잘못이나 오류가 없다는 교리.

**불오한:** 성경을 믿고 실행할 때, 성경이 우리를 잘못된 길로 이끌지 않는다 는 교리.

**추론:** 원천이나 사실로부터 이끌어져 나온 결론으로서, 논리에 근거하지만 증명할 수는 없다.

**여호수아:** 모세 다음의 이스라엘 백성의 리더. 애굽 노예살이에서 구조된 후 약속의 땅 가나안에 발을 들여놓은 오직 두 사람 중 하나.

**요셉:** 야곱의 아들 중 끝에서 두 번째이며, 아브라함의 증손자다. 그는 아브 라함의 가문에서 제일 먼저 애굽에 살았고, 나머지 가족이 그를 따라 거기 로 갔으며, 이후 세대는 노예살이를 하게 되었다.

**의롭다함 받음:** 무죄이고, 정죄 받지 않고, 완전히 결백한 상태.

**메뚜기:** 때로는 메뚜기 떼가 거대한 늪에 모여, 비행경로 중에 있는 모든 곡 식을 먹어치운다. 농경사회에서 메뚜기 재앙은 막을 수 없는 대재난을 초래 한다.

**여호와 주 하나님**: 대부분의 영어 성경은 하나님이 모세에게 하나님 자신을 계시하실 때의 이름인 (출 3:13-14) 야훼 혹은 여호와를 'LORD'라고 번역하고 있다. 그 문자적 의미는 "나는 나다" 혹은 "나는 나일 것이다"이다.

**조종하다**: 어떤 것을 말하거나 어떤 것을 해서 어떤 사람이나 사건을 통제하거나 영향을 미치려고 하는 것.

**묵상하다**: 하나님의 말씀에 초점을 맞춰 성찰하다.

**맷돌**: 곡식을 가는 데 사용되는 매우 무거운 원형 돌.

**사고방식**: 생각하거나 세상을 보는 방식.

**관습**: 사회적 습속.

**모세의**: 혹은 모세로부터.

**모세**: 하나님이 하나님의 백성을 애굽 노예살이에서 이끌어 내 약속의 땅으로 이끄려고 택한 사람. 하나님이 그를 시내 산에서 만나셔서 그를 통해 이스라엘에게 하나님의 율법과 예배 방법의 지침을 주셨다. 모세가 광야 여정 중에 하나님을 온전히 신뢰하지 않았기 때문에(참조-민 20:2-12), 모세는 약속의 땅을 보기만 하고, 약속의 땅에 발을 들여놓기 전에 죽었다.

**새 예루살렘**: 주 예수님께서 사도 요한에게 주신 계시에서, 새 예루살렘은 땅 위의 완전한 장소로서 모든 하나님의 백성이 영원히, 하나님의 영광스러운 임재를 누리고 하나님을 예배하며, 예수님이 다시 오셔서 만물을 새롭게 하실 때 살 곳이다(계 21-22).

**명목적인**: 이름만 있는. 만일 명목적인 양키즈 팬이라면, 양키즈 팀의 경기 결과에 행동이나 감정이 영향을 받는 일이 거의 없고, 그 팀을 지지하기 위해 어떤 값을 치르거나 희생적 헌신을 하지 않을 것이다.

**무효화되다**: 효력을 잃은.

**성직임명**: 어떤 사람을 교회의 목회 및 설교 리더십으로 공개적으로 부름.

**이교도(이교)**: 성경에서 비 그리스도인들을 언급하는 데 사용되는 단어다(벧전 2:12, 4:3-5 참조). 이방 종교는 (일반적으로 말해서) 많은 신들을 포함하는 믿음 시스템으로서, 그 신들은 예측 불가능하고, 그 신들의 은총이나 축복이나 보호를 받으려면 의식이나 제사로 사거나 획득해야 한다.

**역설적:** 두 진술이 서로 모순으로 보이지만, 그렇지 않은 것.

**일부다처제:** 하나보다 많은 아내와 결혼하는 관습.

**실용적:** 가치나 도덕을 기반으로 고려하기보다, 실제로 될 것 같은지에 근거하는 접근법. 핵심은 여기서는 결과가 수단을 정당화한다는 것.

**제사장:** (모세의 형인) 아론의 후손으로서 레위 지파에 속하고, 성막에서 제사장으로 일하도록 하나님께 선택되었다. 그들은 사람들을 대표해 사람들 대신에 하나님께 제사를 드렸고, 사람들에게 하나님을 대신해 율법을 가르쳤다.

**구속된 자:** 석방을 위해 값을 지불하여 노예살이나 포로생활에서 자유로워진 사람 (혹은 사람들).

**홍해:** 애굽 동쪽 바다. 이스라엘 백성이 애굽을 떠났을 때, 홍해가 길을 가로막고 있어서, 이스라엘 백성은 홍해와 추격하는 애굽 마병대 사이에 갇혔다. 그러자 하나님께서 기적적으로 바다를 갈라 하나님의 백성이 걸어 통과하게 하시고, 추격하는 애굽인들을 물로 덮어 막으셨다(출 14장).

**회개:** 문자적으로, "반대 방향으로!"를 의미하는 군사용어다. 전과 반대로 살도록 방향을 전환하라는 의미로 사용된다.

**내쫓다:** 어떤 것을 거절하다.

**제사/ 제물:** 이방 종교에서는 제물을 바쳐 어떤 신의 진노를 달래고, 은총이나 축복을 얻으려 했다. 이스라엘 내부에서 제사와 제물은 사람들이 주 여호와 하나님과의 언약 관계를 유지하도록 하나님이 주신 방법이었다. 죄인은 죽음 없이 하나님께 다가갈 수 없었다. 어린 양이나 황소가 죄인 대신에 죽어서, 사람들이 하나님과의 언약 관계를 지속할 수 있었다.

**셈족의:** 고대 히브리어(이스라엘이 사사기 시대에 말했던 언어)와 아람어(예수님이 사용하신 언어)를 모두 포함하는 언어 집단.

**올무:** 동물을 잡는 덫.

**주권:** 최고의 권세를 갖다, 최고의 통치자다.

**주관화:** 느낌이나 의견에 근거해 결정하다.

**신학적:** 하나님에 대한 하나님의 관점과 진리에 초점을 맞추는.

**타작:** 쭉정이와 알곡을 분리하는 과정.

**이스라엘의 지파들:** 구약 이스라엘은 열두 지파로 이루어졌다. 각 지파는 야곱의 한 아들의 이름을 따르는 후손들이다(창 49:1-28 참조).

**삼위일체:** 성경적 교리로서, 한 하나님이 세 위격이시며, 서로 구별되시고, 각각 온전한 하나님이시며 같은 '본질'(혹은 '하나님의 특성')을 갖는다는 것이다. 우리는 흔히 이 삼위를 성부, 성자, 성령이라고 부른다.

**변호:** 의심이 제거되고 옳은 것이 입증됨.

**여리고 성:** 가나안의 큰 요새 도시로서, 이스라엘 앞에 무너진 첫 번째 무장 거점이었다. 하나님이 여리고 성벽을 무너지게 하셔서 하나님의 백성을 위하여 승리를 이루셨다(수 5:13-6:21).

**진노:** 죄에 대한 하나님의 정당한 미움과 분노.

# 참고문헌

- Daniel I. Block, *The New American Commentary: Volume 6—Judges-Ruth* (Holman Reference, 1999)

- Edmund P. Clowney, *The Unfolding Mystery: Discovering Christ in the Old Testament* (P&R Publishing, 1989).

- Arthur C. Cundall and Leon L. Morris, *Judges and Ruth in the Tyndale Old Testament Commentaries series* (IVP Academic, 2008)

- David Jackman, *Judges, Ruth in the Mastering the Old Testament series* (Word Books, 1993)

- C.S. Lewis, *The Abolition of Man: How Education Develops Man's Sense of Morality* (MacMillan, 1976),《인간 폐지》, C.S. 루이스, 홍성사

- C.S. Lewis, *The Four Loves* (Houghton Mifflin Harcourt, reissued 1991),《네 가지 사랑》, C.S. 루이스, 홍성사

- C.S. Lewis, *The Great Divorce* (Harper One, reissued 2009),《천국과 지옥의 이혼》,C.S. 루이스, 홍성사

- Rebecca Manley Pippert, *Out of the Saltshaker and into the World: Evangelism as a Way of Life* (IVP, 1999),《빛으로 소금으로》,레베카 피펏, IVP

- Michael Wilcock, *The Message of Judges in The Bible Speaks Today series* (IVP, 1992)